여러분의 합격을 응원하는
해커스공무원의 특별 혜택

FREE 공무원 직업상담·심리학개론

해커스공무원(gosi.Hackers.co 클릭 ▶
좌측

⌨ 해커스공무원 온라인 단과강의 **20% 할인쿠폰**

A5DD76DD7EED5438

해커스공무원(gosi.Hackers.com) 접속 후 로그인 ▶ 상단의 [나의 강의실] 클릭 ▶
좌측의 [쿠폰등록] 클릭 ▶ 위 쿠폰번호 입력 후 이용

* 쿠폰 이용 기한: 2023년 12월 31일까지(등록 후 7일간 사용 가능)

 합격예측 **모의고사 응시권 + 해설강의 수강권**

F858F42335E52FM9

해커스공무원(gosi.Hackers.com) 접속 후 로그인 ▶ 상단의 [나의 강의실] 클릭 ▶
좌측의 [쿠폰등록] 클릭 ▶ 위 쿠폰번호 입력 후 이용

* 쿠폰 이용 기한: 2023년 12월 31일까지(등록 후 7일간 사용 가능)

단기 합격을 위한
해커스 커리큘럼

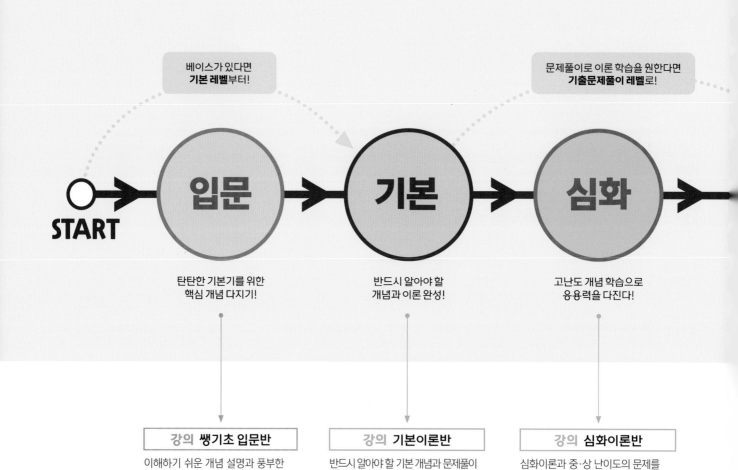

베이스가 있다면
기본 레벨부터!

문제풀이로 이론 학습을 원한다면
기출문제풀이 레벨로!

입문

START

기본

심화

탄탄한 기본기를 위한
핵심 개념 다지기!

반드시 알아야 할
개념과 이론 완성!

고난도 개념 학습으로
응용력을 다진다!

강의 쌩기초 입문반

이해하기 쉬운 개념 설명과 풍부한
연습문제 풀이로 부담 없이 기초를
다질 수 있는 강의

강의 기본이론반

반드시 알아야 할 기본 개념과 문제풀이
전략을 학습하여 핵심 개념 정리를
완성하는 강의

강의 심화이론반

심화이론과 중·상 난이도의 문제를
함께 학습하여 고득점을 위한 발판을
마련하는 강의

레벨별 교재 확인 및
수강신청은 여기서!
gosi.Hackers.com

* 커리큘럼은 과목별·선생님별로 상이할 수 있으며, 자세한 내용은 해커스공무원 사이트에서 확인하세요.

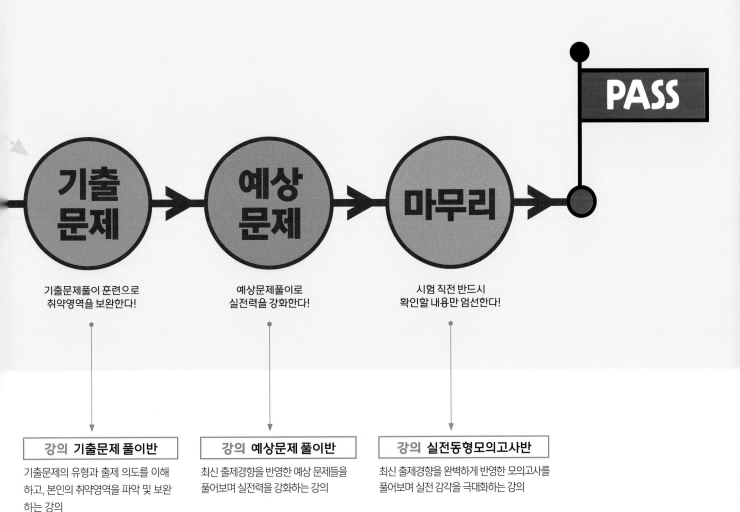

PASS

기출 문제

기출문제풀이 훈련으로
취약영역을 보완한다!

예상 문제

예상문제풀이로
실전력을 강화한다!

마무리

시험 직전 반드시
확인할 내용만 엄선한다!

강의 기출문제 풀이반

기출문제의 유형과 출제 의도를 이해
하고, 본인의 취약영역을 파악 및 보완
하는 강의

강의 예상문제 풀이반

최신 출제경향을 반영한 예상 문제들을
풀어보며 실전력을 강화하는 강의

강의 실전동형모의고사반

최신 출제경향을 완벽하게 반영한 모의고사를
풀어보며 실전 감각을 극대화하는 강의

강의 봉투모의고사반

시험 직전에 실제 시험과 동일한 형태의
모의고사를 풀어보며 실전력을 완성하는 강의

해커스공무원

김대환
직업상담·심리학개론

기본서

해커스공무원

김대환

약력

현 | 해커스공무원 직업상담·심리학 강의
전 | 에듀윌 직업상담사 강의
　　주식회사 오픈소스잡 대표이사
　　서강대학교 평생교육원 직업상담사 교수

저서

해커스공무원 김대환 직업상담·심리학개론 기본서, 해커스패스

공무원 시험
합격을 위한 필수 기본서!

공무원 공부, 어떻게 시작해야 할까?

『2023 해커스공무원 김대환 직업상담·심리학개론 기본서』는 2023년 직업상담직 9급 공무원 시험을 준비하시는 수험생들을 위하여 제작되었습니다. 타 직렬에 비해 직업상담직은 최근에 시행되어 출제경향 파악이나 시험을 대비하는 데 많은 수험생들이 어려움을 겪고 있습니다. 본 교재를 통해 효과적으로 시험 준비를 하는 데 많은 도움이 되었으면 합니다.

『2023 해커스공무원 김대환 직업상담·심리학개론 기본서』의 특징은 다음과 같습니다.

첫째, 공무원 출제경향에 맞추어 2018년부터 시행한 기출문제 관련 이론의 내용을 모두 수록하여, 빈틈없는 학습이 가능합니다.
둘째, 직업상담직 공무원 9급 및 직업상담사 자격증 1·2급에 출제된 이론에는 기출 연도 및 시험을 표기하여, 시험에 출제된 또는 출제가 예상되는 기출 중심의 효율적인 학습이 가능합니다.
셋째, 이론을 출제 범위에 맞추어 구성하여 기본이론부터 꼼꼼하게 이해를 바탕으로 학습할 수 있으며, TIP과 심화 코너를 통해 효과적이고 깊이 있는 학습까지 가능합니다.

더불어, 공무원 시험 전문 사이트 해커스공무원(gosi.Hackers.com)에서 교재 학습 중 궁금한 점을 나누고 다양한 무료학습 자료를 함께 이용하여 학습 효과를 극대화 할 수 있습니다.

『2023 해커스공무원 김대환 직업상담·심리학개론 기본서』 교재를 통해 시험을 준비하시는 모든 수험생 여러분들의 합격을 응원합니다.

저자 **김대환**

목차

제2과목 | 직업심리학

제 **1** 과목

직업상담학

제1장 │ 직업상담의 이해

제1절 │ 직업상담의 개념

1. 직업상담의 기초

(1) 직업상담의 정의

① 직업상담은 내담자에게 직업과 관련한 합리적인 의사결정을 내릴 수 있도록 지원하는 과정이다.

② 내담자의 직업문제와 상황 진단을 통해 예측, 처치, 처방, 상담 등 다양한 개입이 이루어지는 과정이다.

③ 직업상담의 지원은 직업의 선택, 적응, 경력개발, 전환, 은퇴 과정 등 생애를 통해 이루어질 수 있다.

(2) 상담의 기능

① 내담자 자신에 대한 이해를 돕는다.

② 내담자의 문제 해결과 의사결정능력 배양을 돕는다.

③ 내담자의 잠재능력의 개발한다.

④ 내담자의 사고와 행동의 변화를 돕는다.

(3) 직업상담의 목표(목적) 2020 · 22 공무원 9급

① 내담자가 이미 잠정적으로 선택한 진로결정을 확고하게 해주는 것이다.

② 개인의 직업목표를 명백하게 해주는 과정이다.

③ 자기 자신 및 직업세계에 대한 올바른 이해를 증진시킨다.

④ 내담자로 하여금 올바른 진로계획을 수립하게 한다.

⑤ 내담자의 합리적인 의사결정능력을 증진시킨다.

⑥ 일과 직업에 대한 올바른 가치관 및 태도 형성으로 내담자로 하여금 성숙한 직업의식을 확립하게 한다.

⑦ 내담자의 성장과 능력을 향상하게 한다.

⑧ 직업 정보탐색 및 활용능력을 함양시킨다.

(4) 직업상담의 목표(기즈버스 ; Gysbers)

① 예언과 발달

개인의 적성과 흥미를 탐색하고 확대하여 미래 잠정적 진로를 예언하고 발달시킨다.

② 처치와 자극

진로발달이나 직업적 문제의 처치와 함께 직업에 필요한 기술과 지식의 습득을 자극한다.

③ 결함과 유능

개인의 결함을 극복하고 유능을 개발하는 것으로 직업적 목표 달성을 위해 결함보다 유능성에 초점을 맞춘다.

(5) 직업상담의 원리 2021 공무원 9급

① 직업상담의 성과를 얻기 위해서는 상담자와 내담자의 라포(rapport)가 충분히 전제되어야 한다.

② 직업상담은 내담자와 신뢰관계를 형성한 후 인간의 성격특성과 재능에 대한 이해를 토대로 진행되어야 한다.

③ 직업상담자는 각종 심리검사를 적극적으로 활용할 수 있어야 한다.

④ 각종 심리검사 결과를 기초로 합리적인 판단을 이끌어낼 수 있어야 하지만 심리검사에 대해 과잉의존해서는 안 된다.

⑤ 직업상담은 산업구조변화, 직업정보, 훈련정보 등 변화하는 직업세계에 대한 이해를 토대로 이루어져야 한다.

⑥ 직업상담은 내담자의 전 생애적 발달과정을 반영할 수 있어야 한다.

⑦ 가장 핵심적인 요소는 진로 혹은 직업의 결정이므로 직업상담 과정 속에 개인의 의사결정에 대한 과정이 포함되어야 한다.

⑧ 직업상담에 있어 필요에 따라서는 내담자의 직업문제 상담뿐 아니라 가족 문제와 같이 내담자의 개인적인 삶의 문제도 다루게 된다.

⑨ 직업상담자는 상담윤리에 대해 숙지하고 있어야 한다.

(6) 직업상담 영역

① 직업일반상담 ② 직업적응상담
③ 직업전환상담 ④ 직업(정신)건강상담
⑤ 직업선택상담 ⑥ 직업문제치료
⑦ 취업상담 ⑧ 은퇴상담 등

2. 직업상담자의 역할 및 영역과 자질

(1) 직업상담사의 역할(한국직업상담협회)

① 상담자

진로 및 직업과 관련된 중요한 의사결정을 합리적으로 내릴 수 있도록 지원한다.

② 정보 분석자

노동통계를 분석하고 새로운 직업전망을 예견하여 미래 취업정보를 제공한다. 직업정보를 수집·분석·가공·관리하며, 내담자에게 적합한 정보를 제공한다.

③ (검사도구) 해석자

내담자의 흥미, 성격, 적성, 진로성숙도 등 검사를 실시하고 결과를 분석·해석하여, 내담자 자신의 이해를 돕는다.

④ (직업문제) 처치자

내담자의 직업적 문제를 진단하고 해결 및 지원한다.

⑤ 조언자

내담자의 직업 관련 의사결정상의 조언을 한다.

⑥ (직업지도 프로그램) 개발자

실업자, 여성, 고령자, 청소년, 장애인 등 상담 계층에 대한 다양한 직업지도 프로그램을 개발한다.

⑦ 지원자

직업상담 및 직업지도 프로그램을 적용하고 평가를 통해 프로그램을 보완시킨다.

⑧ 협의자

직업정보 관련 기관, 구인처와 유기적인 관계를 구축하고 협의한다.

⑨ 관리자

직업상담실을 관리하고 상담 과정에서 일어나는 일련의 업무 등을 통제하고 관리한다.

⑩ 연구 및 평가자

직업관련 사회변화에 따른 주기적 조사연구, 상담 프로그램 개발을 위한 연구 및 평가를 수행한다.

(2) 직업상담사의 직무영역과 업무

① 직업상담과 직업지도 업무의 기획 및 평가
② 구인·구직·직업적응·경력개발 등 직업 관련 상담
③ 적성검사, 흥미검사 등 직업 관련 심리검사의 실시 및 해석
④ 직업지도 프로그램의 운영
⑤ 노동시장, 직업세계 등과 관련된 직업정보의 수집·분석·가공 등

(3) 일반적인 직업상담사의 역할

① 의사결정의 기술을 향상할 수 있도록 내담자에게 기회를 제공한다.
② 직무 스트레스, 직무 상실, 직업 전환 등으로 인하여 겪는 부정적 감정을 해소하도록 내담자를 지지한다.
③ 내담자 스스로 자신의 직업계획을 개발할 수 있도록 조력한다.
④ 내담자로 하여금 직업과 삶의 역할을 통합하도록 돕는다.

(4) 직업상담사의 직무내용(Herr)

① 상담의 목적 및 상담자와 내담자의 역할을 확인한다.
② 상담자는 특수한 상담기법을 통해서 내담자가 문제를 확인하도록 한다.
③ 개인에게 직업선택이 근본적인 관심이라면 상담사는 직업상담 실시를 확정한다.

④ 의사결정의 틀을 설명한다.

⑤ 상담자는 좋은 결정을 가져오기 위한 예비행동을 설명한다.

⑥ 상담자는 내담자가 충분한 동기를 가지고 있는지를 확정한다.

⑦ 상담자는 내담자에게 가능한 모든 대안을 확인하도록 한다.

⑧ 상담자는 내담자가 원하고 윤리적으로 적절한 부가적 대안을 확인한다.

⑨ 상담자는 내담자에 관한 모든 정보를 종합한다.

⑩ 상담자는 내담자에 관한 부가적 정보를 종합한다.

⑪ 상담자는 가능한 직업결정과 관련하여 내담자에 관한 정보를 제시한다.

⑫ 상담자는 확인된 대안에 대한 장단점을 내담자에게 설명하도록 한다.

⑬ 상담자는 내담자의 마음 속에 일어나는 부가적 장단점을 확인한다.

⑭ 상담자는 내담자가 대안을 평가하도록 한다.

⑮ 상담자는 내담자에게서 가장 가망 있는 대안에 대한 부가적 정보를 얻는다.

⑯ 상담자는 내담자가 가장 가망이 있는 대안을 실행하도록 한다.

⑰ 상담자는 선택한 대안이 만족스러운지를 확인한다.

⑱ 상담관계를 종결한다.

(5) 직업상담사의 일반적인 자질요건

① 내담자와의 통일된 동일시

② 두려움이나 충격에 대한 공감적 이해력

③ 정서적으로 분리된 지나치지 않은 동정심과 건설적인 냉철함

④ 순수한 이해심을 가진 신중한 태도

⑤ 윤리·도덕적 판단능력

(6) 직업상담사가 갖추어야 할 전문지식 및 능력

① 직업문제를 가지고 있는 내담자에 대한 심리치료능력

② 진로발달과 의사결정이론에 대한 지식

③ 직업정보를 수집·보충하여 전달하는 전략에 대한 지식

④ 국가정책, 인구구조 변화, 인력수급 추계, 산업발전 추세, 미래사회 특징 등에 관한 지식

⑤ 여성과 남성의 변화하는 역할과 일·가족·여가의 관련성에 관한 지식

⑥ 직업상담의 연구 및 평가능력

(7) 미국 경력개발협회(NCDA)가 제시한 직업상담사의 역할

① 상담 과정을 통해 내담자가 인생 및 직업 목표를 명확히 할 수 있도록 돕는다.

② 내담자의 능력·흥미·적성 등을 평가하고, 내담자가 선택할 수 있는 직업대안들을 찾기 위해 관련 검사나 항목표를 실시하고 해석한다.

③ 과제물 이행, 직업계획 작성 등의 경험을 통해 내담자에게 직업에 대한 탐색활동을 장려한다.

④ 직업계획 시스템이나 직업정보 시스템을 활용하여 내담자로 하여금 직업세계에 대해 더 잘 이해할 수 있도록 돕는다.

⑤ 의사결정 기술을 향상시킬 수 있는 기회를 제공한다.

⑥ 내담자가 자신의 직업계획을 개발할 수 있도록 돕는다.

⑦ 내담자에게 직업탐색 전략과 기술을 가르치고 스스로 이력서를 작성할 수 있도록 돕는다.

⑧ 인간관계 기술을 훈련시킴으로써 직장에서의 잠재적 갈등을 해결할 수 있도록 돕는다.

⑨ 직업과 삶에서의 다른 역할들 간 통합을 이해 및 수용할 수 있도록 돕는다.

⑩ 직무 스트레스, 직무 상실, 직업 전환 등으로 인하여 낙담한 내담자들을 지지해 준다.

> **TIP** 미국국립직업지도협회(NVGA; National Vocational Guidance Association)의 **직업상담사의 기술영역** 2020 공무원 9급
>
> 1. 일반상담능력
> 2. 정보분석 및 적용능력
> 3. 진로발달이론에 대한 지식
> 4. 과학기술 활용을 위한 지식과 기술
> 5. 다양한 집단의 사람들을 위한 지식과 기술
> 6. 개인 및 집단사정(검사) 실시 능력
> 7. 관리능력 슈퍼비전(supervision)
> 8. 실행능력
> 9. 조언능력

3. 직업상담의 과정

(1) 직업상담의 일반적 단계

일반적으로 직업상담의 과정을 크게 3단계로 구분한다면 다음과 같다.

① 초기단계

　㉠ 상담 초기과정의 활동은 내담자와 상담자 간의 상담관계(라포) 형성, 심리적 문제 파악(심리 평가), 상담목표 및 전략 수립, 상담의 구조화 등이 있다.

　㉡ 상담사와 내담자가 협력하여 앞으로 나아갈 방향과 상담목표를 설정하고 확인해 나간다. 특히 상담 초기과정의 주요 활동은 내담자와 상담자 간의 상담관계(라포) 형성이다.

　　• 내담자와 상담자 간의 상담관계(라포) 형성

　　• 심리적 문제 파악(심리 평가)

　　• 상담목표 설정 및 전략 수립

　　• 상담의 구조화

② 중기단계

　㉠ 중기에서는 상담자의 개입이 적극적으로 이루어진다.

　㉡ 내담자의 문제행동에 대한 해결시도와 대안을 탐색한다.

　　• 내담자의 변화를 위한 개입

　　• 내담자의 문제해결을 위한 구체적인 시도

　　• 내담자의 저항 해결

③ **종결단계** 2022 공무원 9급

　　㉠ 상담 종결단계에 대한 내담자의 준비도를 평가하고 상담을 통해 얻은 학습을 강화시킨다.

　　㉡ 남아 있는 정서적 문제를 해결하고 내담자와 상담자 간의 의미 있고 밀접하였던 관계를 적절하게 끝맺는다.

　　㉢ 학습의 전이를 극대화하고 내담자의 자기 신뢰 및 변화를 유지할 수 있는 자신감을 증진시킨다.

　　㉣ 내담자와 합의한 목표를 충분히 달성하였는지를 평가하고, 실생활에 적용할 수 있도록 지속적인 추수지도가 이루어진다.

　　　• 합의한 목표달성 및 평가
　　　• 상담종결 문제 다루기
　　　• 종결에 대한 정서 다루기(이별 감정 다루기)
　　　• 내담자의 종결 준비도 확인하기
　　　• 종결 후 추수상담의 가능성을 열어두기

 TIP　내담자의 종결 준비를 위한 확인 사항

1. 적응능력이 증진되었는가?
2. 호소문제나 증상이 줄어들었거나 수준이 증진되었는가?
3. 다른 사람과 관계를 맺는 수준이 증진되었는가?

(2) 직업(진로)상담의 일반적인 과정 2022 공무원 9급

① **상담자 - 내담자 관계형성**

공감적 이해 및 내담자에 대한 존중과 수용적 자세를 통하여 상담 초기 내담자와 상담자 간의 상호존중과 신뢰감의 관계, 즉 라포(Rapport)에 형성에 초점을 둔다.

② **진단 및 측정(문제의 평가 · 진단)**

직업문제와 심리검사를 통한 개인적 특성 등을 측정한다.

표준화된 심리검사 도구를 이용하여 개인의 흥미, 적성, 가치 등을 측정함으로써 자기이해를 돕고 문제를 진단한다.

③ **목표설정**

내담자가 바라고 원하는 목표를 설정하고, 그 목표의 우선순위를 정한다.

상담자는 내담자의 진단을 통해서 함께 목표를 설정한다.

④ **개입 · 중재**

내담자의 목표달성을 돕기 위하여 상담자가 중재, 처치, 상담 등의 개입을 한다.

상담자는 직업정보의 수집, 과제물 부여, 의사결정 촉진 등의 개입을 통해 내담자의 목표달성을 촉진한다.

⑤ **상담의 평가**

상담자의 개입과 상담초기 선정한 목표 수준에 도달하였는지 평가한다.

상담목표에 얼마나 도달하였는지, 상담자의 개입이 얼마나 효과적이었는지 평가한다.

(3) 직업(진로)상담의 일반적인 과정

① 관계수립 및 문제의 평가

허용적 분위기에서 상담이 이루어질 수 있도록 공감적 이해 및 내담자에 대한 존중과 수용적 자세를 통해 촉진적인 상담관계를 형성한다.

② 상담목표의 설정

상담자는 내담자의 상황과 분류에 따라 내담자에게 적합한 상담의 목표를 설정한다.

③ 문제해결을 위한 개입

상담자는 내담자의 유형에 따라 내담자에게 적합한 과제물 부과, 직업정보 수집, 의사결정 촉진 등의 적극적인 개입을 통해 내담자가 목표달성하는 것을 돕는다.

④ 훈습

개입을 통한 내담자의 진로탐색 및 직업준비 등의 목표행동이 효율적으로 실천되고 있는지를 확인하고 점검하는 것이다.

⑤ 종결 및 추수지도

내담자와 합의한 목표를 충분히 달성하였는지를 확인하며, 앞으로 부딪칠 문제를 예측하고 파악한다. 추수지도에서는 내담자가 상담 후 진로선택과 의사결정에 대해 만족하고 있는지를 파악하고, 그에 따른 필요한 조치를 취한다.

(4) 직업상담의 8단계(Brammer)

① 제1단계 - 준비와 시작

내담자의 상담을 받는 것에 대한 마음의 준비가 요구되는 단계이다.

② 제2단계 - 명료화

문제 자체가 무엇이며, 누가 상담의 대상인가를 분명하게 밝히는 단계이다.

③ 제3단계 - 구조화

심리적 조력관계의 본질, 상담의 목표 및 제한점, 상담자와 내담자의 역할 등을 명백히 규정하는 단계이다.

④ 제4단계 - 상담관계(Rapport)의 심화

상담자와 내담자 사이에 형성된 관계를 보다 심화시키는 단계이다.

⑤ 제5단계 - 탐색

문제 해결에 도움이 될 수 있는 방법과 절차를 결정하는 단계이다.

⑥ 제6단계 - 견고화

최선의 대안, 방법, 행동 등을 확정하여 이를 실천해 나가도록 하는 단계이다.

⑦ 제7단계 - 계획수립 및 검토

상담의 지속 혹은 종결을 결정할 때 필요한 여러 가지 계획을 수립 및 검토하는 단계이다.

⑧ 제8단계 - 종료

상담 초기에 수립한 목표에 비추어 어느 정도 성취를 이루었는지를 평가하는 단계이다.

> **TIP** 직업상담 과정의 2가지 단계
>
> 1. **1단계**: 내담자의 목적 및 문제를 확인하고 문제를 명료화·상세화한다.
>   - 들어가기
>   - 내담자의 정보수집
>   - 내담자의 행동이해 및 가정하기
> 2. **2단계**: 내담자의 목적을 달성하고 문제를 해결할 수 있도록 돕는다.
>   - 행동 취하기
>   - 직업목표 및 행동계획 발전시키기
>   - 개입의 영향 평가하기

4. 집단직업상담

(1) 집단직업상담의 의의

① 집단직업상담은 1대 다수의 상담의 형태로, 한 사람의 상담자가 적은 시간에 여러 명의 내담자들을 상담할 수 있도록 해 준다.

② 집단상담은 집단원 간의 상호작용과 모델링을 통해 서로에게 피드백과 지원을 얻을 수 있도록 해 준다.

③ 집단상담은 개방적인 분위기에서 집단원들로 하여금 공동체의식과 희망을 가지도록 하며, 자기이해를 촉진시킨다.

(2) 집단상담의 장점 2020 공무원 9급

① 다양한 집단성원 상호 간 피드백을 통해 자기 탐색을 돕는다.

② 대부분의 일반적인 직업 성숙도가 낮은 이에게 적합하다.

③ 집단상담의 경우 개인상담보다 부담이 적어 쉽게 받아들이는 경향이 있다.

④ 타인과의 상호작용을 통해 대인교류와 사회성을 기를 수 있다.

⑤ 한정된 시간에 일 대 다수 상담으로 시간, 에너지 및 경제적 측면에서 효율적이다.

⑥ 타인을 통한 대리학습과 관찰학습의 기회를 준다.

⑦ 다양한 정보 수집과 사회적 경험, 사회적 기술 훈련과 연습을 할 수 있다.

(3) 집단상담의 단점

① 집단 위주의 상담으로 내담자의 개인적인 문제를 등한시할 수 있다.

② 집단상담의 경우 사적인 경험을 집단성원 모두가 공유하게 되므로 비밀유지가 어렵다.

③ 집단성원 모두에게 만족을 줄 수는 없다.

④ 개별성원에게 집단의 압력이 가해지는 경우 구성원 개인의 개성이 상실될 우려가 있다.

⑤ 시간적으로나 문제의 복잡성으로 인해 집단을 구성하기가 쉽지 않다.

⑥ 집단원 개개인 모두에게 만족을 줄 수 없을 뿐만 아니라, 모든 내담자에게 적합한 방법은 아닐 수 있다.

⑦ 집단상담에 대한 체계적인 교육과 자격 등 경험이 부족한 지도자의 경우 집단의 운영을 어렵게 할 수 있다.

> **TIP** 정신역동적 집단상담의 장점
>
> 1. 자신의 방어와 저항에 대해 좀 더 극적인 통찰을 얻을 수 있다.
> 2. 다른 집단원이나 상담자에게 전이감정을 느끼며 훈습할 기회가 많아 자기 이해를 증진할 수 있다.
> 3. 다른 집단원의 작업을 관찰함으로써 자신이 의식하지 못했던 감정을 가지고 있음을 이해하게 된다.

(4) 집단직업상담의 고려사항

① 집단의 크기

한명의 상담자는 약 6~10명의 내담자를 대상으로 실시하나, 집단 구성원이 10명을 넘어 혼자서 관찰하기 어려울 때에는 협동상담자를 둘 수 있다.

② 집단의 구성

㉠ 이질집단은 동질집단에 비해 자극이 될 수는 있어도 새로운 것을 받아들이는 데 효과적이지 못한 면이 있다.

㉡ 집단직업상담은 직업성숙도가 낮고 많은 도움을 빠른 시간 내에 필요로 하는 사람들에게 더욱 효과적이다.

㉢ 남성과 여성의 성별은 집단상담에 임할 때의 목표가 서로 다를 수 있으므로 이를 고려해야 한다.

③ 상담의 횟수

집단직업상담은 가능한 한 모임의 횟수를 최소화하는 것이 바람직하다.

④ 상담의 장소

집단직업상담을 실시하는 장소는 가능하면 신체 활동이 자유로운 크기가 확보되는 것이 좋다.

> **TIP** 그 밖의 효과적인 집단상담을 위한 고려사항
>
> 1. 집단상담을 촉진시키기 위해 의도적으로 게임을 활용할 수 있다.
> 2. 상담의 매 회기가 끝난 후 각 집단 구성원에게 경험보고서를 쓰게 할 수 있다.

(5) 집단직업상담의 구성

① 동질집단

㉠ 비슷한 특성을 가진 사람들이 모인 집단이다.

㉡ 정신연령이나 지적 능력을 고려한 동질화가 이루어져야 한다.

장점	• 응집력(집단원들이 서로 얼마나 잘 어울리며, 서로 이끌리고 있느냐, 집단에 남고자 하는 구성원의 동기의 정도를 나타내는 것)이 빨리 생긴다. • 동질 집단은 갈등도 적고 서로에게 지지적이다. • 자기와 비슷한 사람이 있음을 보고 안심하는 보편성의 경험을 경험할 수 있고, 긴장감을 감소시킬 수 있다.
단점	지지와 이완은 피상적이기 쉬우며, 보다 성숙한 변화에 방해가 되기도 한다.

② 이질집단

    ㉠ 아주 다양한 특성을 가진 사람들로 이루어진 집단이다.

    ㉡ 상담의 목적에 맞게 효과적인 이질성을 가져야 한다.

장점	• 다양한 상호작용을 경험할 수 있다. • 두드러진 차이에 의해 서로 자극되어 그 차이점을 점검하고 이해하게 된다. • 이질적인 집단상황은 현실생활과 비슷하므로 현실검증을 할 수 있는 기회가 되어 집단에서 얻은 학습의 전이가 용이하다.
단점	상호작용이 많아지므로 갈등이 심화될 수 있기 때문에 집단상담자는 상호작용의 역동을 충분히 다룰 수 있어야 한다.

(6) 목적에 따른 집단 유형

① 참만남집단

Rogers에 의해 1970년대에 시작된 비구조화 형식의 집단상담이다. Rogers의 모형으로 내담자중심의 원리를 적용하며, 지금 - 여기에서 다른 사람과 교류를 중시한다.

소집단 활동 중심 개방성, 대인적 직면, 자기노출, 정서의 표현이 중요하다.

② T-Group(훈련집단)

1946년 미국 메인 주에서 처음 실시된 것으로, K. Lewin의 아이디어에서 출발하였다. T-집단은 훈련 위주의 집단상담으로 '훈련집단', '실험적 접근'이라고도 한다. 학습목표를 통한 인간관계접근 집단상담이다.

③ 자조집단

유사한 고통을 극복한 경험이 있는 사람이 리더가 되어 현재 고통을 경험하고 있는 사람을 돕도록 하는 집단상담이다.

    예 AA Group(알콜중독을 극복한 사람이 리더가 되어 집단을 이끄는 형태)

④ 지지집단

공통의 관심사를 가진 집단원들이 모여서 서로의 생각과 정서를 나누는 집단이다.

(7) 운영방식에 따른 집단 유형

① 구조화 정도에 따른 분류

    ㉠ 구조화 집단: 집단이 프로그램으로 구조화되어, 매 회기가 계획에 따라 운영되는 집단이다.

    ㉡ 비구조화 집단: 특정한 프로그램을 사용하지 않고, 집단원들의 상호작용에 근간을 두고 진행하는 집단이다.

ⓒ 반구조화 집단: 초기 비구조화로 시작되어 주제나 상황에 따라 구조화되기도 하는 구조화 집단과 비구조화 집단이 섞여 있는 집단이다.

② 참여 허용 정도에 따른 분류

ⓖ 개방집단: 집단상담 회기가 진행되는 동안 집단원들이 새로 참여하거나, 중도에 탈락하는 것이 비교적 자유로운 집단이다.

ⓛ 폐쇄집단: 집단상담 처음부터 마지막까지 집단원이 확정되어 있고 도중에 새로 참여하는 집단원을 허용하지 않는 집단이다.

(8) 집단상담자의 자질

① 자기수용의 자세
② 타인의 복지에 대한 관심
③ 개방적 소양(태도)
④ 공감적 이해 능력

그 외에도 새로운 경험 추구, 자발적 모범, 유머감각, 심리적 에너지, 객관성, 창의성, 배려, 인내 등의 자질이 있다.

(9) 부처(Butcher)의 집단직업상담의 3단계 모델

① 탐색단계

자기개방, 흥미와 적성에 대한 탐색, 측정결과에 대한 피드백(feedback), 불일치에 대한 해결 등이 이루어진다.

② 전환단계

집단원들이 자신의 지식과 직업세계와의 연결, 일과 삶의 가치에 대한 조사, 자신의 가치에 대한 피드백, 가치와 피드백 간의 불일치 해결 등을 이루는 단계이다.

③ 행동단계

목표설정과 행동계획의 개발, 목표달성을 촉진시키기 위한 자원의 탐색, 정보의 수집과 공유, 즉각적·장기적 의사결정을 위한 구체적인 행동을 실천하는 단계이다.

(10) 툴버트(Tolbert)의 집단직업상담의 과정의 활동유형

① 자기탐색

집단원들은 상호 수용적 분위기 속에서 감정, 태도, 가치 등을 탐색한다.

② 상호작용

개개인의 개인적인 직업계획과 목표에 대한 집단 구성원들의 피드백이 이루어진다.

③ 개인적 정보의 검토 및 목표와의 연결

피드백을 통한 개인적 정보의 검토와 직업적 목표와의 연결이 이루어지는 단계이다.

④ 직업적 정보의 획득과 검토

직업적 목표를 이루기 위해 직업 관련 정보를 획득하고 직업세계에서의 성공 가능성을 검토하는 단계이다.

⑤ 의사결정

목표의 대안적 행동을 탐색하고, 구체적인 실행으로 옮기기 위한 의사결정을 촉진한다.

📁 심화

Tolbert가 제시한 집단직업상담의 요소

목표	진로발달의 기대수준과 일치하는 적응적이고 현실적인 직업적 자아개념을 확립한다.
과정	탐색, 상호작용, 개인적 정보의 검토 및 목표와의 연결, 직업적·교육적 정보의 획득 및 검토, 의사결정 등 5가지 유형의 활동들로 구성된다.
비밀유지	개별성원들은 집단직업상담 과정에서 이루어진 토의 내용에 대해 비밀을 유지해야 한다.
집단구성	집단성원들 간의 상호작용 및 피드백을 촉진하고, 어느 정도의 이질성과 함께 구성원의 참여가 원활히 이루어지도록 대략 6~10명 정도의 집단으로 구성한다.
리더	집단상담과 직업정보에 대해 잘 알고 있는 사람이어야 한다.
일정	가능한 모임의 횟수를 최소화하여야 한다.

5. 기타 여러 가지 상담

(1) 사이버 상담 개요

① 인터넷 보급의 확대로 간편하고 활용이 용이하다.

② 익명성이 보장되어 내담자의 불안, 죄의식, 망설임 감소의 효과가 있다.

③ 청소년 및 젊은 층 내담자의 경우 인터넷 상담을 더 친밀하게 여긴다.

④ 서면으로 상담내용을 남길 수 있어 활용도가 높다.

⑤ 문장을 작성해 나가면서 감정 정화 및 정리의 효과를 얻을 수 있다.

⑥ 대면상담에 비해 비용이 경제적이다.

(2) 사이버 상담의 장점

① 상담서비스의 접근성을 증진할 수 있다.

② 시·공간적 제약을 극복할 수 있다.

③ 보장된 익명성으로 내담자의 솔직성을 유도할 수 있다.

④ 신속성을 높일 수 있다.

⑤ 내담자의 자발적 참여로 문제해결에 대한 동기가 높다.

⑥ 자유로운 표현으로 감정 정화 기능이 가능하다.

⑦ 경제적이다.

⑧ 고정관점을 배제시킬 수 있다.

(3) 사이버 상담의 단점

① 관계형성에 한계가 있다.
② 지속성에 제한이 있다.
③ 비언어적 단서를 획득하기 어렵다.
④ 사이버상 관계에 대한 거부감을 느낄 가능성이 있다.

(4) 사이버 직업상담의 기법

① 내담자의 자기노출 및 주요 진로논점 파악
② 핵심 진로논점 분석
③ 진로논점 유형 결정
④ 답변내용 구상
⑤ 직업정보 가공
⑥ 답변 작성

(5) 위기 상담의 의미

① 개인에게는 급박한 위기 등이 언제든 불현듯이 찾아올 수 있다.
② 생을 영위해 갈 때 발생하는 각종 위기와 고난을 효과적으로 극복할 수 있도록 돕는 심리적 조력의 기술과 절차이다.

(6) 위기 상담의 진행단계

① 상담자는 관심을 가진 효과적인 협조자라는 것을 나타낸다.
② 내담자로 하여금 위기에 관련된 감정표현을 하도록 촉진하고, 내담자의 표현된 정서와 생각의 주요 내용을 확인한다.
③ 상담자는 내담자가 표현한 주요 정서와 생각에 공감을 해 준다.
④ 위기를 유발시킨 상황과 관련된 정보를 수집한다.
⑤ 내담자가 인정하는 범위에서 위기상황이 형성된 과정을 포괄적으로 요약하여 언급한다.
⑥ 문제를 해결하기 위한 책략을 상담자와 내담자가 함께 탐색한다.
⑦ 장차 다시 경험하게 될지도 모르는 긴장을 해소하기 위한 방법 및 책략을 서로 협의하고 결정한다.

(7) 위기 상담의 방법

① 정서적 지원
   좌절과 혼란을 경험하는 내담자를 공감하고 경청하고 정서적으로 안정감을 얻을 수 있도록 지원한다.
② 정서적 발산
   과도한 위기감으로 인하여 억압된 정서를 상담이라는 안전한 환경에서 발산할 수 있도록 정서적 발산의 기회를 제공한다.
③ 희망 주기
   절망을 경험하는 내담자에게 다시 일어설 수 있도록 희망과 낙관적인 태도를 전달한다.

④ 사실적 정보의 제시

　위기상황을 극복하는 데 실질적인 도움을 줄 수 있는 사실적 정보를 간단명료하게 제시한다.

⑤ 상황 규명

　문제 상황을 명확하게 규명하는 것이 내담자의 위기감을 줄이는 데 도움을 줄 수 있다.

(8) 전화상담의 특징

① 긴박하거나 위급상황에 적절히 활용될 수 있다.

② 성문제 상담 등 은밀하고 민감한 사적문제를 다루는 데 효과적이다.

③ 익명성을 보장할 수 있어 내담자의 자기 노출의 부담을 줄여 준다.

④ 정보통신망을 이용한 상담으로 상담의 불안정성이 있다.

⑤ 시각적이고 비언어적 정보를 얻기에는 불충분하다.

제2절 | 직업상담의 문제유형

1. 직업상담의 문제와 진단

(1) 내담자의 문제는 직업상담 과정에서 부적응행동의 원인이 되기 때문에 초기에 진단하고 파악하여야 한다.

(2) 이러한 내담자의 문제는 직업상담 과정에서 내담자의 합리적 의사결정을 저해한다.

(3) 직업상담에서 진단은 내담자의 문제를 찾아내고 밝히는 과정이다.

(4) 정확한 진단을 통해 내담자의 문제를 밝히는 과정은 개입과 처치, 더 나아가 이를 해결할 수 있으므로 매우 중요한 과정이다.

2. 문제유형의 분류

(1) 윌리암슨(Williamson)의 직업문제분류 2021 공무원 9급

① 흥미와 적성의 불일치(모순)

　㉠ 내담자 자신의 흥미와 적성이 일치하지 않는 모순적인 선택을 말한다.

　㉡ 내담자가 흥미를 느끼는 직업에 적성이 없거나, 적성을 가지고 있는 직업에 흥미를 느끼지 못하는 등 흥미와 적성이 일치하지 않는 경우이다.

② 어리석은 선택(현명하지 못한 선택)

　내담자가 목표에 맞지 않는 적성이나 자신의 흥미와 관계없는 목표를 가지고 있을 경우, 직업적응을 어렵게 하는 성격적 특징이나 특권에 대한 갈망이 있을 경우이다.

ⓐ **흥미와 관계없는 목표**: 자신의 흥미와 별로 관계없는 분야를 선택하려는 경우

ⓑ **목표와 맞지 않는 적성**: 내담자 자신이 수행에 필요한 충분한 능력을 가지고 있지 않은 직업을 결정하는 경우, 동기와 능력이 부족한 내담자가 높은 동기와 능력을 요하는 직업을 원하는 경우, 본인의 능력보다 훨씬 낮은 능력을 요하는 직업을 선택하려는 경우

ⓒ **직업적응을 어렵게 하는 성격**: 자신의 성격과 부합되지 않는 직업을 선택하려는 경우

ⓓ 특권에 대한 갈망으로 직업선택을 하려는 경우

ⓔ 작은 성공가능성만을 가지고 직업선택을 하려는 경우

ⓕ 지나치게 안정적인 직업만을 추구하려는 경우

③ **불확실한 직업선택(확신의 부족)**

ⓐ 직업을 선택하기는 하였으나, 자신의 선택에 대해 자신감이 없고 내담자가 자신의 결정에 대하여 의심을 나타내는 것으로 타인으로부터 성공할 것이라는 위안을 받으려고 하는 경우이다.

ⓑ 실패에 대한 두려움, 자신의 적성에 대한 불신, 자기이해, 직업세계의 이해부족 등으로 인해 직업선택을 확신하지 못한다.

④ **진로(직업) 무선택**

ⓐ 내담자가 직접 직업을 결정한 경험이 없거나, 선호하는 몇 가지 진로가 있지만 어느 것을 선택할지 모르는 경우이다.

ⓑ 내담자가 자신의 선택의사를 표현할 수 없고, 자신이 무엇을 원하는지조차 모른다고 대답하는 것이다.

(2) 보딘(Bordin)의 직업문제분류(심리적 원인) 2019 공무원 9급

① **내적갈등(자아갈등)**

진로·직업선택 등의 중요한 결정을 내려야 하는 상황에서 둘 이상의 자아개념과 관련한 반응기능 사이의 갈등을 경험한다.

② **정보의 부족**

개인이 진로에 관련된 정보를 얻지 못하는 경우, 직업선택과 진로문제 해결에 어려움을 가지게 된다.

③ **의존성**

자신의 진로문제를 해결하고 발달과업을 계획·수행하는 데 어려움을 느끼고, 타인에게 의존하여 자신을 억누르는 책임감에서 탈피하고자 한다.

④ **확신의 결여(문제없음)**

잠정적인 진로 및 직업선택과 미래의 진로에 대한 확신이 부족한 상황으로 내담자가 진로에 관한 선택을 내린 이후에도 단지 그것을 확인하기 위해서 상담자를 찾는 경우이다.

⑤ **진로선택의 불안**

자신이 희망하는 일이 사회적 요구나 중요한 타인의 기대에서 벗어나는 경우 선택의 문제에 따른 불안을 경험한다.

(3) 크라이티스(Crites)의 직업문제분류 2018 공무원 9급

① 적응성

홍미와 적성의 일치 여부에 따라 적응형과 부적응형으로 구분된다.

㉠ 적응형: 홍미를 느끼는 분야와 적성에 맞는 분야가 일치하는 사람의 경우이다.

㉡ 부적응형: 홍미와 일치하는 분야가 없거나, 적성이 일치하는 분야가 없는 경우이다.

② 결정성

진로 결정성의 부족에 따라 다재다능형과 우유부단형으로 구분된다.

㉠ 다재다능형: 재능이 많아 홍미를 느끼는 직업과 적성이 맞는 직업들 사이에서 갈등하는 경우이다.

㉡ 우유부단형: 홍미와 적성에 관계없이 성격적으로 어떤 분야를 결정하지 못하는 경우이다.

③ 현실성

적성수준과 현실성을 고려하여 비현실형, 불충족형, 강압형으로 구분된다.

㉠ 비현실형: 홍미를 느끼는 분야에 대해서 적성을 가지지 못하는 경우이다.

㉡ 불충족형: 홍미를 느끼는 분야는 있지만 자신의 적성수준보다 낮은 적성을 요구하는 직업을 선택하는 경우이다.

㉢ 강압형: 적성에 따라 어쩔 수 없이 선택하였지만 그 직업에 대하여 홍미가 없는 경우이다.

(4) 필립스(Phillips)의 상담목표에 따른 분류

① 자기탐색과 발견

자기의 능력이 어느 정도인지, 어떤 분야의 직업을 원하는지, 왜 일하는 것이 싫은지 등의 고민을 가지고 있는 경우로 자기탐색과 발견이 상담의 초점이 된다.

② 선택을 위한 준비

적성 및 성격과 직업 간의 관계, 관심 있는 직업에 관한 정보 등이 필요한 경우로 직업 선택의 준비도가 상담의 주제가 된다.

③ 의사결정 과정

진로선택 및 직업결정 방법의 습득, 선택과 결정에의 장애요소 발견 등이 상담의 초점이 된다.

④ 선택과 결정

진로를 선택해야만 하는 상황에 직면한 경우로, 최선의 선택과 만족할 만한 결정을 내리도록 하는 것이 직업상담의 목표가 된다.

⑤ 실천

선택과 결정에 대한 만족 여부 및 확신 정도를 확인하는 일이 중요하며, 실제적인 구직활동 등의 실천을 목표로 하는 상담이다.

제2장 | 직업상담의 이론과 실제

제1절 | 기초상담이론

1. 프로이트(S. Freud)의 정신분석 상담

(1) 정신분석 상담의 기본개념 2022 공무원 9급

① 프로이트에게서 시작된 정신분석적 상담은 인간의 행동이 보이지 않는 본능과 무의식적 힘에 의해서 좌우된다고 보았다.

② 프로이트의 "우리가 알고 있는 의식의 영역은 빙산의 일각에 불과하다."라는 말처럼 대부분의 인간은 자신의 행동에 대해 설명하지 못하는 부분이 있으며, 이것은 인간이 모르는 무의식의 영역이 자신을 지배하고 있다는 의미이다.

③ 프로이트의 정신분석 상담은 자유연상, 꿈의 해석 등을 통해 무의식을 의식화하고자 한다. 이러한 무의식을 의식화함으로써 인간의 문제를 만들어낸 원인을 찾아서 제거하고자 하였다.

④ 어린 시절의 심리성적 경험에서 비롯된 부적응적인 감정양식이 성인기에 미치는 영향을 인식하는 것이다.

⑤ 따라서 현재의 문제를 이해하고 통찰을 통해 해결하기 위해서 무의식 형성에 관여가 깊은 아동기의 경험을 중시하였다.

(2) 정신분석 상담이론의 특징

① 무의식적인 심리성적 결정론의 입장을 취하고 있다.

② 무의식의 형성기인 인생 초기 아동기의 경험을 중시하며, 인생 초기의 욕구 발달과 고착(fixation)현상을 강조한다.

③ 상담의 목적은 무의식을 의식으로 전환하게 하여 내담자가 통찰력을 가지도록 하는 것이다.

④ 궁극적으로는 내담자로 하여금 무의식적인 욕구나 갈등을 통제하도록 하는 것이다.

⑤ 상담은 이러한 내담자의 무의식적 자료와 방어를 전이를 통해 탐색하는 작업이다.

⑥ 상담자의 중요한 자질은 내담자의 전이를 촉진시키는 '텅 빈 스크린(Bland-Screen)'으로서의 역할이다.

정신분석 측면의 진로선택

정신분석이론은 인간을 비합리적이고 결정론적인 존재로 가정하여 인간의 행동이 기본적인 생물학적 충동과 본능을 만족시키는 욕망에서 동기화된다고 본다. 특히 어린 시절의 경험과 무의식을 강조하며, 인간의 적응을 방해하는 요소를 무의식 속에서 동기로 작용하고 있는 억압된 충동으로 본다. 따라서 진로 및 직업의 선택이 이와 같은 인생초기에 형성된 욕구를 만족시키기 위한 방향에서 이루어지는 것으로 파악한다.

 생애 초기의 발달과정을 중시하는 상담

초기의 발달과정을 중시하는 상담방법으로는 정신분석적 상담, 개인주의 상담, 교류분석 상담 등이 있다.

 고착(fixation)

고착이란 특정 생애발달 단계에서 다음 단계로 진행하지 못하는 것을 말하는 것으로, 한 발달 단계에서 욕구가 지나치게 만족되거나 좌절될 때 고착현상이 일어날 수 있다.

(3) 정신분석 상담의 인간관

① 인간의 성격 발달단계는 '구강기 → 항문기 → 남근기 → 잠복기 → 생식기'를 거친다.

② 이론의 핵심인 개인의 성격형성은 아동기에 형성된다.

③ 심층심리학적 측면으로서, 인간의 의식세계를 무의식, 전의식, 의식으로 구분한다.

④ 갈등심리학적 측면으로서, 인간의 성격구조를 원초아(id), 자아(ego) 그리고 초자아(super - ego)로 구분한다.

심화

프로이트 성격의 발달단계

구강기(0~1세)	입과 입술을 통해 만족을 얻는 시기이다.
항문기(1~3세)	배변활동을 통해 만족을 얻는 시기이다.
남근기(3~6세)	자신의 성적편향에 관심을 가지게 되는 시기이다.
잠복기(6~12세)	성적욕구를 의식하지 못하고 지내는 시기이다.
성기기(12세 이후)	사춘기 이후로 이성에 대한 관심이 다시 증가되는 시기이다.

(4) 의식의 3가지 수준

무의식	거의 의식되지 않는 본능이나 억압된 감정으로 인간행동의 동기로서 작용한다.
전의식	평소 의식되지는 않으나 조금만 주의를 집중하면 의식화할 수 있는 기억을 말한다.
의식	현실적으로 의식화되는 개인이 각성하고 있는 현재의 모든 행위와 감정을 포함한다.

(5) 성격의 구조 3자아

원초아(Id) 본능, 충동	• 성격의 가장 원시적인 체계로 인간구조의 근본, 본능을 의미하며, 세 가지 자아 중 가장 큰 힘을 가진다. • 쾌락에 지배되며, 현실의 여건을 고려하지 않고 즐거움을 얻는 것을 목적으로 한다.
자아(Ego) 이성, 현실	• 원초아와 초자아를 중재하는 역할을 하며, 현실에 입각하여 원초아를 통제한다. • 현실의 원리에 따르며, 이성적으로 욕구를 충족시키기 위한 계획을 세운다.
초자아 (Super - ego) 도덕, 윤리, 규범	• 인간의 마음속에 있는 윤리적·도덕적·이상적인 면이며, 부모의 가치기준을 동화함으로써 발달되었다. • 도덕적 원리에 따르며, 부모와 사회기준을 내면화하여 심리적인 보상(자존심과 자기애)과 처벌(죄의식과 열등감)의 기준이 된다.

(6) 불안의 유형

프로이트는 불안이 인간성격의 서로 다른 부분 사이에서 비롯된 갈등에 의한 불안에 기인한다고 보았으며, 불안의 유형을 현실적 불안, 신경증적 불안, 도덕적 불안으로 제시하였다.

현실적 불안	외부 세계로부터 오는 위험에 대한 두려움으로, 외부 세계가 주는 실제 위협에 대한 불안이다.
신경증적 불안	자아와 원초아 간의 갈등이며, 본능이 통제되지 않아 생기는 불안으로 어떤 행동을 하게 되는 것이 처벌받지 않을지에 대한 두려움이다.
도덕적 불안	원초아와 초자아 간의 갈등이며, 자신의 양심에 대한 두려움으로 수치심과 죄의식을 느끼게 되는 불안을 말한다.

(7) 정신분석 상담기법

① 통찰

통찰(Insight)은 심리적 문제의 원인을 '과거의 억압된 무의식 속의 갈등과 불안'으로 보고, 내담자의 무의식을 해석함으로 무의식적 욕구의 의미를 깨닫도록 유도하는 것이다.

② 자유연상

자유연상(Free association)은 내담자에게 마음에 떠오르는 생각, 감정, 기억들을 자유롭게 이야기하도록 하는 것이다.

③ 저항의 분석

저항(Resistance)은 현 상태를 유지시키고 변화를 막는 모든 생각, 태도, 감정, 행동을 의미한다. 상담자는 내담자의 저항을 지적해야 하고 내담자는 저항에 정면으로 부딪혀야 한다. 따라서 상담자는 내담자가 저항을 해결할 수 있도록 하기 위해 내담자 저항의 이유에 대한 분석과 해석, 즉 내담자가 무의식적으로 숨기고자 하는 것이 무엇인지, 혹은 피하고자 하는 것이 무엇인지 등에 대해 그 의미를 파악하고, 내담자 자신이 무의식적으로 저항을 하고 있는 그 이유에 대해 인식하도록 도와주어야 한다.

④ 전이

전이(Transference)란 내담자가 과거에 중요한 타인에게 느꼈던 감정이나 생각을 상담자에게 옮기는 것으로 보통 과거에 자신에게 중요하고 의미 있는 사람과의 관계에서 발생했으나 억압되어 무의식에 묻어두었던 감정이나 생각을 상담자에게 표현하는 현상을 말한다.

⑤ 훈습

훈습(Working-through)은 내담자가 저항이나 전이에 대해 이해한 것을 반복, 심화, 확장함으로써 통합적인 이해를 하게 하는 것이다.

즉, 내담자의 갈등과 방어를 탐색하고 이를 해석해 나가는 과정이다. 반복, 정교화, 확대 등의 활동으로 이루어진다.

> 🔑 **TIP** 훈습
>
> 무의식적 동기에 의해 발생되는 문제행동을 의식화하는 연습을 하여 행동을 의식적으로 행하게 하는 방법으로, 6개월에서 길게는 3~4년씩 훈습기간이 필요하다. 자신의 심리적 측면을 깨닫고 자신의 사고와 행동을 수정하며 적응방법을 실현해 나가는 과정이다.

⑥ 해석

해석(Interpretation)은 꿈, 자유연상, 저항, 전이 등에서 나타난 내담자 행동의 의미를 상담자가 지적하고 설명하고 가르치기도 하는 상담의 기본 절차이다.

⑦ 꿈의 분석

상담자는 내담자의 꿈 내용을 탐색하며 해석함으로써 내담자의 무의식적 생각이나 욕구, 감정 등을 풀어내고 현재의 갈등에 대한 새로운 통찰을 할 수 있도록 하는 것이다.

꿈의 분석은 무의식적 생각이나 감정 등을 드러내고 내담자가 해결하지 못한 문제를 통찰하도록 하는 방법이다.

(8) 방어기제 2022 공무원 9급

이성적이고 직접적인 방법으로 불안을 통제할 수 없을 때, 자신을 붕괴의 위험에서 보호하기 위해 무의식적으로 사용하는 사고 및 행동수단이다.

지나친 방어기제의 사용은 바람직하지 못한 결과를 초래하지만 적절하게 사용한다면 오히려 정신건강에 도움이 될 수도 있다.

① 기만형 기제

㉠ 합리화(Rationalization): 현실에 더이상 실망을 느끼지 않으려고 그럴듯한 구실을 붙이는 것으로, 즉 상처 입은 자아에게 빠져나갈 합리적인 이유를 만들어 내는 기제이다.

예 이솝우화의 여우와 신포도 이야기

㉡ 억압(Repression)과 억제(Suppression): 억압은 받아들이기 곤란한 욕망이나 충동, 생각들을 무의식 속으로 억눌러 버리는 것이고, 반면 억제는 의식적으로 생각이나 느낌, 기억을 잊으려고 하는 것이다.

㉢ 투사(Projection): 스스로 용납하기 어려운 자신의 욕망이나 충동을 다른 사람에게 귀인시키는 것으로, 자기가 화가 나있는 것을 인식하지 못하고 상대방이 자기에게 화가 나있다고 생각하는 경우나, 자신의 위협적인 충동을 다른 사람의 탓으로 돌림으로써 그 충동을 위장하는 것이기도 하다.

② 대체형 기제

㉠ 보상(Compensation): 약점, 제한이 있는 사람은 이를 보충하기 위해 자신의 다른 부분 중 어떤 것을 과도히 발전시키곤 하는데 이를 보상이라 한다.

㉡ 승화(Sublimation): 본능적 욕구나 참아내기 어려운 무의식적 충동들을 사회적으로 용납되는 형태와 방법으로 충동을 발산하는 것이다.

㉢ 반동형성(Reaction – Formation): 반동형성이란 억압이 과도하게 일어난 결과 자신의 실제 감정과 상반되게 행동하는 것이다.

예 미운 놈 떡 하나 더 주기

㉣ 전치 또는 치환(Displacement): 전치란 원래 실제로 있던 어떤 대상에 향했던 감정이 그대로 대치물에게 향하는 것을 말한다. 성적·공격적 욕구를 직접적으로 충족시킬 수 없을 때, 대상이나 방법을 바꾸어 욕구를 충족시키는 것으로 전혀 다른 대상에게 자신의 감정을 발산하는 경우이다.

예 동대문에서 뺨 맞고 서대문에서 화풀이하거나, 자식이 없는 사람이 반려동물을 끔찍이 여기는 경우

③ 회피형 기제

㉠ 동일시(Identification): 어떤 사람이나 집단과 실제적 또는 상상적으로 동일시하고 닮아감으로써 자존심을 고양시키려는 것이다.

㉡ 퇴행(Regression): 비교적 단순한 초기 발달단계로 후퇴하는 행동을 말하며, 동생을 본 아동이 나이에 어울리지 않게 응석을 부리거나 잘 가리던 대소변을 못 가리는 경우이다.

㉢ 부정 또는 부인(Denial): 의식하면 도저히 감당하지 못할 욕구를 무의식적으로 부정하는 것으로 고통스러운 현실을 무의식적으로 인정하지 않으려는 것이다.

2. 개인주의 심리학(Adler)

(1) 개인주의 이론의 기본개념 2018 · 22 공무원 9급

① 아들러(Adler)는 프로이트의 성적결정론에 반발하여 1911년 독자적으로 개인주의 심리학을 창시하였다.

② 프로이트와 다르게 인간의 행동은 무의식에 지배되는 것이 아닌 목표 지향적이고 통합적 의식에 의해 행하여진다고 보았다.

③ 열등감은 인간의 보편적인 경험으로 출생 순서가 개인의 성격 형성에 크게 영향을 미칠 수 있다.

④ 또한 인간은 성적동기가 아닌 사회적·심리학적으로 동기화된다고 보았다.

⑤ 상담과정은 사건의 객관성보다는 주관적 지각과 해석을 중시한다.

⑥ 궁극적으로 개인은 자신의 열등감을 극복하고 우월성을 추구하는 목적론적 존재로 인간을 움직이는 중요한 힘은 '우월성 추구'이다.

⑦ 상담 과정은 정보 제공, 교육, 안내, 격려 등에 초점을 둔다. 특히 상담자는 내담자에 대한 광범위한 격려의 사용을 권장한다.

📁 **심화**

정신분석 이론과 개인주의 이론의 비교

프로이트(Freud)	아들러(Adler)
생물학적 충동과 본능을 만족시키려는 욕망에 의해 동기화된 존재(성의 본능으로 동기화)	사회적 존재(사회적 본능으로 동기화)
인간을 비합리적이고 무의식적 본능의 지배를 받는 존재로 봄	합리적으로 스스로 결정을 내리며 계획을 세우고 모든 행동에는 목적하는 바가 있다고 봄
본능이 행동을 결정하는 결정론적 존재	인간은 목표를 추구하는 목적론적 존재
성격을 본능, 자아, 초자아로 분류한 환원주의적 입장	인간은 나누어질 수 없는 총체적 존재

(2) 개인주의 상담의 목표

① 내담자로 하여금 사회적 관심을 가지게 한다.

② 열등감을 극복할 수 있도록 한다.

③ 내담자의 잘못된 가치와 목표를 수정하도록 한다.

④ 내담자의 동기수정에 초점을 두고 잘못된 동기를 바꾸도록 돕는다.

⑤ 사회의 구성원으로 기여하도록 돕는다.

(3) 아들러(Adler) 개인심리학의 인간관

① 사회적 존재
   ㉠ 아들러는 인간이 사회적 존재로 살아가면서 만나는 삶의 과제를 해결할 수 있는 동기를 제공해 주는 것을 사회적 관심이라고 보았다.
   ㉡ 인간은 기본적으로 소속 욕구를 가지고 있어 사회구조를 떠나 고립된 존재로 살 수 없으며, 사회 속에 존재할 때 의미 있고 강력한 사회적 동기를 가진다.
   ㉢ 사회적 관심이 있기 때문에 인간은 다른 사람을 이해하고 공감할 수 있으며, 타인의 안녕에 대한 개인의 헌신을 기본으로 하는 정신건강을 설명해 준다고 하였다.

② 총체적 존재
   ㉠ 개인의 인격은 초기기억, 신념, 가치, 태도 등의 총체로서 작용한다.
   ㉡ 인간은 통합적 의식을 가진 존재로서 미래에 대한 목적적 존재이다.

③ 열등감과 보상
   ㉠ 아들러(Adler)는 개인이 자기완성을 이루기 위해 자신이 느끼는 열등감을 극복해야 한다고 강조하였다.

ⓛ 개인에게는 좋은 열등감과 나쁜 열등감이 있고 좋은 열등감은 노력의 동기가 되지만, 나쁜 열등감은 콤플렉스를 유발하여 신경증을 일으키는 원인이 된다.
ⓒ 열등감 콤플렉스의 원인으로 과잉보호, 양육태만, 기관열등감을 제시하였다.
ⓔ 모든 인간은 열등감을 가진 존재로 보았고 열등감을 자기완성을 위한 필수요인으로 간주함으로써 긍정적인 측면에서 보았다.

🖐TIP 열등감의 원인

기관열등감	부모에게서 받은 신체적 부족함에 생기는 콤플렉스이다.
과잉보호	부모의 과잉보호된 자신감의 부족에서 비롯된 콤플렉스이다.
양육태만	부모의 양육태만이 자신의 존재감 부족으로 비롯되는 콤플렉스이다.

④ 우월성의 추구
　ⓐ 우월성이란 열등감을 보상하려는 인간의 근본적인 욕구에서 비롯된다.
　ⓑ 개인의 노력에 따른 보상은 타인보다 우월성을 추구하는 자아실현과 자기완성을 이루게 한다.
⑤ 창조성
　ⓐ 모든 인간은 개인의 독특성으로 생활양식을 표현하며 이는 창조성의 산물이다.
　ⓑ 특히, 삶의 목표와 그것을 추구하는 방식에 있어 개인의 독특성(주관적인 신념과 태도 등)을 강조하였다.
　ⓒ 따라서 인간은 자신의 생각과 감정을 스스로 창조해낼 수 있다고 보았다.

(4) 생활양식

① 개인이 행하는 모든 것은 기본적으로 자신의 독특한 생활양식의 영향을 받는다.
② 생활양식은 개인의 독특성에서 비롯된 것으로 삶의 목적, 자아개념, 가치, 태도 등을 포함하며 이는 삶의 목적을 이루는 독특한 방법들이다.
③ 아들러는 생활양식의 형태로 생활자세에 접근하고 이를 해결하는 태도에 따라 네 가지 유형을 구분하였다.

지배형	• 활동수준은 높으나 사회적 관심은 낮은 유형으로, 타인에게 지배적 태도를 보인다. • 지배적이고 독재적인 부모의 양육방식
획득형 (기생형)	• 활동수준은 중간이고 사회적 관심은 낮은 유형으로, 타인에게 의존적 태도를 보인다. • 지나치게 자녀를 과잉보호하는 부모의 양육방식
회피형	• 활동수준도 낮고 사회적 관심도 낮은 유형으로, 타인에게 회피하는 태도를 보인다. • 자신감 없고 부정적인 개인의 태도
사회형	• 활동수준과 사회적 관심이 모두 높은 유형으로, 사회적으로 유용하다. • 심리적으로 건강한 사람의 표본

(5) 개인주의 상담기법

① 단추(초인종) 누르기

상담자는 내담자로 하여금 단추 누르기 기법을 통해 바람직한 상상을 하도록 돕는다.

② 격려하기

상담자는 내담자를 존중하고 내담자에게 믿음을 보여주며, 내담자의 능력이 만족할 만한 수준으로 충분히 기능할 것이라는 기대를 가지도록 한다.

③ 끓는 국에 찬물 끼얹기

상담자는 부정적이고 잘못된 생각이나 행동에 찬물 끼얹기를 통해 내담자의 생각과 감정을 전환시킨다.

④ 타인 즐겁게 하기

상담자는 내담자에게 자기중심적 사고에서 벗어나 사회적 관심과 공동체의식을 가지도록 촉진한다.

3. 실존주의 상담

(1) 실존주의 상담의 개념

① 실존주의 상담은 이론적 절차보다는 철학적인 측면을 강조하는 이론이다.

② 실존주의 상담에 있어서 가장 중요하게 다루는 문제는 인간 존재에 대한 '실존적 불안'이다.

③ 이러한 실존적 불안의 해소는 인간의 삶에 대한 진정한 의미를 이해하는 데 있다고 본다.

(2) 실존주의 상담의 특징

① 상담을 치료적 수단이 아닌 진정한 개인의 이해 과정으로 본다.

② 실존주의 상담은 대면적 관계를 중시한다.

③ 인간에게 자기지각의 능력이 있다고 가정한다.

④ 자유와 책임의 양면성에 대한 지각을 중시한다.

(3) 실존주의 상담의 기본가정

① 인간은 자유로운 존재인 동시에 자기 자신을 스스로 만들어 가는 존재이다.

② 인간은 스스로 자각하는 능력을 가졌고, 과거 및 자기 자신을 초월할 수 있는 능력을 가지고 있다.

③ 인간존재의 불안의 원인은 시간의 유한성과 죽음에 대한 불안에서 기인한다.

④ 정서적 장애는 삶의 보람을 찾는 능력이 없는 실존적 신경증에 기인한다.

⑤ 문제해결방법은 인간존재의 참의미를 발견하는 것이다.

⑥ 인간의 자기책임, 자기존재의 의미, 가치에 대한 자신의 선택을 기본전제로 한다.

⑦ 신경증은 상담자와 내담자의 실존적 만남을 통해서 상담될 수 있다고 전제한다.

(4) 실존주의 상담의 특징

① 상담을 치료적 수단이 아닌 진정한 개인의 이해 과정으로 본다.
② 실존주의 상담은 대면적 관계를 중시한다.
③ 인간에게 자기지각의 능력이 있다고 가정한다.
④ 자유와 책임의 양면성에 대한 지각을 중시한다.

(5) 실존주의 상담의 목적

① 실질적인 치료가 아닌 내담자로 하여금 자신의 현재의 상태에 대해 인식하고 피해자적 역할로부터 벗어날 수 있도록 돕는다.
② 내담자가 효과적이고 책임질 수 있는 방법으로 행동하여 자신의 욕구를 충족시킬 수 있도록 돕는다.
③ 내담자로 하여금 자신의 행동들의 가치를 검토 및 판단할 수 있도록 하며, 행동변화를 위한 계획을 결단하도록 돕는다.

(6) 실존주의 상담자들이 제시한 인간의 궁극적 관심사

① 삶의 의미성
   인간은 자신의 삶의 목적과 의미를 찾기 위해 노력하고, 스스로의 존재 의미를 발견해야 한다.
② 진실성
   개인의 실존을 회복하기 위한 진실성 있는 노력을 해야 한다.
③ 자유와 책임
   인간은 자기결정적인 존재로서, 인간은 자기결정적인 존재로서 선택할 능력과 책임이 있다.
④ 죽음과 비존재
   삶과 죽음은 분리될 수 없는 연속성이며, 인간은 자신이 죽는다는 것을 스스로 자각한다.

 심화

얄롬(Yalom)이 제시한 인간의 궁극적 관심사

1. 무의미성
   삶은 의미를 필요로 한다. 실존적 불안은 의미가 없는 세계에서 자신의 의미에 대한 욕구를 어떻게 발견할 것인가에서 비롯된다. 삶의 무의미함은 공허감, 텅 빈 느낌, 실존적 공허로 이어진다.

2. 자유
   자유는 책임과 의지를 수반한다. 실존적 갈등은 자유를 직면함으로써 생기며, 근거와 구조에 대한 우리의 깊은 욕구와 소망에서 생긴다.

3. 죽음
   실존적 관점에서 내적 갈등의 핵심은 죽음에 대한 개인의 자각과 삶을 지속시키려는 소망 사이에 있다. 실존적 갈등은 죽음의 불가피성에 대한 자각과 삶을 지속하려는 소망 간의 갈등이다.

4. 고립(소외)
   실존적 고립은 개인의 인간과 세계 간의 근본적인 분리, 즉 실존적 고립은 다른 개인이나 세계로부터의 근본적인 고립이다.

(7) 실존주의 상담에서 내담자의 자기인식능력 증진을 위한 상담자의 치료원리

① 내담자로 하여금 죽음의 실존적 상황에 직면하도록 격려한다.

② 내담자로 하여금 삶에 대한 자유와 책임을 자각하도록 촉진한다.

③ 내담자로 하여금 자신의 인간관계 양식을 점검하게 돕는다.

④ 내담자로 하여금 삶의 의미를 발견하고 창조하게 돕는다.

(8) 실존주의 상담에서 상담관계의 기본원리(yalom)

① 비도구성의 원리

상담관계는 기술적 관계가 아니므로 상담자가 내담자와의 관계에서 도구적 · 지시적인 행동을 취하는 것은 바람직하지 않다.

② 자아중심성의 원리

자아중심성은 개인의 자아세계와 내면의 심리적 실체를 의미하며, 실존주의 상담은 내담자 자아에 초점을 맞추는 것이다.

③ 만남의 원리

'여기 - 지금'에서의 상담자와 내담자의 만남을 중시하는 것으로 내담자가 알 수 없었던 것을 깨닫게 하는 것이다.

④ 치료할 수 없는 위기의 원리

실존주의 상담은 적응이나 치료를 목표로 하는 것이 아닌 인간존재의 주체성과 순정성 회복을 목적으로 하고 있다.

(9) 실존주의 상담에서 가정하는 양식의 세계

① 주변세계

인간이 접하며 살아가는 환경 혹은 생물학적 세계를 의미한다.

② 공존세계

인간이 사회적 존재로서 더불어 살아가는 공동체 세계를 의미한다.

③ 고유세계

개인 자신의 세계이자, 개인이 자신에게 가지는 관계를 의미한다.

④ 영적세계

개인이 가지는 영적 혹은 종교적 가치와의 관계를 의미한다.

TIP

실존주의자들은 인간세계 내에서 실존의 방식을 확인하였다. 즉, 실존 심리치료의 관점에서 보면, 네 가지 양식의 세계가 있으며, 인간은 '주변세계', '공존세계', '고유세계', '영적세계'에 존재한다.

(10) 평가

① 근본적으로 철학적인 입장에서 인간 삶의 의미와 방향성을 제시하였다.

② 인간에게 자유와 책임을 강조하고, 보다 창조적이고 능동적인 삶을 제시하였다.

③ 개인 주관성과 의미의 창조 등 인간의 긍정적인 면을 강조하였다.

④ 철학적인 측면에 치우쳐 이론이 난해하고 체계적이지 못하다.
⑤ 이론이 추상적이고, 구체적인 기법이 부족하다.

4. 교류분석(TA: Transactional Analysis) 상담

(1) 교류분석 상담의 개념

① 교류분석은 에릭 번(Eric Berne)에 의해 창안된 인간관계의 교류를 분석하는 심리치료 기법이다.
② 결정론적 철학에 반대하여 인간은 어린 시절 많은 것이 결정되나 이는 변화할 수 있다고 본다.
③ 내담자로 하여금 현재 삶의 방향에 대한 새로운 결정을 내리고 생애 초기에 결정된 부적응적 삶의 방식을 변화하도록 격려하는 결단치료이다.
④ 인간의 인지적·합리적·행동적 측면을 모두 강조한다.
⑤ 새로운 결정을 내릴 수 있는 개인의 능력을 강조한다.
⑥ 대부분의 다른 이론과는 달리 계약적이고 의사결정적이다.
⑦ 치료목표를 분명히 기술한 계약을 하며 이 계약은 초기결정에 초점을 두고서 새로운 결정을 할 수 있는 개인의 능력을 강조한다.

📁 심화

의사교류 분석적 상담(TA)의 기본가정

1. 모든 사람은 긍정적이다.
   가장 기본적인 가정으로, '당신과 나는 모두 인간으로서 살만한 가치가 있으므로 존엄성을 지닌다.'는 의미이다. 현재의 주어진 삶의 방법을 올바르게 바라보며 현재 삶의 방법을 문제로 삼는다.

2. 모든 사람은 사고 능력을 가진다.
   심하게 두뇌를 손상당한 사람을 제외하고 모든 사람은 사고를 가진다. 그래서 생활하면서 필요로 하는 것을 결정하는 것은 우리들 각자의 책임이다.

3. 사람들은 자신의 운명을 결단하며 이들 결단은 변화를 가능하게 한다.
   인간은 자율적이고 가변적인 존재로서 자신의 행동 유형에서 벗어나서 새로운 목표와 행동을 선택할 수 있다는 믿음에 기반한다.

4. 환경이나 과거, 타인은 바꿀 수 없다.
   의사 교류 분석에서는 치료자와 내담자의 능력을 동등하게 취급한다. 내담자가 스스로 자신의 어떤 부분을 변화시킬 것인지에 대해 결정을 내리고 변화를 일으키기 위해 치료과정에 능동적으로 참여해야 하며 그런 능력을 지니고 있다고 본다.

(2) 교류분석 이론의 특징

① 번(bern)에 의하면 인간의 성격이 세 가지 자아상태(ego state)로 구성되어 있고 각기 고유한 사고, 행동, 감정을 나타낸다.
② 사람에게는 나름대로 개성에 맞는 성격 형이 있고 성격을 형성하는 자아 상태는 여러 가지 사건에 대한 반응을 통해서 알 수 있다.
③ 교류분석은 개인 간, 개인 내부에서 이루어지는 다양한 자아들 간의 상호작용을 분석하는 구조를 제공하고 있다.

④ 의사교류에서 상보적 의사교류가 가장 건강하고 바람직한 인간관계 유형이다.

⑤ 어린 시절의 결단에 기초한 삶의 계획을 '생활각본'이라고 한다.

(3) 교류분석 상담의 인간관

① 인간은 자율적 존재이다.

인간은 현실세계에 대한 각성, 게임을 통하지 않고도 정서를 표현할 수 있는 자발성, 다른 사람과 사랑을 나누고 친교할 수 있는 친밀성을 가짐으로써 궁극적으로 자유로울 수 있는 존재이다.

② 인간은 자유로운 존재이다.

사회의 영향에서 완전히 벗어날 수 있다는 것은 아니지만 그렇다고 사회나 어릴 때의 경험에 의해서 결정되는 것도 아니다. 완전한 자유는 아니더라도 인간은 많은 자유를 가진 존재이다.

③ 인간은 선택할 수 있는 존재이다.

인간이 자율적이고 자유롭다는 것은 여러 대안 중 선택하고 결정할 수 있다.

④ 인간은 책임을 질 수 있는 존재이다.

어릴 때 부모의 영향을 받더라도 궁극적으로는 자신의 삶에 대해 책임질 수 있는 존재이다.

(4) 교류분석의 상담목표

① 교류분석(TA)의 목표는 인간의 자율성의 회복에 있다. TA의 모든 도구들은 바로 이 '자율성'이란 목표를 달성하기 위하여 고안되었다.

② 자율성을 구성하는 인자(因子)들은 자각(awareness), 자발성(spontaneity) 그리고 친밀성을 위한 능력(capacity for intimacy)이다.

　㉠ 자각(awareness): 자신과 환경을 왜곡하지 않고 그대로 지각하는 것이다.

　㉡ 자발성(spontaneity): 문제의 대처에 있어 자신이 취할 수 있는 모든 대안을 놓고 선택할 수 있는 능력을 말한다.

　㉢ 친밀성(intimacy): 게임이나 라켓감정에 의존하지 않고 자신의 진전한 감정을 표현하는 것이다.

(5) 교류분석 상담의 성격구조

① 부모자아, 어버이자아(Parent ego: P)

프로이트의 초자아와 유사한 개념으로 5세 이전에 부모를 포함한 의미 있는 연장자들의 말이나 행동을 무비판적으로 받아들여 내면화시킨 것으로, 독선적·비현실적·무조건적·금지적인 것이 많다. 학습된 생활개념이다.

비판적 어버이 자아(Critical Parent: CP), 양육적 어버이 자아(Nurturing Parent: NP)로 구분된다.

② 어른자아, 성인자아(Adult ego: A)

프로이트의 자아와 유사한 개념으로 생후 10개월경부터 자신에 대한 지각과 독창적 사고가 가능해지고 혼자서도 어떤 일을 해낼 수 있다는 능력감을 갖게 되면서 점진적으로 나타나며 객관적·합리적·논리적으로 컴퓨터와 같은 역할을 한다. 사실적이고 계산적·사고적 생활개념이라 할 수 있다.

③ 어린이자아(Child ego: C)

프로이트의 원초아의 개념에 해당하며 인간 내면에서 생득적으로 일어나는 모든 충동과 감정 그리고 5세 이전에 경험한 외적 사태, 특히 부모와의 관계에서 경험한 감정과 그에 대한 반응 양식이 내면화된 것이다.

자유로운 어린이자아(Free Child ego: FC), 순응적 어린이자아(Adapted Child ego: AC), 어린이 교수자아(Little Professor ego: LP)로 구분된다.

 심화

PAC의 대표적 직업군

P	CP	교장, 군인, 경찰관, 스포츠맨, 행정가 ⇒ 명령형	
	NP	미술교사, 보모, 의사, 카운슬러, 간호사 ⇒ 돌봄형	
	A	기사, 물리학자, 통계학자, 화학자, 세일즈맨, 세무서원 ⇒ 계산원	
C	FC	배우, 가수, 무용가, 음악가, 예술가 ⇒ 자유분방형	
	AC	비서, 타이피스트, 가정부, 도서관원, 웨이트리스 ⇒ 순응형	

(6) 구조분석

① 내담자의 성격을 구성하는 자아의 내용이나 기능을 분석하는 것이다.

② 구조분석은 에고그램(egogram)을 통하여 내담자 자신의 부모자아, 성인자아, 어린이자아의 내용이나 기능을 이해하는 방법이다.

 TIP 혼합(오염)과 배타(배제)

어버이자아, 어른자아, 어린이자아의 발달에서 자아들이 서로 중복되거나 잠식된 경우에 생긴다.

혼합 (contamination)	어버이자아나 어린이자아가 어른자아의 기능에 영향을 미치는 경우로 P, A, C의 각 자아가 서로의 영역에 침입하여 혼합되는 것이다.
배타 (exclusion)	하나의 자아가 장기간 지나치게 지배하면 생기는 현상으로 전체적인 자신이 아닌 항상 어린이거나 어버이 또는 어른의 상태인 경우이다. 어버이자아, 어른자아, 어린이자아의 경계가 지나치게 경직되어 심리적 에너지의 이동이 거의 불가능한 상태이다.

(7) 의사교류분석

① 상보교류

두 사람 간의 의사소통이 평행이 되고 있는 경우로 상호교류가 평행을 이루고 자극을 보낼 때 상대방에게서 기대했던 자아상태에서 반응이 오는 교류이다.

예 A. 우리 즐겁게 놀자.

B. 그래, 우리 즐겁게 놀아 보자.

② 교차교류

두 사람 간의 의사소통이 기대하지 않은 반응이 되돌아오는 경우로 자극을 보낸 자아상태와 반응을 한 자아상태가 일치하지 못하는 교류이다.

예 A. 우리 즐겁게 놀자.

B. 놀 생각만 하면 되겠어?

③ 이면교류

두 사람 간의 의사소통이 표면상의 의미와 암시적 의미를 동반하는 경우로 표면상의 의미는 사회적 수준의 메시지이고 암시적 의미는 심리적 수준의 메시지이다.

예 표면적 교류

A. 엄마 저 공부하고 올게요.

B. 그래, 너무 늦지는 말거라.

예 암시적 교류

A. 엄마 저 공부는 핑계고 놀고 올 거예요.

B. 놀 생각 말고 집에 일찍 들어와.

(8) 게임분석

① 게임분석은 이면교류를 정형화한 것으로 의사교류분석 중 암시적인 이면교류를 분석하는 것이다.

② 사람들은 애정이나 인정 자극(stroke)을 얻기 위해 게임을 하나, 대부분의 게임에서 참가자는 나쁜감정을 갖고 끝을 맺게 된다. 무의식적이고 반복적으로 이루어지는 게임은 교류 당사자들 간에 좋지 않은 결과를 초래한다.

③ 내담자가 다른 사람과의 좋지 않은 의사소통 방법 중 하나로 결국에는 만성적인 부정감정의 대가를 치르게 되는 이런 게임들을 관찰하고 이해하는 것이 중요하다.

 심화

사람들이 게임을 하는 이유

1. 애정이나 인정 자극(stroke)을 얻기 위해서 한다.
2. 자신의 만성적인 부정감정을 유지하기 위해서 한다.
3. 자신의 생활태도를 반복하고 확인하기 위해서 한다.

(9) 각본분석

① 각본분석은 내담자가 '여기-지금'에서 따르는 인생 유형을 확인하고 이를 변화시키는 과정이다.

② 내담자의 각본분석을 통해 각본형성 과정 그리고 각본에 따른 삶의 양상과 각본을 정당화시키기 위해 사용하는 라켓감정과 게임을 밝힐 수 있다.

③ 인생각본은 내담자가 생의 초기 어린 시절 부모의 금지명령에 대한 반응에서 비롯된 초기결정을 토대로 한다.

④ 내담자가 자신의 인생각본 자각을 통해 과거의 부적응적인 사고와 감정 행동을 효율적인 신념으로 변화시키는 과정이다.

심화

교류분석(TA)의 상담과정 2019 공무원 9급

계약 → 구조분석 → 교류분석 → 게임분석 → 각본분석 → 재결단

(10) 개인의 생활각본을 구성하는 자세

① 자기긍정 - 타인긍정(상호존중형; 원만한 패턴): 나는 괜찮다 - 너도 괜찮다.
   대체로 자신이나 타인에게 만족하며 모든 느낌을 인식하고 표현하는 데 문제
   가 없다. 가장 이상적이고 건설적이고 신뢰로운 인간관계에 대한 인생태도이
   다. 이 입장에서는 개인의 성장 동기가 높다. 이 자세는 가장 건강한 생활 자
   세이다. 이 자세를 가지고 있는 사람은 스스로 유능하며 인생은 살아갈 만한
   가치가 있는 것이라고 생각한다.

② 자기긍정 - 타인부정(자기애형 ; 자기주장형 패턴): 나는 괜찮다 - 너는 괜찮지 않다.
   다른 사람을 부족하고 가치 없다고 생각하는 입장이다. 다른 사람에 대해 불
   안해하며 불신하지만 기본태도는 다른 사람 위에 서고자 하는 것으로 독선
   적 · 우월적 · 자기중심적이다. 쉽게 화를 내고 다른 사람을 무시한다. 이를 편
   집증적 자세라고도 하며 극단적인 불신, 비난, 증오 등의 행동 특징을 보인다.

③ 자기부정 - 타인긍정(의존형 ; 헌신 패턴 - 나이팅게일): 나는 괜찮지 않다 - 너
   는 괜찮다.
   자신에 대한 부정적 감정을 가지고 있고 타인에 대한 열등감을 느끼며 자신에
   대한 느낌은 다른 사람 또는 부모의 손에 달려있다고 생각하는 의존적인 태도
   이다. 이 자세를 계속 견지하면 타인과 친밀한 관계를 맺기 어렵고 열등감이
   나 죄의식이 심하여 우울증이 걸리기 쉽기 때문에 우울증적 자세라고 한다.

④ 자기부정 - 타인부정(상호부정형 ; 갈등 패턴 - 햄릿): 나는 괜찮지 않다 - 너도
   괜찮지 않다.
   자신과 다른 사람 모두 믿지 못하며 인생을 무가치한 것으로 생각하는 무의
   미, 세상낙심, 염세주의적인 태도이다. 수치심과 무능력감이 자신에 대한 부
   정적 감정을 가지게 하고, 타인에 대한 긍정적 감정이 부정적 감정으로 변하
   게 한다.

(11) 평가

① 교류분석이론은 개인치료뿐 아니라 집단치료에도 적합한 역동적인 심리치료
   중 하나이다.
② 계약적이고 내담자의 결단을 강조하여, 새로운 결정으로 삶을 바꾸도록 한다.
③ 실증적 연구도 있지만 과학적인 증거로 보기는 어렵다.
④ 창의적으로 보이지만, 다른 이론과 유사한 측면이 많고, 추상적이어서 실제
   적용에 어려움이 있다.
⑤ 개인의 인지적 측면을 요구하므로 지적 능력이 낮은 대상의 경우에는 부적절
   할 수 있다.

5. 인간중심(내담자중심) 상담

(1) 내담자중심 상담의 개요 2022 공무원 9급

① 칼 로저스(C. Rogers)의 상담이론에서 시작되었으며 '인간중심 상담' 또는 '비지시적 상담'으로 불리운다.

② 상담의 기본목표는 개인이 일관된 자아개념을 가지고 자신의 기능을 최대로 발휘하는 사람이 되도록 도울 수 있는 환경을 제공하는 것으로 인간은 '충분히 기능하는 사람'이 될 수 있다고 본다.

③ 비지시적 상담에서는 근본적으로 상담자와 내담자를 동등한 관계로 본다.

④ 비지시적 상담은 내담자가 중심적 역할을 하며 상담자는 허용적인 분위기를 조성하여 내담자가 자기통찰과 수용을 통하여 스스로 문제를 해결할 수 있도록 도와준다.

⑤ 따라서 상담자는 무조건적 존중, 공감적 이해, 진솔성을 갖추어야 한다.

(2) 인간중심 상담의 철학적 가정

① 인간은 근본적으로 선하며, 이성적이고 믿을 수 있는 존재이다.

② 인간의 개별성과 독자성을 존중한다.

③ 치료적 관계 그 자체가 성장의 경험이다.

④ 적응의 지적 측면보다 정서적 측면을 강조한다.

⑤ 유년기의 외상적 경험보다 현재의 직접적인 장면(경험)을 강조한다.

⑥ 인간은 성장, 건강, 적응을 이루려는 기본적 충동과 자기실현을 이루려는 경향을 가지고 있다.

(3) 인간관

① 사람들은 자신의 문제를 스스로 해결할 수 있는 잠재력을 선천적으로 가지고 있다.

② 인간은 자기실현의 경향성을 가지고 있고, 계속해서 성장해 나아가는 존재이다.

③ 인간은 자신이 나아갈 방향을 스스로 찾고 건설적인 변화를 이끌 수 있는 능력이 있음을 가정하고 있다.

④ 인본주의 성격이론의 대표적인 학자인 로저스는 인간은 스스로 자신의 삶의 의미를 능동적으로 창조하며, 주관적 자유를 실천해 나가는 존재라고 보았다.

⑤ 자아개념을 중심으로 인간은 자아와 일의 세계에 대한 정보 부족과 일치성 부족으로 부적응이 발생하기도 한다.

⑥ 모든 내담자는 공통적으로 자기와 경험의 불일치로 인해서 고통을 받고 있기 때문에 직업상담 과정에서 내담자가 지니고 있는 직업문제를 진단하는 것 자체가 불필요하다.

⑦ 인간을 현실적 자아(Real Self), 이상적 자아(Ideal Self), 타인이 본 자아(Perceived Self) 간의 불일치 때문에 불안을 경험하는 사람으로 간주한다.

(4) 내담자중심 상담의 3가지 자아 간의 불일치

① 현실적 자아

  현실적 자아상태가 자신이 희망하는 이상적 모습과 일치하지 않는 자아이다.

② 이상적 자아

  자신이 바라는 이상적인 수준의 자아상태이다.

③ 타인이 본 자아

  타인이 바라보는 자아와 내가 생각하고 있는 자아 사이의 차이가 있다.

(5) 내담자중심 상담의 특징

① 현상학적 장을 중시하며 인간의 주관적 경험, 즉 자기인식을 강조한다.

② 상담자와 내담자 간의 관계형성과 허용적 분위기를 강조한다.

③ 상담자는 조력관계를 통해 내담자의 성장을 촉진한다.

④ 내담자가 자신의 깊은 감정을 깨닫게 돕는다.

⑤ 내담자로 하여금 존중받고 있음을 느끼게 한다.

⑥ 특정 기법을 사용하기 보다는 내담자와 상담자 간의 안전하고 허용적인 '나와 너'의 관계를 중시한다.

⑦ 상담의 구체적 기법보다는 일치성, 무조건적인 수용, 공감적 이해 등 상담자의 태도를 강조한다.

⑧ 상담은 모든 건설적인 대인관계의 실제 사례 중 단지 하나에 불과하다.

⑨ 동일한 상담 원리를 정상적인 상태에 있는 사람이나 정신적으로 부적응 상태에 있는 사람 모두에게 적용한다.

⑩ 상담의 과정과 그 결과에 대한 연구조사를 통하여 개발되어 왔다.

(6) 인간중심상담의 실현화 경향성(Rogers, 1959)

① 인간은 생득적으로 스스로 유지하거나 발달시키며, 잠재적으로 가지고 있는 역량을 키우려 하는 경향성을 지니고 있다.

② 이를 실현화 경향성(actualization tendency)이라고 한다.

③ 로저스는 실현화 경향성은 사람뿐만 아니라 살아 있는 모든 유기체에서 공통적으로 드러난다고 하였다.

④ 유기체의 성장과 향상, 즉 발달을 촉진하고 지지한다.

⑤ 성숙의 단계에 포함된 성장의 모든 국면에 영향을 준다.

⑥ 유기체를 향상시키는 활동으로부터 도출된 기쁨과 만족을 강조한다.

⑦ 특히 실현화 경향성 중 자아를 유지하고 발전하며 잠재력을 발휘하려는 경향성을 자아실현의 경향성(self-actualization tendency)이라 일컬었다.

(7) 인간중심치료에서 완전히 기능하는 사람(Fully Function Person)의 특성

① 새로운 경험에 대하여 개방적이다.

② 삶을 실존적으로 살아가는 사람이다.

③ 창조적인 삶을 영위해 나간다.

④ 유기체인 자기 자신을 신뢰한다.

⑤ 자신의 선택에 대하여 자유롭다.

(8) 가치조건화와 실현화의 경향성

① 인간은 기본적으로 자신에 대해 긍정적인 생각을 하려는 욕구가 있고, 인정을 필요로 한다.

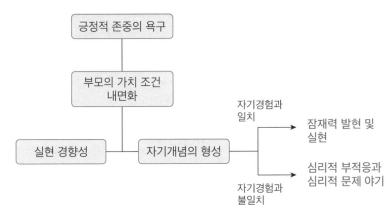

② 사람들의 자기개념은 부모들이 부여한 가치 조건의 영향을 크게 받는다.

③ 만일 외적으로 부여된 가치 조건에 따라 살아가면 자기개념과 경험 간의 불일치가 생기기 쉽다. 예컨대, '지금 - 여기'에서 경험되는 것들, 즉 실제로 아이가 하기를 원하는 것이 '그림 그리기 활동'인 데에 반해 형성된 자기개념이 '검사가 되어 부모를 기쁘게 하는 것'으로 불일치하게 되는 경우 심리적 문제와 부적응이 커진다. 외적으로 부여된 가치조건에 따라 형성된 자기개념이 자신의 긍정적이고 창조적인 성장의 힘을 위축시키거나 약화시킴으로써 문제가 발생하는 것이다.

④ 사실, 인간중심 상담의 궁극적인 목표는 '자기실현'이다. 즉, 내담자가 '자기 자신이 되게 하는 것'이라고 할 수 있다. 이는 자신이 경험하는 것을 부정하거나 왜곡하지 않고 있는 그대로 수용하게 됨으로써 자신의 잠재력을 실현하고 잘 기능하는 인간이 되게 하는 것을 의미한다.

> 📁 **심화**
>
> **로저스(Rogers)의 가치 조건화** 2018 공무원 9급
>
> 로저스의 성격형성을 이해하는 데 중요한 개념인 가치의 조건화이다. '경험은 나에게 최고의 권위'라고 말한 것처럼 우리 각자는 경험을 통해 가치를 형성하는 것이 중요한데, 연약한 존재로서 아동은 긍정적 자기존중을 얻기 위해 부모의 양육 태도에 따라 가치의 조건화 태도를 형성한다. 가치의 조건화는 아동의 행동에 따라 아동을 평가하는 데서 비롯한다.
>
> 가치조건화란 외부환경, 즉 타인의 기대와 바람에 의해 만들어진 자신의 모습을 말하며, 이는 자기 스스로 형성해 나가는 '자기실현화'와 반대되는 의미이기도 하다.
>
> 타인의 인정을 받기 위해 긍정적인 평가를 받을 있는 자신의 감정·생각·행동은 표현하되, 부정적인 평가를 받을 수 있는 것은 억압하는 행동 경향성이다.
>
> 아동에게 부과된 가치의 조건은 아동이 충분히 기능하는 사람이 되어 가는 데(경험을 통해 실현화 경향성을 성취하는 데 방해하는) 결정적인 영향을 준다고 주장한다. 이것은 아동이 현재의 자기나 앞으로 되고자 하는 자기를 찾고 노력하기보다 부모가 세운 기준에 맞추려고 애쓰기 때문이다. 따라서 한 인간으로서 그의 가치와 자기 자신을 남이 인정하고 지지를 해 준 행동, 사고, 느낌을 토대로 평가한다. 이런 과정은 유기체적 경험과 불화가 생기는 자기개념을 초래하여 심리적으로 건강한 생활을 해 나가지 못하게 한다.

현상학적 장(Phenomenal Field)

1. 현상학적 장이란 눈에 보이는 객관적 세계가 아닌 대상을 어떻게 인식하는지에 대한 주관적 세계를 말한다. 이러한 행동의 원천이 되는 견해를 현상학이라 하고, 그런 주관적 세계가 '현상학적 장'이다. 즉, 어떤 순간에 개인이 지각하고 경험하는 모든 것을 의미하는 개념이다.
2. 개인에게 있어서 현상학적 장은 곧 현실의 세계이며, 개인의 여기 - 지금(Here and Now)에서의 주관적인 경험을 의미한다.
3. 개인의 행동양식은 외적 현실에 의하여 결정되는 것이 아니라 오히려 주관적 현실, 즉 "현상학적 장"에 의하여 좌우된다.

(9) 내담자중심 상담으로 기대할 수 있는 상담결과

① 자아지각의 정도가 높아진다.
② 내담자는 불일치의 경험이 감소한다.
③ 현실적으로 변한다.
④ 내담자는 문제해결에 있어 더 능률적이 된다.
⑤ 타인을 더 잘 수용할 수 있게 된다.

(10) 내담자중심 상담의 상담자가 갖추어야 할 태도

① 일치성 또는 진실성
  ㉠ 상담자가 내담자에게 자신의 감정이나 태도를 있는 그대로 솔직하게 인정하고 표현하는 태도이다.
  ㉡ 상담자의 내면적인 경험과 내담자 경험에 대한 인식, 인식된 경험의 표현 등이 일치해야 한다는 것으로 상담자는 내담자와의 상담관계에 있어 진실해야 한다는 것이다.
  ㉢ 상담자의 이러한 태도는 내담자로 하여금 개방적인 자기탐색을 촉진시키게 돕는다.
② 무조건적인 수용
  ㉠ 상담자가 내담자를 평가·판단하지 않고 내담자가 나타내는 어떤 감정이나 행동특성들도 있는 그대로 수용하여 소중히 여기고 존중하는 상담자의 태도를 말한다.
  ㉡ 상담자는 인간존중 정신을 바탕으로 내담자의 모든 것(좋은 점, 좋지 않은 점)을 있는 그대로 받아들여야 한다는 것이다.
  ㉢ 내담자는 상담자의 긍정적인 피드백을 받을 때 치료적 변화의 가능성이 더 커진다.
③ 공감적 이해
  ㉠ 상담자가 내담자의 입장이 되어 내담자를 깊이 있게 주관적으로 이해하면서도 자기 본연의 자세를 버리지 않는 태도이다.
  ㉡ 공감적 차원에서 이해는 내담자로 하여금 자기 자신에게 더 가까이 가도록 독려하고 자기이해를 돕는다.

ⓒ 상담자는 상담자의 입장을 유지하면서도, 마치 내담자인 것처럼 내담자의 입장에서 내담자의 감정세계를 느끼고 이해하는 것이다. 상담자는 내담자가 외부로 표현한 감정뿐만 아니라 내담자가 표현하지 않은 내적 감정까지도 이해하여야 한다.

(11) 평가

① 내담자의 능동성을 중시하여 상담이 상담자 중심으로 흐르지 않도록 하였다.
② 상담에 있어 상담자와 내담자의 관계 및 상담자의 태도를 중시하였다.
③ 상담에 있어 지나치게 정의적인 면을 강조하여 인지적인 측면을 무시하였다.

6. 게슈탈트(Gestalt) 상담

(1) 게슈탈트 상담의 기본개념 2020 공무원 9급

① 유기체이론, 실존철학의 영향을 받은 펄스(Fritz Perls)에 의해 발전된 상담으로, 게슈탈트(형태주의) 상담이라고도 한다.
② 개인의 발달초기에서의 문제들을 중요시한다는 점에서 정신분석적 상담과 유사하나, 인본주의, 실존주의, 형태주의 심리학을 이론적 바탕으로 한다.
③ 인간의 본성에 대한 실존주의 철학과 인본주의 관점의 토대 위에 '여기 - 지금(here and now)'에 대한 지각과 개인의 책임을 중시하며, 자각의 확장, 책임감의 수용 및 개인의 통일을 강조한다.
④ '여기 - 지금(here and now)'의 감정과 생리적 상태, 현재 상황에 대한 자각에 초점을 두고 현재를 중요시 여긴다.
⑤ 인간을 과거나 환경에 의해 결정되는 존재가 아니라 현재의 사고, 감정, 행동의 전체성과 통합을 추구하는 존재로 보는 상담접근법이다.
⑥ 인간은 욕구를 배경에서 전경화시켜 자각을 하며, 전체를 통해 맥락적으로 이해할 수 있다.

(2) 게슈탈트 상담이론의 특징 2020 공무원 9급

① 여기 - 지금의 현재 상황에 대한 인간의 자각에 초점을 두었다.
② 개인이 자신의 내부와 주변에서 일어나는 일들을 충분히 자각할 수 있다면 자신이 당면하는 삶의 문제들을 스스로 효과적으로 다룰 수 있다고 가정한다.
③ 현재를 온전히 음미하고 경험하는 학습을 강조한다.
④ 개인의 발달초기에서의 문제들을 중요시한다는 점에서 정신분석적 상담과 유사하나, 인간은 과거와 환경에 의해 결정되는 존재가 아니므로 현재 상황의 자각(알아차림)을 중시하였다.
⑤ 개인의 지각을 방해하는 접촉경계 혼란을 야기하는 원인으로는 내사, 투사, 융합, 반전, 편향 등이 있다.

(3) 형태주의 상담의 인간관

① 인간은 과거의 환경에 의해 결정되는 존재가 아니라 현재의 사고, 감정, 행동의 전체성과 통합을 추구하는 존재로 본다.

② 개인이 자신의 내부와 주변에서 일어나는 일들을 충분히 자각할 수 있다면 자신이 당면하는 삶의 문제들을 개인 스스로가 효과적으로 다룰 수 있다고 가정한다.

③ 인간은 완성을 추구하려는 경향이 있다.

④ 인간은 자신의 현재 욕구에 따라 게슈탈트를 완성한다.

⑤ 인간의 행동은 그것을 구성하는 구체적 구성요소, 즉 부분의 합보다 큰 전체라고 보았다.

⑥ 인간의 행동은 행동이 일어난 상황과 관련해서 의미 있게 이해될 수 있다.

⑦ 인간은 전경과 배경의 원리에 따라 세상을 경험한다.

(4) 형태주의 상담의 주요 개념

① 지금 - 여기

ⓐ 과거와 미래보다는 현재가 더 중요하며, 지금 - 여기에 대한 개인의 자각을 중시한다.

ⓑ 현재를 온전히 음미하고 경험하는 학습을 강조한다. 즉, '여기 - 지금'에서 무엇을, 어떻게 경험하는지가 중요하다고 보았다.

② 전경과 배경

ⓐ 전경과 배경으로 이루어진 전체를 통해 욕구의 자각이 이루어진다.

ⓑ 전체는 부분의 합인 전경과 배경의 원리에 의해 지각된다.

ⓒ 건강한 사람은 감정과 욕구가 명확히 구별되는 반면, 건강하지 못한 사람은 정확히 구별되지 않는다.

ⓓ 개체가 전경으로 떠올렸던 게슈탈트가 해소되면 배경으로 물러나며 순환과정을 거친다.

③ 미해결과제

ⓐ 완결되지 못한 과제는 억압된 감정으로 심리적 장애를 일으킨다.

ⓑ 게슈탈트 상담에서 인간의 분노, 격분, 증오, 고통, 불안, 슬픔, 죄의식, 포기 등과 같은 표현되지 못한 감정으로 나타난다.

④ 회피

ⓐ 미해결과제를 직면하거나 미해결 상황과 관련 있는 불편한 정서를 경험하는 것을 방해한다.

ⓑ 대부분의 사람들은 해결을 위한 고통스런 감정을 회피한다.

(5) 형태주의 상담의 주요 목표

① 책임

내담자 자신이 행동한 결과를 수용함으로써 동시에 자신이 행동한 것에 대해 책임을 지는 것을 배우도록 한다.

② 통합

내담자로 하여금 내담자의 감정, 지각, 사고, 신체가 모두 하나의 전체로 통합된 기능을 발휘하도록 돕는다.

③ 자각

내담자 자신을 자각하도록 도움으로써 자신의 부정적인 면을 직면하고 수용할 수 있도록 돕는다.

접촉장애 유형

투사	자신의 감정과 욕구를 남의 것이라고 생각하는 경우로 자신의 생각, 감정, 동기 등을 다른 사람의 것으로 돌리는 것이다.
내사	타인의 신념, 기준을 자신이 가지고 있는 것과 융화함 없이 무비판적으로 받아들임으로써 발생하는 것으로 부모나 사회의 영향을 받거나 스스로의 경험에 의해 형성된다.
융합	융합은 밀접한 관계에 있는 두 사람이 서로의 독자성을 무시하고 동일한 가치와 태도를 지닌 것처럼 여기는 것이다.
편향	감당하기 힘든 내적갈등, 외부 환경적 자극에 노출될 때 이러한 경험으로부터 압도당하지 않기 위해 자신의 감각을 둔화시킨다.
반전	개인이 타인이나 환경에 대해 해야 할 것 또는 타인이 자신에게 해 주기를 바라는 행동을 자기 자신에게 하는 것을 말한다.

 TIP 알아차림 - 접촉주기 7단계

배경 → 감각 → 알아차림(자각) → 에너지/흥분 → 행동 → 접촉(외부/내부) → 마감

(6) 형태주의 상담기법

자각촉진기법 (알아차림)	욕구와 감정 자각, 신체자각, 환경자각, 언어자각, 책임자각 등을 하도록 해서 문제해결을 돕는 기법이다.
과장하기	행동이나 언어를 과장하여 표현함으로써 내담자가 자신의 감정을 자각할 수 있도록 도와주는 기법이다.
빈의자기법	내담자가 빈 의자를 앞에 놓고 어떤 사람이 실제 앉아 있는 것처럼 상상하면서 이야기를 하게 하는 치료기법으로, 자신의 억압된 부분과의 접촉을 통하여 자신의 내면세계 깊게 탐색하도록 하는 기법이다.
반대로하기 (역전, 반전기법)	내담자가 회피해 온 행동을 하도록 해서 억압된 측면과의 접촉을 통해 문제를 극복하는 기법으로, 내담자가 이제까지 회피하고 있는 행동과 감정들, 반대되는 행동들을 해보게 함으로써 억압하고 통제해 온 자신의 다른 측면을 접촉하고 통합할 수 있게 도와준다.
역할연기	내담자에게 특정장면이나 상황을 연출하게 하거나 하고 싶은 역할을 해보도록 하는 기법이다.
현재화기법	과거사건과 관련한 내담자의 사고와 감정을 '지금 - 여기'로 가져와 현재화시키는 기법이다.
자기 부분과의 대화	내담자로 하여금 자신에게 내재되어 있는 서로 다른 상반된 자아 간의 대화를 유도하는 것으로 분열된 부분을 통합시키는 기법이다.
감정(느낌)에 머무르기	문제를 회피하지 않고 느끼는 감정 그대로 자신의 감정을 들여다 볼 수 있게 하는 기법이다.
현실검증	상상이나 투사는 현실과는 다르다는 것을 알게 해줌으로써 현실 감각을 회복시켜주는 기법이다.

숙제	새롭게 체험하고 발견한 사실을 밖에서 실험해보도록 숙제를 내주는 것이다.
꿈 작업 (꿈을 이용한 작업)	꿈을 통해 내담자로 하여금 투사된 것들을 동일시함으로써 이제까지 억압하고 회피해왔던 자신의 욕구와 충동, 감정들을 다시 접촉하고 통합하도록 해주는 기법으로, 꿈은 내담자의 소외된 자기 부분들이 투사되어 상징적으로 나타난 것으로 본다.
뜨거운 자리	개인의 자아각성을 촉진시키기 위해 해결하고 싶은 문제가 있는 구성원을 상담자와 마주보이는 빈자리에 앉게 하는데, 이때 빈자리를 '뜨거운 자리'라고 한다.

 TIP 자각촉진기법(알아차림)

1. **욕구와 감정의 자각**
상담자는 내담자의 생각이나 주장에 내재된 '여기 - 지금'에 체험되는 욕구와 감정을 자각하도록 돕는다. 이를 통해 내담자는 자기 자신이나 환경과 교류할 수 있으며 변화와 성장을 이룰 수 있게 된다.

2. **신체자각**
신체자각은 내담자에게 현재 상황에서 느끼는 신체 감각을 자각하도록 함으로써 자신의 욕구와 감정을 깨닫도록 돕는 것이다.

3. **언어자각**
자신의 감정과 동기에 책임을 지는 문장으로 말하도록 하는 것으로, 내담자가 자신의 언어와 행동을 알아차릴 수 있도록 하며, 부적응적인 내용을 수정하도록 돕는다.

(7) 평가

① 내담자의 심리적 문제의 해결만이 아니라 개인의 성장에 도움을 주었다.
② 과거를 현재와 관련되는 사건으로 가져와 생생하게 처리하여 각성하게 함으로써 개인에게 실존적 의미를 실제로 경험하게 하였다.
③ 정서적인 면을 강조한 나머지 지나치게 인지적인 면이 무시된 측면이 있다.
④ 성격이론이나 치료기제의 이론화 및 정교화가 부족하고 보편성이 결여되어 있다.

7. 행동주의 상담

(1) 행동주의 상담의 기본개념

① 행동은 통제, 체계적인 관찰, 자료의 계량화, 반복 등 과학적 방법의 적용이 가능하다.
② 인간의 행동은 생활환경이 제공하는 강화의 형태로 그 빈도에 의해 형성된다.
③ 환경은 일종의 자극이고 행동은 자극에 대한 반응이다. 즉, 인간은 자극 - 반응의 원리에 의해 새로운 환경자극에 의해 반응하는 유기체이다.
④ 따라서 인간의 행동은 학습된 것이기 때문에 행동수정의 기법(학습)을 통해 부적응적으로 학습된 행동을 수정할 수 있다.

⑤ 또한 인간의 행동은 조건형성(환경)과 강화 등의 학습 원리를 적용하여 행동을 수정할 수 있다.

⑥ 파블로프(Pavlov)의 고전적 조건형성을 바탕으로 스키너(Skinner)의 조작적 조건형성, 반두라(Bandura)의 사회학습이론으로 발전하였다.

(2) 행동주의 상담의 특징

① 귀납적 실험에 기초한 과학적 접근방법에 의거하여, 행동은 통제와 자료의 계량화가 가능하다.

② 모든 인간의 행동을 '자극 - 반응'의 조건형성 과정을 통해 설명하고 있다.

③ 행동주의 상담에서는 내담자의 행동수정을 촉진하기 위해 상담자의 지시적이고 능동적인 역할을 강조한다.

(3) 행동주의 상담의 목표

① 인간의 행동은 바람직한 적응행동과 바람직하지 못한 부적응행동으로 구분되며 이러한 행동은 모두 학습을 통해 획득된 것이다.

② 내담자의 부적응행동이 학습에 의해 획득·유지되었으므로, 바람직하지 못한 행동은 소거시키고 바람직한 행동을 학습시키는 것이 상담의 목적이다.

③ 상담자는 잘못 학습된 행동의 소거와 바람직하고 효과적인 행동의 학습에 도움이 되는 조건을 찾거나 조성해야 한다.

(4) 고전적 조건형성(수동적 조건형성)

파블로프(Pavlov)의 개 실험에서 고안된 것으로, 조건에 의해 반응적 행동을 유발시킨다.

① 반응적 행동

고전적 조건화에 의해 형성된 행동으로 특정 자극에 대해 자동적으로 반응을 보이는 것을 말한다.

② 변별자극

변별자극은 유사한 자극에서 나타나는 조그만 차이에 따라 서로 다른 반응을 보이도록 유도하는 학습촉진기법이다. 즉, 자극을 구분해서 반응하는 원리이다.

예 어떤 행동이나 반응을 보여야 바람직한 결과를 얻을 수 있을 것인지를 자극 구별을 통해 알 수 있게 한다.

③ 자극일반화

특정 자극 상황에서 강화된 행동이 그와 유사한 조건 자극에 대해서도 똑같은 조건 반응을 보이는 것이다.

예 자라보고 놀란 가슴 솥뚜껑보고 놀란다.

(5) 조작적 조건형성

① 스키너(Skinner)에 의해 고전적 조건형성이 확장한 것으로, 원인인 자극을 조작적으로 조정함으로써 그 결과인 반응을 통제 할 수 있다.

② 특정 행동에 따르는 결과가 다음 행동의 원인이 되며, 행동은 결과, 즉 보상과 처벌에 의해 유지 또는 통제된다는 것이다.

③ 강화와 처벌

정적강화	유쾌 자극을 부여하여 바람직한 행동을 유발시킨다. 예 공부하는 아이에게 과자를 준다.
부적강화	불쾌 자극을 제거하여 바람직한 행동을 유발시킨다. 예 발표자에 대한 보충수업 면제를 제시하여, 발표를 유도한다.
정적처벌	불쾌 자극을 부여하여 바람직하지 못한 행동을 감소시킨다. 예 장시간 컴퓨터를 하느라 공부를 소홀히 한 아이에게 매를 가한다.
부적처벌	유쾌 자극을 제거하여 바람직하지 못한 행동을 감소시킨다. 예 과제를 하지 않은 아이에게 컴퓨터를 하지 못하게 한다.

④ 강화계획

　　⊙ 강화에는 계속(연속)강화와 간헐강화가 있다. 계속강화는 반응의 빈도에 상관 없이 바람직한 반응이 나타날 때마다 강화를 부여한다.

　　ⓒ 간헐강화는 시간과 양의 변화를 주어 강화를 부여하는 것으로 강화 계획을 통해 바람직한 반응에 대한 빈도를 증가시킬 수 있다.

⑤ 행동주의 간헐적 강화계획

고정간격	일정 시간이 경과하면 반응의 수에 관계없이 강화를 받는 것이다. 예 정기적인 급여로 주급, 월급 등
변동간격	불규칙 시간에 강화를 주는 경우이다. 예 비정기적인 휴가
고정비율	일정한 수의 목표행동을 할 때마다 강화를 주는 것이다. 예 자동차 영업사원의 성과급 보수
변동비율	불규칙 수의 비율을 변화시켜 강화를 주는 것이다. 예 슬롯머신이나 복권 등

(6) 사회학습이론

반두라(Bandura)의 기존의 행동주의이론과 달리 인간의 인지능력에 의한 사회적 학습을 강조하였다. 이는 결국 학습을 위해서는 실질적 행동을 반드시 수행하지 않아도 되며, 반응을 위해서는 즉각적인 보상이 꼭 필요하지 않다는 것을 의미한다.

① 관찰학습

　　인간은 단순한 환경적 자극에 대한 반응을 통해 행동을 학습하는 것이 아니라, 인지능력을 통해 타인들의 행동을 관찰함으로써 학습한다는 것이다.

② 모델링

　　인간은 타인의 행동에 대한 관찰을 통해 자극을 받을 수 있으며, 관찰 및 모방에 의한 학습을 통해 강화를 받는다.

③ 대리학습

　　개인의 직접 경험이 아니라 타인의 경험을 관찰함으로써 행동이 강화될 수 있다.

④ 자기효능감

　　자기효능감은 자신이 특정 행동을 성공적으로 수행할 수 있다는 신념으로, 자신의 자아효능감에 근거하여 자신이 행동해야 할지의 여부, 행동 이후의 상황, 선택 행동을 결정하는 등 개인의 사고와 정서에 영향을 미치게 된다.

(7) 행동주의 상담기법

① 체계적 둔감법

행동주의 치료과정에서 가장 널리 활용되는 임상적 기법으로 불안과 같은 긴장된 정서반응과 편안함과 같은 정서적 반응이 양립할 수 없다는 상호제지의 원리에서 시작된다. 불안이나 공포에 대해 불안(공포)자극을 단계적으로 높여 가며 노출시킴으로써, 내담자의 불안(공포)반응을 제거시킨다.

1단계	근육이완을 통해 신체 각 부위들을 충분히 이완시켜 긴장상태에서 벗어날 수 있도록 훈련한다.
2단계	낮은 수준의 자극에서 높은 수준의 자극으로 불안위계 목록을 작성한다.
3단계	불안을 야기하는 장면이나 상황에서 불안위계에 점진적으로 불안정도가 없어질 때까지 반복한다.

② 강화

강화란 스키너의 조작적 조건형성에서 원하는 것을 얻기 위하여 반응하게 할 확률을 증가시키는 것으로 정적강화와 부적강화가 있다.

정적강화란 유쾌자극을 제시하여 반응행동의 빈도수를 증가시키는 것이며, 부적강화는 혐오적인 성질을 띤 부적강화물(불쾌자극)을 제거하여 발생빈도를 높이는 것이다.

정적강화물	칭찬, 상, 마일리지, 스티커 등
부적강화물	꾸중, 벌, 회피하고 싶은 사건 등

③ 토큰법(상표제도, 대리경제시스템)

토큰법은 스키너의 강화원리를 포함한 조작적 조건형성의 원리를 적용시킨 것으로 직접적으로 강화인자를 쓰는 대신, 후에 내담자가 원하는 다양한 물건과 교환할 수 있는 강화물로 토큰이 주어지는 체계적인 기법이다.

물리적 강화물(토큰)과 사회적 강화물(칭찬 등)을 연합함으로써 내적 동기의 가치를 학습하도록 한다.

④ 인지적 모델링 및 내적 모델링

인지적 모델링은 상담자가 내담자에게 목표행동을 먼저 시범적으로 보여주고, 내담자는 상담자를 따라 목표행동을 반복적으로 수행하게끔 하는 기법이며, 내적 모델링은 내담자로 하여금 상담자의 지시에 따라 행동을 수행하는 것을 상상하도록 하는 기법이다.

⑤ 금지조건형성(내적금지)

내적금지는 내담자에게 어떠한 추가적인 강화 없이 불안을 일으킬 만한 단서를 지속적·반복적으로 노출함으로써 최종적으로 불안 반응을 제거하는 불안 감소기법이다.

⑥ 조형법(행동조성)

조형법(Shaping)은 대상에게 궁극적으로 바라는 행동 쪽으로 서서히 접근해 가도록 차별강화를 해주는 것을 말한다. 즉, 만들기 원하는 행동을 여러 단계로 나누어 구성한 후 강화를 주어 그 전의 행동은 소거하고 점차적으로 원하는 행동을 완성해 가는 것이다.

⑦ 모델링

내담자에게 모델을 설정하여 그 모델의 행동을 배우도록 하는 것으로, 타인의 행동에 대한 관찰 및 모방에 의한 학습을 통해 내담자로 하여금 문제행동을 수정하거나 학습을 촉진하는 기법이다.

⑧ 자기주장훈련

대인관계에서의 불안을 제지하는 방법으로 상대방에게 불쾌감을 주지 않는 범위에서 자기주장을 함으로써 불안을 억제하는 방법이다. 이 기법의 목표는 내담자로 하여금 광범위한 대인관계 상황에 효과적으로 대처하기 위해 필요한 기술과 태도를 갖추게 하는 데 있다.

⑨ 자기관리 프로그램

자기관리와 자기 지시적인 삶을 영위하고 의존적이지 않기 위해 학습하는 것으로, 상담자에게 의존하지 않도록 하기 위해 상담자가 내담자와 지식을 공유하며 자기강화 기법을 적극적으로 활용하는 행동주의 상담기법이다.

TIP 자기관리 프로그램(self-management program)의 3단계

자기관찰 단계	자신의 문제행동과 관련된 생각, 감정, 행동, 환경과의 관계 등을 관찰하여 문제행동에 대한 기본적인 정보를 수집하는 단계이다.
자기평가 단계	행동목표를 설정하고 수행정도와 수행준거를 비교한다. 자기관찰을 통해 실제로 행동하는 정도와 행동목표 간의 차이점을 알아보는 것이다.
자기강화 단계	자기강화란 자기평가 결과에 의거하여 물질적·사회적 강화인 제공을 포함한 현실적 보상을 자기 자신에게 부여함으로써 스스로 긍정적인 행동이라고 판단되는 행동을 강화하는 절차이다. 자기강화의 목적은 동기화에 있다. 자신의 행동변화가 일어나고 있음을 깨닫고 동기화시켜 행동변화를 위한 자신의 노력을 더욱 증진시키기 위함이다.

⑩ 스트레스 접종

예상되는 신체적·정신적인 긴장을 약화시켜 내담자가 충분히 자신의 문제를 다룰 수 있도록 준비시키는 데 사용되는 인지적 행동주의 기법이다.

⑪ 혐오자극

혐오자극 기법은 알코올 중독, 흡연, 강박증, 도박 등의 부적절한 행동에 대해 혐오자극을 제시하여 행동을 억제시키는 데 효과적이다. 혐오기법은 부정적인 행동에 혐오자극을 제시한다.

⑫ 과잉교정

행동주의상담에서 문제행동에 대한 대안행동이 거의 없거나 효과적인 강화인자가 없을 때 유용한 기법으로서 파괴적이고 폭력적인 행동을 수정하는 데 효과적인 방법이다. 또한 강화로 제공될 대안행동이 거의 없거나 효과적인 강화인자가 없을 때 유용한 기법이다.

⑬ 타임아웃

내담자가 긍정적 강화를 받을 기회를 박탈시키는 기법이다. 즉, 긍정적 강화가 많은 상황에서 적은 상황으로 이동시킴으로써 강화물을 얻을 수 있는 기회로부터 제외되는 것이다.

    📖 수업시간에 방해가 되는 부적절한 행동을 한 학생을 시간을 정해 급우들과 격리시키는 경우

⑭ 행동계약

내담자로 하여금 정해진 기간 내에 각자가 해야 할 행동을 정해놓고, 그 내용을 서로가 지키기로 계약을 맺는 것이다.

⑮ 역할연기

현실적인 장면이나 극적인 장면을 시연시킴으로써 이상행동을 적응행동으로 바꾸는 것이다. 상담자는 내담자로 하여금 과거 혹은 미래의 어떤 장면을 현재에 벌어지는 장면으로 상상하여 실제 행동으로 연출해 보도록 한다.

⑯ 내현적 가감법(covert pensitigation)

내현적 가감법은 혐오기법의 일종이다. 혐오기법(aversive techniques)은 바람직하지 않은 행동에 대해 혐오자극을 제시함으로써 부적응행동을 제거하기 위한 방법이다. 내현적 가감법은 불쾌감을 연상시켜서 바람직하지 못한 행동을 소거하는 방법으로, 흡연, 비만, 약물남용, 성적 일탈행위 등의 치료에 효과적이다.

⑰ 사고정지

부정적인 생각이 들 때 생각을 멈추는 인지 대처법으로, 부정적인 생각이 들 때 사고 정지를 하여 부정적인 생각이 더 들지 않도록 한 후 긍정적인 생각으로 바꿀 수 있도록 하는 것이다.

📁 심화

내적인 행동변화 기법과 외적인 행동변화 기법

내적인 행동변화 기법	• 체계적 둔감법 • 근육이완훈련 • 인지적 모델링 • 사고정지
외적인 행동변화 기법	• 상표제도(토큰경제) • 모델링 • 주장훈련 • 자기관리프로그램 • 역할연기 • 행동계약

심화

행동수정 프로그램의 절차 2014-2 · 18-2 직업상담사 2급

1단계	목표 행동의 정의: 관찰할 수 있는 객관적 행동을 정의한다.
2단계	행동의 기초선 측정: 행동의 지속성과 빈도의 측정한다.
3단계	기법의 적용: 적응행동을 강화하고 부적응행동을 약화한다.
4단계	행동수정 결과 검증: 행동치료의 효과를 검증한다.
5단계	행동의 일반화: 지속적으로 습득된 행동을 고착한다.

(8) 행동주의 상담의 평가

① 과학적 연구를 통해 상담을 체계적으로 발전시켰다.

② 개개인에 맞는 구체적이고 다양한 상담기법의 적용이 가능하여, 구체적인 행동 변화를 유도한다.

③ 인간을 단순히 자극에 반응하는 유기체로만 보아 비인간적인 면이 있다.

④ 지나치게 기법에 치중해 내담자의 문제행동에 대한 근본적인 치료를 기하기는 어렵다.

⑤ 특정 문제행동의 수정에는 적합하나 근본적인 자아실현의 측면에서는 부적합한 이론이다.

8. 인지 · 정서 · 행동적 상담

(1) 인지 · 정서 · 행동적 상담의 개념

① 엘리스(Ellis)에 의해 개발, 발전된 이론으로 인간의 심리적 부분 중 인지영역을 중시하며, 인간이 합리적인 사고를 할 수 있는 동시에 비합리적인 사고를 할 수 있다고 가정하였다.

② 행동주의와 인지이론이 결합된 것으로서, 인지과정의 연구와 함께 행동주의 및 사회학습이론으로부터 나온 개념들을 통합하여 적용한 것이다.

③ 심리적 문제를 일으키는 사건보다, 사건에 대한 사고의 분석을 중시한다.

④ 행동에 대한 과거의 영향보다는 현재에 초점을 둔다.

⑤ 모든 내담자의 행동적 · 정서적 문제는 비논리적이고 비합리적인 사고에서 발생한 것이다.

⑥ 과학적 사고를 통하여 깊게 느끼고 구체적으로 행동할 수 있다.

⑦ 문제해결을 위해 사고의 분석과 논박 그리고 상담사의 교육적 접근을 강조한다.

⑧ 비합리적인 사고체계를 지닌 구직자에게 가장 효율적인 상담기법으로 적용할 수 있다.

(2) 인지 · 정서 · 행동적 상담(REBT)의 기본원리

① 인간의 인지는 정서를 결정하는 가장 중요한 요소이다.

② 역기능적 사고는 정서장애의 중요한 결정요인이다.

③ 사건에 대한 개인의 사고를 분석한다.

④ 인간이 지닌 신념은 변화할 수 있다고 믿는다.

(3) 상담의 목표

① 개인의 비합리적인 신념체계를 합리적인 것으로 대치함으로써 정서적·행동적 문제들을 해결한다.

② 내담자의 비합리적인 신념을 논박하여 합리적인 신념으로 전환하고자 한다.

③ 내담자로 하여금 보다 현실적이고 자신에 대해 관대한 철학을 가지도록 한다.

(4) 인지·정서·행동적 상담(REBT) 과정에서 비합리적 사고를 판단하는 기준

2009 직업상담사 1급

구분	비합리적 사고	합리적 사고
유연성	경직되고 절대적·극단적	유연하고 융통성이 있음
논리성	논리적 모순이 많음	논리적 모순이 없음
현실성	경험적 현실과 불일치함	경험적 현실과 일치함
실용성	삶의 목적에 도움이 안됨	삶의 목적에 도움이 됨

(5) 인지·정서·행동적 상담(REBT)의 구체적인 목표(정신건강의 기준을 위한 합리적 가치와 태도) 2018 공무원 9급

① 자기관심(self-interest)

정서적으로 건강한 사람은 우선 자기 자신에게 관심이 있고 진실하며, 타인을 위하여 자기 자신을 무조건적으로 희생시키지 않는다. 동시에 자기 자신에게 완전히 빠져버리지 않고 자신에게 관심을 가진다.

② 사회적 관심(social-interest)

인간은 군집성에 대한 성향을 가지고 있으므로 완전히 혼자 존재하기는 힘들다. 따라서 소외된 실존을 택하지 않고 사회에서 다른 사람과 효과적으로 어울려 사는 데 관심을 가진다.

③ 자기지향(self-direction)

정서적으로 건강한 사람은 그들의 삶에 대해 책임을 지며 그들 자신의 문제를 독립적으로 해결하려고 노력한다. 다른 사람의 협력이나 도움을 좋아할지는 모르지만 그런 지지를 필요로 하거나 요구하는 것은 아니다. 그들은 자신의 삶에 책임을 느끼며 자신의 문제를 독립적으로 해결할 수 있다.

④ 관용(tolerance)

성숙하고 현실적인 개인은 다른 사람이 실수하거나 잘못하는 것을 허용하며 그런 행동을 경멸하지 않는다.

⑤ 유연 또는 융통성(flexibility)

건강한 사람은 사고가 유연하고 변화에 개방적이며, 다양한 사람과 사상과 사실을 인정하고 변화를 수용한다.

⑥ 불확실성의 수용(acceptance of uncertainty)

성숙한 개인은 자신이 개연성과 기회의 세계에서 살고 있다는 것과 절대적 확실성은 존재하지 않는다는 사실을 인식하고 수용한다. 때로는 어떤 질서는 좋아하지만 이런 질서나 확실성이 결여되어 있을 때 불평하지도 않는다.

⑦ 창조적 이행(commitment to creative pursuits)

건강한 사람은 일상적인 생활의 일부를 이루어 나갈 수 있는 중요한 일에 적어도 한 가지 각별한 창조적인 흥미를 가지거나 관련을 가진다.

⑧ 과학적 사고(scientific thinking)

성숙한 사람은 객관적이고 이성적으로 생각한다. 깊게 느끼고 구체적으로 행동할 수 있다. 한편 자신과 결과에 대해 반성하고 이들 결과를 결정하고 평가하는 논리적 규칙과 과학적 방법을 적용함으로써 자신의 감정과 행동들을 조절한다.

⑨ 자기수용(self-acceptance)

그들은 자신을 입증하려고 노력하기보다는 즐기기 위해 노력한다. 외적인 성취나 다른 사람이 그를 어떻게 생각할 것인지에 가치를 두기보다는 자기 자신이 자신의 생활을 위하여 최선을 다하는 데 가치를 둔다.

⑩ 모험실행(risk taking)

정서적으로 건강한 사람은 모험을 할 수 있다. 그는 자기가 인생에서 진정으로 원하는 것이 무엇인가를 곰곰이 생각해 보고, 모험을 시도하며 인생을 개척한다.

⑪ 장기적 쾌락(long range hedonism)

건강한 사람은 순간적인 쾌락을 추구하기보다는 미래지향적인 장기적 쾌락을 추구한다.

⑫ 반유토피아주의(non-utopianism)

성숙한 사람은 완벽한 유토피아에 도달하는 것이 불가능한 일이며, 자신이 원하는 모든 것을 가질 수도 없고 자신이 원하지 않는 모든 것들을 피할 수도 없다는 사실을 수용한다. 정신적 건강을 위해 끊임없이 노력하는 것은 있을 수 있는 일이지만 완전한 정신건강은 일종의 허상임을 알고 있다.

(6) 비합리적 신념의 당위적 유형

① 나에 대한 당위성

나는 자신이 가치 있다고 인정 받으려면 모든 영역에서 반드시 유능하고 성취적이어야 한다.

② 타인에 대한 당위성

나는 모든 주위의 사람들에게서 항상 사랑과 인정을 받아야만 한다.

③ 세상에 대한 당위성

세상과 일이 내가 바라는 대로 되지 않는 것은 끔찍스러운 파멸이다.

(7) 인지 · 정서 · 행동적 상담의 ABCDE모형 2019 공무원 9급

① A(Activating Event), 선행사건

개인의 정서나 감정에 영향을 미치는 행동 또는 사건을 말한다.

② B(Belief System), 신념체계

선행사건에 대한 내담자의 비합리적 신념체계를 말한다.

③ C(Consequence), 결과

비합리적 신념으로 인해 불안, 초조, 우울, 분노, 죄책감이 나타난다.

④ D(Dispute), 논박

비합리적 신념의 결과를 현실적·논리적인 원리를 제시하여 논박하는 것을 말한다.

⑤ E(Effect), 효과

논박으로 인해 나타나는 효과로서, 내담자가 가진 비합리적인 신념을 철저하게 논박하여 합리적인 신념으로 대체한다.

⑥ F(Feeling), 새로운 감정

논박의 효과로 내담자는 합리적인 신념으로 인해 자신에 대한 수용적인 태도와 긍정적인 감정을 가지게 된다.

(8) 인지치료(Cognitive Therapy)의 기본개념

① 인지행동적 상담기술로서 개인이 정보를 수용하여 처리하고 반응하기 위한 지적인 능력을 개발시키는 방법에 초점을 둔다.

② 벡(Beck)에 의해 개발된 이론으로 정서적 장애는 개인이 자신의 경험을 구조화하는 방식에 의해 결정된다고 보았다.

③ 자신과 세계에 관한 개인의 사고과정에서 나타나는 인지적 오류와 왜곡을 문제의 핵심으로 간주한다.

④ 역기능적이고 자동적인 사고 및 스키마, 신념 등이 행동에 미치는 영향력을 강조하며, 이를 수정함으로써 내담자의 정서나 행동을 변화시키는 데 역점을 둔다.

⑤ 구조화된 치료이자 단기적·한시적 치료로서 '지금 - 여기' 내담자가 가지고 있는 문제를 파악하며, 그에 대한 교육적인 치료를 수행하는 과정으로 이루어진다.

⑥ 상담자는 내담자의 부정적이고 자동적인 사고나 비합리적 신념체계를 찾아 변화시키는 데 초점을 둔다.

📁 **심화**

인지 타당성 평가 5단계: A-FROG

A-FROG는 사고의 프레임(스키마)을 다시 구성해보는 접근법이다.

1. A – Alive, 나의 사고는 나를 <u>생기</u> 있게 하는가?
2. F – Feel, 나는 사고의 결과로 <u>기분</u>이 더 나아졌는가?
3. R – Reality, 나의 사고는 <u>현실적</u>인가?
4. O – Others, 나의 사고는 <u>다른</u> 사람과의 관계에 도움이 되는가?
5. G – Goals, 나의 사고는 나의 <u>목표를 성취</u>하는 데 도움이 되는가?

(9) 인지적 오류(왜곡)의 유형(A. Beck) 2018 공무원 9급

① **흑백논리(이분법적 사고)**

사건의 의미를 이분법적인 범주의 둘 중의 하나로 해석하는 오류로 회색지대
는 없다.

예 성공이냐, 실패냐? 사랑하느냐, 미워하느냐? 둘 중 하나만 존재

② **과잉일반화**

한 두 건의 사건에 근거하여 일반적인 결론을 내리고 무관한 상황에도 그 결
론을 적용시키는 오류이다.

예 "영어시험을 망쳤으니 이번 시험은 완전히 망칠 거야"

③ **선택적 추상(정신적 여과)**

부정적인 일부 세부사항(실패 또는 부족한 점)만을 기초로 전체 의미를 해석
하는 오류이다. 전체 맥락 중의 중요한 부분을 무시하는 것이다. 상황이 긍정
적인 양상을 여과하는 데 초점이 맞추어져 있고 극단적으로 부정적인 세부사
항에 머무르는 것이다.

예 발표 시 청중의 긍정적인 반응에는 신경 쓰지 않고, 몇몇 부정적인 반응
에만 주의를 기울여 실패하였다고 단정짓는 것

④ **의미확대 및 축소**

사건의 중요성과 무관하게 사건의 의미를 지나치게 확대하거나 축소하는 오
류이다.

예 낙제점수를 받고 '내 인생은 이제 끝이다' or 학과 수석 후 '어쩌다가 운
이 좋아서 그렇게 됐을 뿐'이라고 생각하는 것

⑤ **자의적 추론(임의적 추론)**

결론을 지지하는 충분하고 적절한 증거가 없는 데도 부정적인 결론을 내리는
것이다.

예 상대가 바쁜 상황으로 연락을 못하자 나를 멀리한다고 지레 짐작하는 것

⑥ **개인화(귀인화)**

실제로는 자기와 관련이 없는 문제임에도 불구하고 자기가 직접적인 원인제
공을 했다고 여기는 오류이다.

예 친구가 오늘 기분이 나쁜 것이 내게 화가 났기 때문인 것으로 간주하는
경우

⑦ **긍정 격하**

긍정적인 경험이나 능력을 객관적으로 평가하지 않은 채 그것을 부정적인 경
험으로 전환하거나 자신을 낮추어 보는 오류이다.

예 누군가 자신이 한 일에 대해 칭찬을 할 때 그 사람들이 착해서 아무것도
아닌 일에 칭찬을 하는 것이라 생각하는 경우

⑧ **잘못된 명명**

과잉일반화의 극단적인 형태로 한 두 사건에 기초하여 완전히 부정적으로 규
정하고 별칭을 붙이는 것이다.

예 한 차례 지각을 한 학생에 대해 지각대장이라는 이름표를 붙이는 경우

(10) 인지치료적 접근의 주요 상담기법 _{직업상담사 2급}

① 인지적 기법(언어적 기법)

소크라테스식의 일련의 신중한 질문들을 통해 내담자가 자신의 자동적 사고가 현실적으로 타당한지를 평가하게 만들고 현실적 사고를 하게 한다.

㉠ 비합리적 신념 논박하기: 잘못된 신념을 반박하여 사건, 상황의 문제가 아니라 자신의 지각과 신념 때문에 장애를 느낀다는 것을 알게 한다.

㉡ 인지적 과제주기: 문제의 목표를 만들어 내담자의 절대론적 신념을 밝히고 이에 대해 논박하여 "해야만 한다.", "하지 않으면 안 된다." 등을 줄이기 과제를 전달한다.

㉢ 내담자 자신의 비합리적 신념에 대한 자기 논박: 내담자가 자신의 비합리적인 신념이 약화될 때까지 자신의 비합리적 신념을 논박하도록 하는 것이다.

㉣ 내담자의 언어 변화시키기(새로운 진술문의 사용): 내담자는 절대적인 "~ 해야 한다(should, must)."를 "~ 하고 싶다."로 대치함으로써, 보다 합리적인 사고로 전환할 수 있다.

② 정서적 기법

내담자의 자동적 사고를 파악하고, 합리적 정서 상상하기로 실생활에서 원하는 방식으로 생각하고 느끼고 행동하는 자신을 상상한다.

㉠ 무조건적 수용: 내담자 행동의 불완전성에도 불구하고 상담자는 무조건적으로 수용한다.

㉡ 합리적 - 정서적 이미지: 내담자의 부적절한 행동의 장면을 생생하게 상상하도록 한 후, 그 장면에서의 부적절한 행동을 적절한 행동으로 바꾸도록 한다.

㉢ 역할 놀이: 내담자의 문제행동과 관련된 장면에서 어떤 일이 일어나는지를 알기 위하여 그 장면의 행동을 시도해 본다.

㉣ 수치(부끄러움) 공격 연습: 내담자는 주위 사람들이 어떻게 생각할 지에 대한 두려움 때문에 하고 싶은 행동을 하지 못하는 것이므로, 실제 시연을 통해 수치심을 공격하여 수치심을 무뎌지게 하는 연습을 한다.

③ 행동적 기법

㉠ 행동실험의 형태로 적용하는 것이 바람직하다. 행동실험은 내담자가 지닌 부정적 사고의 현실적 타당성을 검증하기 위해서 실험 형태로 어떤 행동을 해보게 하는 것이다.

㉡ 행동을 통해 신념 체계 변화하기: 행동적 과제 제시, 새로운 행동 제시를 통해 목표 행동을 하게 함으로써 신념체계를 변화시킨다.

(11) 평가

① 사건에 대한 사고의 통찰과 실천적 행동을 강조하였다.

② 인간의 정서적 혼란이 사건에 대한 관점에서 비롯된다고 보았다. 즉, 인간의 인지 영역과 신념을 강조하였다.

③ 지나치게 인지적이고 지식적이라는 비판이 있다.

④ 내담자의 지적수준이나 자발성에 따라 상담의 효과는 제한적일 수 있다.

9. 현실주의 상담이론

(1) 현실치료의 기본개념

① 윌리암 글래서(William Glasser)가 정신분석이론의 결정론적 입장에 반대하여 개발한 이론이다.

② 인간은 생존의 욕구, 사랑과 소속의 욕구, 권력과 성취의 욕구, 자유의 욕구, 즐거움과 재미의 욕구 등 5가지의 기본적인 욕구를 가지고 있다.

③ 글래서는 현실치료모델을 토대로 인간은 스스로를 통제할 수 있는 힘과 성장을 할 수 있는 힘이 있음을 강조한다.

④ 현실치료는 '여기 - 지금'에 초점을 두며, 내담자 스스로 자신의 삶을 통제하고, 책임감 있는 행동을 강조한다.

⑤ 인간이 자신의 욕구를 충족시키기 위해 행동하며, 그러한 행동은 인간이 스스로 선택하고 결정할 수 있다.

⑥ 책임감과 자율성 성취를 통해 내담자가 독립된 인격체로서 자립하는 동시에 성공적인 정체감에 이룰 수 있도록 돕는다.

(2) 현실치료의 인간의 5가지 욕구

① 생존에 대한 욕구
살고자 하고 생식을 통한 자기 확장을 하고자 하는 욕구이다(건강과 생명 유지).

② 소속의 욕구
사랑하고, 나누고 협력하고자 하는 욕구이다(사랑과 소속의 욕구, 또래집단의 배제).

③ 힘에 대한 욕구
경쟁하고 성취하고 중요한 존재이고 싶어하는 욕구이다(사회적 지위, 승진).

④ 자유에 대한 욕구
이동하고 선택하는 것을 마음대로 하고 싶어하는 욕구이다(대인관계, 종교 등).

⑤ 즐거움에 대한 욕구
많은 새로운 것을 배우고 놀이를 통해 즐기고자 하는 욕구이다.

글래서는 현실치료에서 뇌의 기능과 욕구를 연관지어 설명하였다.
1. **신뇌(new brain)** - 사랑과 소속감, 힘과 성취, 자유, 즐거움
2. **구뇌(old brain)** - 생리적 욕구, 생존

(3) WDEP체계(Glasser & Wubbolding) 2020 공무원 9급

W - 욕구(Want)	내담자가 충족시키길 원하는 특정 욕구를 명확히 하기
D - 행동(Doing)	내담자가 욕구를 충족하기 위해 현재 행하고 있는 행동양식에 대해 알아 보기
E - 평가(Evaluation)	내담자의 현재 행동양식을 평가하기
P - 계획(Planning)	좀 더 효과적인 행동양식을 가지게 하기 위한 계획 세우기

Wubbolding의 계획의 구성요소(SAMIC3) 2021 공무원 9급

Wubbolding은 계획과 실천의 주요 역할에 대해 다음과 같이 논의한다. 상담 주기의 절정은 활동 계획에 달려 있다. 그는 SAMIC3이라는 약자를 사용해서 훌륭한 계획의 본질을 파악한다.
1. 단순해야 한다. (simple)
2. 실현 가능해야 한다. (attainable)
3. 측정 가능해야 한다. (measurable)
4. 즉각적이어야 한다. (immediate)
5. 관계가 있어야 한다. (involved)
6. 계획한 사람이 통제할 수 있는 것이어야 한다. (controlled)
7. 실천할 수 있는 것이어야 한다. (committed to)
8. 계속 행해질 수 있는 것이어야 한다. (continuously done)

(4) 치료기법

① 숙련된 질문

상담자는 내담자의 욕구와 바람을 파악하기 위하여 상담 단계마다 숙련된 질문을 사용한다.

② 유머

상담관계 형성과 내담자의 긴장 해소 및 자기 인식을 위한 적절한 유머를 사용한다.

③ 역설적 방법

역설적 방법은 내담자가 문제에 대하여 전혀 기대하지 않았던 방법으로 접근함으로써, 자신의 문제를 새로운 관점에서 바라볼 수 있도록 한다.

④ 직면

내담자가 현실적 책임과 관련된 모순을 보일 때 상담자는 직면을 통하여 내담자 스스로 자신의 행동에 대해 책임을 지도록 독려한다.

제2절 | 직업상담의 접근방법

1. 특성 - 요인 직업상담

(1) 특성 - 요인 직업상담의 기본개념

① 특성 - 요인 직업상담은 이성적·이지적 상담, 의사결정적 상담, 지시적 상담, 상담자중심 상담, 미네소타 견해 등 다양하게 표현된다.

② 미국의 직업지도 운동가였던 파슨스(Parsons)의 직업지도모델에 기초하여 대표적인 학자로 윌리암슨(Williamson), 패터슨(Paterson) 등이 있다.

③ 윌리암슨(Williamson)을 비롯한 미네소타대학의 직업심리학자들은 파슨스의 이론을 발전시켰고, 이 이론에 근거한 각종 심리검사를 제작하였다.

④ 개인의 내재된 특성을 심리검사 등의 객관적인 수단에 의해 밝혀내고 각각의 직업이 요구하는 요인을 분석하여 개인의 특성에 적합한 직업을 선택하게 하는 데 초점을 두었다.

⑤ 특성(Trait)은 개인의 흥미, 적성, 성격, 가치관 등 검사에 의해 측정 가능한 개인의 특징을 말한다.

⑥ 요인(Factor)은 직업에서 요구하는 책임감, 성실성, 직업성취도 등 직업수행을 위해 요구되는 특징을 말한다.

⑦ 모든 사람에게는 자신에게 맞는 하나의 직업이 존재한다는 가정에서 출발한 이론이다.

⑧ 개인의 특성과 직업의 요구 간에 매칭이 잘 될수록 생산성과 만족의 가능성은 커진다고 본다.

⑨ 개인차 심리학에 배경을 두고 있으며, 모든 개인은 각기 다른 특성을 가지고 있다고 본다.

> **심화**
>
> **파슨스(Parsons)가 구체화한 직업지도모델**
> 1. 내담자 특성의 객관적인 분석(개인의 분석)
> 2. 직업세계의 분석(직업의 분석)
> 3. 과학적 조언을 통한 매칭

(2) 특성 - 요인 직업상담의 특징

① 사람과 직업을 연결시키는 심리학적 관점에 중심을 둔다.

② 심리검사이론과 개인차 심리학에 그 기초를 두고 과학적이고 합리적인 문제해결 방법을 따른다.

③ 개인적 흥미나 능력 등을 심리검사나 객관적 수단을 통해 밝혀낸다.

④ 내담자에 대한 정서적 이해보다 문제의 객관적 이해에 중점을 둔다.

⑤ 미네소타대학의 직업심리학자들이 이 이론에 근거한 각종 심리검사를 제작하였다.

⑥ 특성 - 요인이론을 따르는 경우에는 진단 과정을 매우 중요시한다.

⑦ 상담자 중심의 상담으로 직업 상담에 있어서 상담자의 역할은 교육자의 역할이다.

⑧ 지적인 측면과 객관적 자료를 중시하며, 객관적 진단을 위해 사례나 사례연구를 상담의 중요한 자료로 삼는다.

(3) 윌리암슨(Williamson) 특성 - 요인 상담의 인간본성에 대한 기본가정

① 인간은 선과 악의 잠재력 모두 지니고 있다.

② 인간은 선을 실현하는 과정에서 타인의 도움을 필요로 하는 존재이다.

③ 인간이 선한 생활을 결정하는 것은 바로 자기 자신이다.

④ 선의 본질은 자아의 완전한 실현이다.

⑤ 인간은 누구나 그 자신의 독특한 세계관을 지닌다.

⑥ 인간은 신뢰할 만한 존재이다.

(4) 특성 - 요인 상담의 목표

① 내담자가 자신이 필요로 하는 정보를 수집·분석·종합할 수 있도록 한다.

② 내담자가 자신의 문제를 해결하도록 한다.

③ 내담자가 자기 자신의 가능성을 확인하고 그 가능성을 활용할 수 있게 한다.

④ 합리적인 의사결정을 통해 내담자에게 올바른 선택을 하도록 한다.

(5) 윌리암슨(Williamson)의 특성 - 요인 직업상담의 단계 2018 공무원 9급

① 분석

내담자를 이해하기 위해 내담자의 태도, 지식, 흥미, 적성 등 적절한 측정기술을 선택·활용하여 신뢰할 수 있고 타당성이 있는 정보와 자료를 모으는 단계이다.

② 종합

내담자의 부적응과 장단점을 분석하기 위한 자료를 진단 단계에서 유용하게 활용할 수 있도록 요약하고, 체계적으로 정리하는 단계이다.

③ 진단

내담자의 문제 및 원인을 파악하고 중요하고 관련성 있는 특징을 간결하게 요약한다.

④ 예측(처치와 처방)

진단을 통해 일종의 예언을 시도하는 것으로 내담자의 미래행위 예측과 관련된다.

⑤ 상담

다양한 기법에 의한 개인적 조력을 통해 상담에서 배운 학습을 모든 문제상황에 적용할 수 있도록 돕는 단계이다.

⑥ 추수지도(추후상담)

상담의 효과를 평가하고자 할 경우나 상담 종료 후에 내담자에게 다시 문제가 발생하였을 경우에 실시되기도 한다.

(6) 심리검사 해석단계 상담기법

① 직접충고

내담자가 가장 만족할 만한 선택이나 행동 또는 실행계획에 대해 상담자가 자신의 견해를 솔직히 표명하는 것으로 내담자가 상담자의 솔직한 견해를 요구하거나, 내담자가 심각한 좌절이나 실패를 가져올 행동이나 진로선택을 고집하는 때에만 이 방법을 사용해야 한다.

② 설득

상담자는 내담자가 여러 가지 대안을 생각할 수 있도록 합리적·논리적인 방법으로 자료를 정리한 후에, 내담자가 비합리적인 선택을 하지 않도록 설득한다.

③ 설명

상담자는 내담자가 검사 결과가 주는 의미를 이해해서 현명한 선택을 하도록 하기 위해 검사 결과를 설명해 준다.

TIP **특성 - 요인 상담자의 자질(Strong & Schmidt, 1970)**

'전문성(expertness)' → '신뢰성(trustworthiness)' → '매력성(attractiveness)' 순으로 중요하다고 하였다.

TIP **면담기법(Williamson, 1939)**

촉진적 관계형성, 자기 이해의 신장(장점, 특징), 행동계획의 권고나 설계, 계획의 수행, 위임

(7) 직업정보의 기능(Brayfield)

① 정보적 기능(정보제공 기능)
정보를 제공함으로써 내담자의 모호한 의사결정을 돕고 내담자의 직업선택에 관한 지식을 증가시킨다.

② 재조정 기능
내담자가 냉철한 현실에 비추어 부적당한 직업선택을 한 것은 아닌지 점검해보는 기초를 마련해 준다.

③ 동기화 기능
내담자가 직업선택에 대한 의사결정 과정에 적극적으로 참여하도록 동기화시킨다.

(8) 평가

① 내담자의 객관적 자료를 강조함으로써 진로선택과 상담에 있어 보다 과학적인 접근을 가능하게 하였다.

② 내담자의 특성을 파악하기 위한 심리검사가 발달하게 된 계기가 되었다.

③ 특성을 중시하면서도 개인의 특성이 형성되는 발달과정을 무시하였다.

④ 특성의 안정성과 지속성에 의문을 제기하는 학자들이 있으며, 이는 논쟁이 되고 있다.

⑤ 특정시기 검사 결과가 직업에서의 성공 여부에 대한 예언타당도의 문제가 제기되고 있다.

2. 내담자중심 직업상담

(1) 내담자중심 직업상담의 의의

① 칼로저스(Rogers)가 제시한 이론으로 인간중심적 상담, 자아이론적 상담이라고도 한다.

② 인간중심적 접근에서 내담자들의 선천적인 잠재력과 자기실현의 경향성을 강조하고 있다.

③ 직업진로에 있어서도 내담자들은 특별한 상담과정을 거치지 않더라도 스스로 문제를 해결하고 올바른 직업의사결정을 할 수 있다고 보았다.

④ 직업상담에 있어서는 특성 - 요인 상담과 반대되는 입장을 취하고 비지시적이며, 내담자 주도의 직업상담이다.
⑤ 모든 내담자는 공통적으로 자기와 경험의 불일치로 인해서 고통을 받고 있기 때문에 직업상담 과정에서 내담자가 지니고 있는 직업문제를 진단하는 것 자체가 불필요하다고 본다.

(2) 내담자중심 직업상담의 특징

① 자기(자아)와 일의 세계에 대한 정보 부족과 일치성 부족으로 내담자의 부적응이 발생한다고 보았다.
② 비지시적 상담을 원칙으로 자아와 일에 대한 정보 부족 혹은 왜곡에 초점을 맞춘 직업상담이다.
③ 몇몇 내담자중심 상담사들은 일반적 적응과 직업적 적응 사이에 관련성이 크지 않다고 보았다.
④ 진로 및 직업선택과 관련된 내담자의 불안을 줄이고 자기의 책임을 수용하도록 한다.

(3) 내담자중심 직업상담의 상담목표

① 내담자의 내적 기준에 대한 신뢰를 증가시키도록 도와주는 것이다.
② 경험에 보다 개방적이 되도록 도와주는 것이다.
③ 지속적인 성장 경향성을 촉진시켜 주는 것이다.

(4) 내담자중심 상담의 상담자가 갖추어야 할 태도

① 일치성 또는 진실성
직업상담 시 내담자와의 관계에서 상담자의 감정이나 생각을 있는 그대로 인정하고 일치화 하되 솔직하게 표현한다.
② 무조건적인 수용
직업상담에 있어 내담자의 말을 비판하거나 평가하지 않고 그대로 수용하여 내담자를 존중한다.
③ 공감적 이해
직업상담에 있어 내담자의 감정과 경험을 공감적 차원에서 이해하려고 노력한다.

(5) 스나이더(Snyder)의 상담반응의 범주화

① 안내를 수반하는 범주
내담자가 무엇을 이야기해야 하는지에 대해 상담자가 내담자에게 제시해 주는 범주이다.
② 감정에 대한 비지시적 상담범주
상담자의 해석이나 충고, 비평이나 제안 없이 내담자가 표현하는 감정을 재진술하는 범주이다.

③ 지시적 상담범주

상담자가 내담자의 생각을 변화시키려 시도하거나 내담자의 생각에 상담자의 가치를 주입하려 하는 범주이다.

④ 감정에 대한 준지시적 상담범주

내담자의 감정에 대해 해석하는 범주로서, 내담자의 정서나 반응에 대한 상담자의 의미부여 또는 해석 등의 반응이 포함된다.

📁 심화

비지시적 상담규칙

1. 상담사는 인내심을 가지고 우호적으로, 그러나 지적으로는 비판적인 태도로 내담자의 말을 경청해야 한다.
2. 상담사는 내담자에게 어떤 종류의 권위도 과시해서는 안 된다.
3. 상담자는 내담자에게 조언이나 훈계를 해서는 안 된다.
4. 상담자는 내담자와 논쟁해서는 안 된다.
5. 상담사는 특수한 경우에 한해 내담자에게 질문 또는 이야기를 할 수 있다.

(6) 검사의 사용과 해석에 대한 견해

① 내담자중심 직업상담에서는 일반적으로 내담자를 진단하기 위한 검사는 불필요하다고 하였으나, 일부 학자들은 경우에 따라서는 검사가 필요하기도 하다고 보았다.

② 로저스(Rogers)는 직업과 관련된 의사결정에 대해 구체적으로 언급하지 않았으며, 검사의 사용이 내담자의 방어적 태도를 증가시키고 자기수용과 책임을 감소시키며, 상담자에 대한 의존성을 높인다고 보았다.

③ 일부 내담자중심 학자들은 내담자의 자기 명료화를 위해 검사의 사용을 제안하였다.

④ 패터슨(Patterson)은 내담자에게 심리검사의 실시 및 해석과 직업정보를 제공할 수 있다고 했으며 이 두 가지 원리는 이론상 같다고 보았다.

(7) 내담자중심 상담에서 상담자가 심리검사를 사용할 때의 활동원칙

① 검사결과의 선택과 해석에 내담자가 참여하도록 한다.
② 내담자가 알고자 하는 정보와 관련된 검사의 가치와 제한점을 설명한다.
③ 검사의 결과는 비평가적인 방법으로 알린다.
④ 검사결과를 입증하기 위한 더 많은 자료가 수집될 때까지는 시험적인 태도로 조심스럽게 제시되어야 한다.
⑤ 내담자의 요청이 있을 시 내담자에게 필요한 정보를 제공하기 위해 사용한다 (내담자의 객관적 자료를 얻기 위해 사용하는 것이 아님).

(8) 내담자중심 직업정보 활용의 원리(Patterson)

① 내담자의 입장에서 필요할 때에만 상담 과정에 도입하며, 내담자가 직업정보를 검토할 태도가 갖추어지기 전까지는 직업정보를 자진해서 제공하지 않는다.
② 직업정보 제공 시 내담자에게 영향을 주거나 조작하기 위해 사용하지 않는다.

③ 직업정보를 제공하는 데 있어서 출처를 알려 주어 내담자의 자발성을 유도하고 내담자 스스로 얻도록 격려한다.

④ 주어진 직업정보의 직업과 일에 대한 내담자의 감정과 태도가 자유롭게 표현되어야 한다.

📁 **심화**

특성 - 요인 직업상담과 내담자중심 직업상담의 비교

특성 - 요인 직업상담(지시적)	내담자중심 직업상담(비지시적)
상담자중심의 상담이다.	내담자중심의 상담이다.
문제를 중시한다.	개인을 중시한다.
개인의 과거경험을 중시한다.	개인의 현재상태를 중시한다.
검사와 진단은 필요하다.	반드시 필요한 것은 아니다.
공감보다는 촉진적 관계형성이 중요하다.	공감과 라포를 중시한다.

3. 발달적 직업상담

(1) 발달적 직업상담의 의의

① 내담자의 진로발달측면을 중시하는 이론으로 진로발달을 개인의 전 생애에 걸쳐 이루어지는 과정으로 보고 있다.

② 개인의 진로발달은 전 생애에 걸쳐 이루어지는 일련의 과정이다.

③ 내담자의 생애단계를 통한 진로발달의 측면을 중시한다.

④ 직업상담을 통해 내담자의 개인적 · 사회적 발달이 촉진될 수 있도록 조력한다.

⑤ 개인의 진로발달은 성장과 함께 행동의 변화가능성, 즉 변화와 발달을 전제로 하여 출발한다.

⑥ 내담자의 진로 및 직업성숙도는 내담자의 직업 의사결정 문제와 긴밀한 관계를 갖는다.

⑦ 대표적인 학자들은 긴즈버그(Ginzberg), 수퍼(Super), 갓프레드슨(Gottfredson), 타이드만(Tiedeman) 등이 있다.

(2) 직업상담의 평가

수퍼(Super)는 개인의 평가에서는 통계자료 및 사례연구를 통해 내담자의 교육 · 직업적 경험에 관한 정보가 산출되고, 다른 사람들과 비교 · 평가하는 과정을 통해 내담자의 직업선택 및 직업적응을 예언할 수 있다고 보았으며, 이에 따른 내담자의 잠재능력에 중점을 둔 3가지의 평가를 강조하였다.

문제의 평가	내담자가 겪고 있는 어려움이나 직업상담에 대한 내담자의 기대를 평가한다.
개인의 평가	심리검사, 사례연구 등을 통해 내담자의 심리적 · 사회적 · 신체적 차원에서 개인의 상태에 대한 분석이 이루어진다.
예언의 평가	문제의 평가와 개인의 평가를 바탕으로 내담자가 직업적 · 개인적으로 성공하고 만족할 수 있는지에 대한 예언이 이루어진다.

(3) 수퍼(Super)의 진로발달 평가와 상담(C-DAC)에 근거하여 상담을 진행할 때 내담자 평가영역 2020 공무원 9급

① 내담자의 생애 역할과 직업적 역할의 중요성에 대한 평가
② 직업적 정체성(내담자의 흥미, 적성 그리고 가치)에 대한 평가
③ 진로발달의 수준과 대처자원에 대한 평가
④ 직업적 자아개념과 생애주제에 대한 평가

 심화

Super의 진로발달 평가와 상담(C-DAC)

C-DAC는 Career Development Assessment and Counseling model의 약자로 내담자의 생애 구조와 직업 역할의 중요성, 진로발달의 수준과 자원 가치, 흥미, 능력을 포함한 직업적 정체성, 직업적 자아개념과 생애주제 이렇게 4가지 측면에 대해 평가하는 방법을 뜻한다. 이러한 4단계의 평가 내용을 근거로 상담자는 내담자의 생애사에 대한 통합적인 해석을 하고, 이를 통해 평가 단계에서 상담 단계로 넘어가게 된다.

1. 생애역할 구조와 주요 직업역할에 대판 평가

생애역할 구조란 개인의 삶에서 정의되는 역할 중 핵심적인 것과 주변적인 것에 대한 평가로, 역할의 중요성은 전념, 참여, 지식의 3가지 준거에 의해 결정된다. 생애진로 무지개를 활용하기도 한다. 내담자가 직업인으로서의 역할을 자녀, 학생, 배우자, 시민, 여가인 등의 다른 사회적 역할들 보다 얼마나 더 중요하게 생각하는지에 대해 탐색하는 것이다.

2. 가치, 흥미, 능력을 포함한 직업적 정체성에 대한 평가

전통적인 특질요인에서 의미하는 가치, 능력, 흥미를 포함하여 가치·능력·흥미의 측면에서 내담자의 직업적 정체성의 내용을 알아보고, 이러한 정체성이 내담자의 다양한 생애역할에 어떻게 나타나는지 탐색하는 것이다. 예를 들면 어떤 내담자의 심리검사 결과로 나타난 흥미·가치·능력·성격 등에 대한 정보를 통합하여, 여기서 나타난 정보를 볼 때 내담자가 사람들과 함께 일하거나 사람들을 돕는데 관심이 많음을 아는 것은 내담자의 직업 정체성을 파악하는 데 중요한 정보가 된다.

3. 진로발달 수준과 자원에 대한 평가

상담자는 어떤 발달과업이 내담자와 연관되어 있는지를 확인해야 하며, 내담자의 발달과업을 확인한 후에는 이 문제를 해결할 수 있는 자원에 대한 평가로 넘어간다. 현재 직면하고 있는 특정한 발달과업들에 대한 내담자의 태도나 역량이 일반적으로 극복자원에 해당되는데, 내담자의 진로계획에 대한 긍정적인 태도는 중요한 자원이며 자신과 직업세계에 대한 내담자의 지식 또한 중요한 자원이 된다.

4. 직업적 자아개념과 생애 주제에 대한 평가

주관적인 자기개념에 대한 평가는 현재 내담자의 자아상에 초점을 두고 평가하는 횡단적인 방법과 내담자의 생애 전반에 걸쳐 발달되어 온 주제에 초점을 두는 종단적인 방법이다.
이때, 이전 단계까지의 객관적 평가에서 내담자의 주관적 자아개념에 대한 평가로 넘어간다. 이 단계에서는 내담자가 자신과 세상을 어떻게 이해하고 있는지 내담자의 '자아상'을 확인하는 과정이다. 상담자는 내담자가 현재의 자신을 어떻게 묘사하고 있는지를 잘 들음으로써 내담자의 자아개념을 구체적으로 평가한다.

예 자신이 유능하며 재능이 많다고 생각하면서도, 자기 비관적이고 타인과 비교할 때 쉽게 좌절하는 경향이 있을 수도 있다.

(4) 수퍼(Super)의 발달적 직업상담 과정

① **1단계 - 문제의 탐색 및 자아개념 묘사**

비지시적 방법에 의해 문제 탐색과 자아개념을 표출하는 단계이다.

② **2단계 - 심층적 탐색**

지시적인 방법으로 직업탐색 문제를 설정하여 심층적 탐색을 하는 과정이다.

③ **3단계 - 자아수용 및 자아통찰**

비지시적 방법으로 자아수용과 통찰을 얻기 위해 사고와 감정을 명료화한다.

④ **4단계 - 현실검증**

지시적 방법으로 현실검증을 위한 심리검사의 실시와 직업정보 등을 분석한다.

⑤ **5단계 - 태도와 감정의 탐색과 처리**

비지시적인 방법으로 현실검증에서 얻은 태도, 감정을 통하여 자신과 일의 세계를 탐색하고 처리하는 단계이다.

⑥ **6단계 - 의사결정**

비지시적인 방법으로 의사결정을 돕기 위한 대안과 행동을 고찰하는 단계이다.

(5) 발달적 직업상담에서 직업정보가 갖추어야 할 조건

① 사회경제적 측면에서 수준별 직업의 유형 및 그러한 직업들의 특성에 대한 정보

② 부모와 개인의 직업적 수준과 그 차이, 그리고 그들의 적성, 흥미, 가치들 간의 관계에 대한 정보

③ 특정 직업 분야의 접근가능성과 개인의 적성, 가치관, 성격특성 등의 요인들 간의 관계에 대한 정보

④ 사람들이 주로 어떤 직업에서 어떤 직업으로 옮겨가고 있으며, 그 비율은 어느 정도이고, 이러한 직업의 이동 방향과 비율을 결정하는 요인에는 어떤 것들이 있는지에 대한 정보

(6) 발달적 직업상담의 기법

① **진로자서전**

일상의 경험, 학과선택, 일 경험 등이 포함되며, 내담자가 과거에 어떤 진로의사결정을 하였는지를 자유롭게 기술하게 한다.

② **의사결정일기**

'진로자서전'의 보충역할을 하며, 내담자가 진로 상황에서 일상적인 의사결정 방식을 작성해 보도록 함으로써 자기인식을 돕는다.

③ **진로수첩**

㉠ 자기 평가를 통해 자신감과 자기 인식을 증진시킨다.

㉡ 일 관련 태도 및 흥미에 대한 지식을 증진시킨다.

㉢ 다양한 경험들이 어떻게 직무관련 태도나 기술로 전환될 수 있는지에 대한 이해를 발전시킨다.

진로수첩이 내담자에게 미치는 유용성

진로수첩은 내담자, 고용주, 상담자 모두에게 유용한 도구이며, 내담자의 입장에서는 다음과 같은 유용성이 있다. 또한 진로수첩은 진로, 교육, 훈련 계획을 개발하기 위한 상담도구를 제공하는 것이 아니다. 즉, 상담도구 개발용이 아니라 스스로 사용을 목적으로 한다.
1. 자기 평가를 통해 자신감과 자기 인식을 증진시킨다.
2. 일 관련 태도 및 흥미에 대한 지식을 증진시킨다.
3. 다양한 경험들이 어떻게 직무관련 태도나 기술로 전환될 수 있는지에 대해 이해를 발전시킨다.
4. 교육 및 진로계획을 향상시킨다..
5. 고용주에게 자신을 소개하는 방편이 될 수 있다.

④ 진로서류철
자신의 진로에 관한 자료를 서류화하여 보관한다.
㉠ 자신의 적성과 흥미는 물론, 가치관에 관한 판정표, 생애목표, 경력사항, 자격증, 진로일기, 진로계획서 등을 기록·보관한다.
㉡ 학교성적표, 졸업장, 상장, 수료증 등과 같은 객관적 자료도 정리한다.

4. 정신역동적 직업상담

(1) 정신역동적 직업상담의 의의
① 보딘(Bordin)은 정신분석학에 뿌리를 두고 직업의사결정에 있어 개인의 심리적인 요인을 강조하였다.
② 직업의사결정에 있어 정신분석학과 특성 - 요인이론 및 내담자중심 직업상담의 개념을 통합한 접근법이다.
③ 사람과 직업을 연결시키는 것을 기초로 복잡한 진로 선택의 과정을 설명하려 했으며, 내담자의 욕구를 직업선택의 주요 요인으로 본다.
④ 개인의 직업(일)을 승화의 개념으로 설명하는 이론이다.

(2) 정신역동적 직업상담 과정
① 탐색과 계약설정의 단계
상담자는 내담자와 상담관계를 형성하며 내담자의 정신역동적 상태와 욕구를 파악하고 앞으로의 상담전략을 합의한다.
② 중대한(핵심, 비판적) 결정의 단계
내담자의 성장과 변화를 조력하기 위해 노력하며 상호작용을 통한 여러 가지 대안을 탐색해 본다(내담자의 성격적 결함을 그대로 받아들이고 그 성격에 맞게 직업을 택하는지 또는 성격을 변화시켜 다른 직업을 선택할 것인지를 결정할 수 있어야 한다).
내담자가 자신의 성격에 맞는 직업을 선택할 것인지, 직업에 맞추어 성격을 변화시킬 것인지에 대해 결정할 수 있도록 한다.
③ 변화를 위한 노력의 단계
자기가 하고자 하는 직업과 관련하여 자신의 성격, 욕구, 흥미 등에서 변화가 필요하면 그 부분에 대해 변화하려는 노력이 이루어져야 한다.

(3) 정신역동적 상담의 반응범주 2021 공무원 9급

① **명료화**

진로문제에 대한 내담자의 생각 · 감정을 요약해주는 것으로 개방적 질문, 부드러운 명령, 단순화된 진술의 형태이다. 이는 내담자의 진술을 분명하게 한다.

② **비교**

두 가지 또는 그 이상 주제들의 역동적 현상들 사이의 유사성이나 차이점들을 보다 분명하게 부각시키기 위해 병치시키는 방법이다.

③ **소망 - 방어체계**

방어체계에 내포된 의미를 해석하고 내담자가 자신의 내적 동기상태와 직업결정 사이의 관계를 지각하도록 돕는 것이다.

(4) 검사에 대한 견해

① 보딘(Bordin)은 내담자가 적극적으로 검사의 선택에 참여하도록 제안하였다.

② 내담자의 심리상태에 대한 이해와 상담에 대한 내담자의 기대를 충족시키기 위해 검사는 필요하다고 보았다.

③ 심리검사는 내담자가 자기탐색을 보다 깊이 할 수 있도록 하며, 직업상담에 대해 현실적인 기대를 가지도록 돕는다고 보았다.

(5) 평가

① 개인의 내적 요인의 영향을 지나치게 강조한 나머지 외적 요인의 영향에 대해서는 충분하게 고려하고 있지 못하다.

② 직업 의사결정 행동에 대해 내적 욕구만을 강조하려는 경향이 있다.

5. 행동주의 직업상담

(1) 행동주의 직업상담의 의의

① 직업상담에 있어 행동주의 접근법은 직업 의사결정에 영향을 미치는 학습과정만을 다룬다.

② 행동주의 직업상담은 내담자의 의사결정 문제의 원인이 되는 불안을 감소 또는 제거하고 새로운 적응행동을 학습시키며, 직업결정기술을 습득시키는 것을 목표로 한다.

③ 행동주의 이론에 뿌리를 둔 이론으로 내담자의 진로행동을 변화시키는 학습에 초점을 둔다.

④ 행동주의 관점에서 내담자의 진로문제와 부적응행동을 학습된 것으로 본다.

⑤ 다양한 방법에 의해 내담자의 부적응행동을 바람직한 적응행동으로 대치시키는 데 조력하고자 한다.

⑥ 내담자의 의사결정 문제의 근본적인 원인이 되는 불안을 제거하고 직업결정기술을 학습시키는 것을 목표로 한다.

(2) 의사결정을 내리지 못하는 내담자의 상담목적

① 우유부단

정보, 학습, 적응기회의 부족으로 인해 적절한 의사결정을 하지 못하고 사회적인 압력과 갈등이 생겨 불안을 느낀다.

② 무결단성

의사결정의 무력감에서 불안을 느끼며, 학습한 정보를 제대로 이용하지 못하고 적절한 의사결정을 할 수 없는 입장으로 사회적인 압력과 갈등이 생겨 불안을 느낀다.

(3) 행동주의 직업상담의 불안감소기법

① 홍수법

공포나 두려움을 느끼는 상황에 직접적으로 내담자를 노출시킨다. 내담자를 비교적 강력하고도 집중적으로, 장시간 지속적으로 문제상황에 노출시켜 두려움을 제거하는 방법이다. 즉, 상담에 참여한 내담자는 관련된 문제에 마치 퍼 붓는 홍수를 맞는 것과 같은 경험을 한꺼번에 받게 된다.

② 주장훈련

불안을 역제지하는 방법으로 대인관계에서 오는 불안 제지 효과를 가진다. 이 훈련은 자기표현을 통해 다른 사람과 상호작용하는 방법을 습득하도록 하는 기법이다.

③ 체계적 둔감법

내담자로부터 불안을 없애기 위해 불안반응을 체계적으로 증대시키면서 동시에 불안반응과 대립되는 이완반응을 유도하여 내담자의 불안감을 점차적으로 경감시키는 행동주의 상담의 기법이다.

근육이완훈련	근육이완훈련을 통해 근육이완을 하여 몸의 긴장을 풀어준다.
불안위계목록작성	불안의 정도가 낮은 자극부터 높은 자극까지 순서적으로 불안위계표를 작성한다.
둔감화	근육이 이완된 상태에서 불안의 정도가 낮은 자극부터 점차적으로 높은 자극을 제시한다. 이때 내담자는 불안자극을 상상하는데 내담자가 불안해하면 상상을 중단시키고 이완을 시킨 후 다시 점차 높은 자극을 상상하는 반복적 절차를 수행한다. 가장 높은 불안 자극에도 내담자의 근육이 이완되어 있으면 상담을 종결한다.

④ 금지조건 형성

내담자에게 추가적 강화 없이 불안반응을 일으킬 만한 단서를 지속적으로 제시한다. 이러한 지속적인 자극은 감각을 무디게 하여 불안 감정을 점차 소멸시킨다.

(4) 행동주의 직업상담의 학습촉진기법

① 강화

바람직한 행동에 긍정적 피드백을 제공하여 바람직한 행동을 지속적으로 유도하는 방법이다. 즉, 강화물을 제공하여 특정행동의 빈도가 높아지도록 하는 행동수정방법이다.

② 반조건형성 또는 역조건형성(Counterconditioning)

조건 자극과 새로운 자극으로 조건 자극과 조건 반응과의 연합을 방해하는 자극을 함께 제시함으로써 불안을 감소시키는 기법이다.

③ 변별학습

한 가지 이상의 차이를 인식하고 분류할 수 있게 하는 것으로 검사도구 등을 사용하여 직업선택이나 직업결정 능력을 변별하고 비교해 보게 한다.

④ 모델링(모방)

내담자에게 모델을 설정하여 그 모델의 행동을 배우도록 하는 것으로 모방학습을 통해 내담자로 하여금 문제행동을 수정하거나 학습을 촉진하는 기법이다.

⑤ 토큰법

토큰법은 스키너의 강화원리를 포함한 조작적 조건형성의 원리를 적용시킨 것으로 직접적으로 강화인자를 쓰는 대신, 후에 내담자가 원하는 다양한 물건과 교환할 수 있는 강화물로 토큰이 주어지는 체계적인 기법이다.

(5) 행동주의 직업상담의 특정 공포를 치료하는 방법

① 체계적둔감법

내담자의 불안을 없애기 위하여 불안반응을 체계적으로 증대시킴으로써 둔감화한다.

② 노출치료

실제적 노출법, 심상적 노출법, 점진적 노출법, 홍수법이 있다.

③ 모방학습

다른 사람이 공포자극을 대하는 것을 관찰함으로써 치료한다.

④ 이완훈련

신체적 이완을 통해 공포를 감소시킨다.

(6) 평가

① 직업 선택과정에서 내담자의 불안을 감소시키고 바람직한 행동을 촉진하는 장점이 있다.

② 행동주의 직업상담은 내담자의 정보획득 부족으로 인한 우유부단함을 치료하는 데에는 효과적이나, 직업결정문제의 원인으로 불안에 대한 이해와 불안을 규명하는 방법이 결여되어 있다.

6. 포괄적 직업상담

(1) 포괄적 직업상담의 의의

① 크라이티스(Crites, 1981)에 의해 제시된 이론으로 여러 상담 이론들의 단점을 보완하고 장점을 통합하였다.

② 특성 - 요인, 인간중심, 행동주의, 발달적 직업상담, 정신역동적 직업상담의 장점을 차용하고, 단점을 보완하여 통합시키려는 직업상담이다.

③ 포괄적 직업상담에서는 여러 직업상담의 진단체계를 모두 고려한다. 변별진단 후 정신역동진단을 실시한다.

④ 문제의 원인을 명료화한 후 강화기법을 사용하여 문제해결에 개입한다.

(2) 포괄적 직업상담의 특징

① 논리적인 것과 경험적인 것을 의미 있게 절충시킨 모형이다.

② 진단은 변별적이고 역동적인 성격을 가지고 있다.

③ 검사의 역할을 중시하며 검사를 효율적으로 사용한다.

④ 직업상담의 목적에는 진로선택, 의사결정 기술의 습득, 일반적 적응의 고양이 포함된다.

⑤ 직업상담의 과정에는 진단, 문제분류, 문제구체화, 문제해결의 단계가 있고 이러한 목적을 달성하기 위해 면담기법, 검사해석, 직업정보 등이 직업상담 과정에 포함되어야 한다.

(3) 포괄적 직업상담의 과정

① 1단계 - 진단 단계
내담자에 흥미, 적성 등 폭넓은 검사자료와 상담을 통한 자료가 수집되는 단계이다.

② 2단계 - 명료화 또는 해석 단계
의사결정의 과정을 방해하는 태도와 행동을 확인하고 대안을 탐색하는 단계이다.

③ 3단계 - 문제해결 단계
문제해결을 위한 의사결정과 행동이 실천되는 단계로 실제로 어떤 행동을 취해야 하는지가 결정되는 단계이다.

(4) 포괄적 직업상담의 단계별 접근법

① 상담의 초기 단계(진단 단계)
㉠ 발달적 접근법과 내담자중심 접근법이 사용된다.
㉡ 내담자 문제의 원인과 내담자 개인에 대한 탐색을 촉진시킨다.

② 상담의 중간 단계(명료화 단계)
㉠ 정신역동적 접근법을 활용한다.
㉡ 내담자의 문제에서 장애의 원인이 되는 요인을 명료하게 밝혀서 제거시키고자 한다.

③ 상담의 마지막 단계(문제해결 단계)

　　㉠ 특성 - 요인적 접근법과 행동주의적 접근법을 사용한다.

　　㉡ 상담자는 능동적·지시적인 태도로 내담자의 문제해결에 개입하게 된다.

(5) 검사의 활용

① 포괄적 진로상담에서는 상담의 진단, 과정, 결과의 모든 단계에서 검사를 효율적으로 활용한다.

② 검사해석에 있어 내담자와의 의사소통을 강조하여 정확히 문제를 해결하고자 하였다.

(6) 검사의 유형

① 변별적 진단검사로는 직업성숙도검사, 직업적성검사, 직업흥미검사 등이 실시된다.

② 역동적 진단에서는 심리측정 자료에만 의존한 통계적인 오류를 보완하기 위해 내담자와의 상호작용이 이루어진다.

③ 결정적 진단에서는 직업선택 및 의사결정의 과정에서 나타나는 내담자의 다양한 문제에 초점을 둔다.

(7) 평가

① 직업상담은 여러 직업상담 접근방법들의 단점을 보완하고 장점을 통합하였다.

② 여러 상담이론의 진단체계를 모두 고려하여, 체계적인 진단체계를 구축하였다.

③ 직업상담의 문제에 있어 진학상담과 취업상담에는 적합하지만, 취업 후 직업적응 문제는 깊이 있게 다루지 못하고 있다.

제3장 | 직업상담의 기법

1. 초기면담

(1) 초기면담의 의미

① 초기면담이란 직업상담의 과정 중에서 상당히 중요한 부문이며, 초기면담이 얼마나 성공적으로 진행되었는지에 따라서 향후 상담에도 많은 영향을 미치게 된다.

② 초기면담에서는 상담자와 내담자 간의 신뢰 형성에 따른 라포 형성이 중요시 된다.

(2) 초기면담의 유형

① 내담자 대 상담자 솔선수범 면담

내담자 대 상담자 솔선수범 면담은 내담자에 의해 시작된 면담과 상담자에 의해 시작된 면담으로 구분된다. 면담이 내담자에 의해 시작되면 상담자는 내담자의 상담요청의 목적을 파악하기 위해 경청을 해야 한다. 반면, 상담자에 의해 시작되면 상담자는 내담자에게 왜 상담을 실시하는지를 충분히 설명하여 내담자의 불안감과 긴장감을 완화시켜야 한다.

② 정보지향적 면담

초기면담의 목적이 정보수집에 있다면 정보지향적 면담은 상담의 틀이 상담사에게 초점을 맞추어 진행된다. 내담자의 정보수집을 위해 탐색해보기, 폐쇄형 질문(폐쇄적 질문), 개방형 질문(개방적 질문) 등을 수행한다.

㉠ 탐색해 보기: '누가, 무엇을, 어디서, 어떻게'로 시작되는 개방형 질문이 사용된다.

㉡ 개방형 질문: 보통 '무엇을, 어떻게'로 시작되는 질문이다.

㉢ 폐쇄형 질문: '예, 아니요'와 같이 제한된 응답을 요구하는 질문이다.

③ 관계지향적 면담

관계지향적 면담의 주요 기술로서 재진술과 감정의 반향 등이 사용된다.

㉠ 재진술: 상담자가 자신의 표현양식으로 내담자의 말을 바꿔 말하는 것으로 내담자가 말한 바를 반사적 반응한다.

㉡ 감정의 반향: 여러 수준에서 이루어지며 공감을 전달하는 것으로 내담자의 말 이면의 정서적 요소를 표현하여 자신의 감정을 이해하도록 하는 것이다.

(3) 상담을 효과적으로 진행하는데 도움이 되는 면담 태도

① 비방어적 태도로 내담자를 편안하게 만드는 태도

② 내담자의 경험을 공감하고 이해하려는 태도

③ 내담자의 말을 경청하는 태도

④ 내담자와 유사한 언어를 사용하는 태도
⑤ 언어적·비언어적 반영의 태도

(4) 초기면담의 주요 요소

① 라포(rapport) 형성(관계 형성)

상담자와 내담자 간의 친근감 및 신뢰감의 형성을 기초로 상담관계에 필요한 사항과 안내를 통하여 내담자의 불안을 감소시키고 내담자의 긴장감을 풀어주는 상호 긍정적인 친화관계를 형성할 필요가 있다.

② 언어적·비언어적 행동

언어적 행동	내담자의 생각과 감정을 이해하고자 하는 열망을 보여 주는 의사소통, 재진술, 종합적인 느낌 등을 포함한다.
비언어적 행동	상담자가 관심을 가지고 열린 상태가 되어 내담자를 끌어들이는 매우 효과적인 방법으로 미소, 몸짓, 기울임, 눈 맞춤, 끄덕임 등을 포함한다.

③ 상담자의 노출

자기노출이란 상담자가 자신의 사적인 정보를 드러내 보이는 것이다. 내담자의 자기노출은 성공적인 상담을 위해 필요할 수 있으나, 상담자의 자기노출 항상 그러한 것은 아니다.

④ 유머

㉠ 유머를 적절히 활용한다면, 여러 가지 치료적 시사를 갖는 임상도구로 사용될 수 있다.

㉡ 유머를 통해 내담자의 저항을 우회할 수 있고 긴장을 없애거나 내담자가 심리적 고통에서 벗어날 수 있도록 도울 수 있다.

⑤ 직면(맞닥뜨림)

㉠ 초기면담의 주요 요소로서, 내담자로 하여금 행동의 특정 측면을 검토해 보고 수정하게 하며 통제하도록 도전하게 하는 것이다.

㉡ 문제를 있는 그대로 확인시켜 주고 문제와 직접 맞닥뜨리도록 함으로써 내담자로 하여금 현실적인 대처방안을 찾을 수 있도록 도전시킨다.

⑥ 계약

㉠ 계약은 목표 달성에 포함된 과정과 최종결과에 초점을 두는 것이다.

㉡ 내담자가 하고 싶어 하는 일을 파악하여 내담자와 관련된 변화를 위한 구체적인 목표를 설정해야 한다. 상담자는 내담자의 행동, 사고, 혹은 느낌상의 변화를 촉진하는 계약을 강조해야 한다.

⑦ 리허설

계약이 설정되면 상담자는 내담자에게 선정된 행동을 연습하거나 실천하도록 함으로써 내담자가 계약을 실행하는 기회를 최대화하도록 도와주는 것이다.

명시적 리허설	원하는 것을 직접 행위해 보는 것이다.
암시적 리허설	원하는 것을 상상·숙고해 보는 것이다.

⑧ 즉시성

　　㉠ 상담자 자신의 바람은 물론 내담자의 느낌, 인상, 기대 등을 깨닫고 대화를 나누는 것으로서, 상담자는 이를 상담 과정의 주제로 삼는 것이다.

　　㉡ 긴장감이나 지루함을 인식하고 이야기를 나누는 상담자의 능력이다.

　　㉢ 촉진적 상담관계를 발달시키고 유지하는 데 활용될 수 있다.

　　㉣ 즉시성이 유용한 경우

　　　• 방향성이 없는 관계일 경우

　　　• 상담자와 내담자 간에 상당한 정도의 사회적 거리가 있을 경우

　　　• 내담자가 의존성이 있을 경우

　　　• 상담자와 내담자 간에 친화력이 있을 경우

(5) 초기면담의 단계

초기면담에 이루어져야 할 사항은 '내담자와의 촉진적인 관계 형성, 내담자 문제의 이해, 상담의 구조화'의 순서로 진행된다.

① 관계 형성

　　㉠ 상담의 관계 형성은 초기상담 단계에서 이루어져야 한다.

　　㉡ 이러한 상담관계 형성, 즉 라포는 촉진적인 관계 형성이어야 한다.

② 내담자 문제의 이해

　　㉠ 상담의 중요한 목적은 내담자의 호소 문제를 이해하고 해결하는 데 있다.

　　㉡ 내담자 호소 문제를 이해하기 위해 확인할 사항

　　　• 사전자료를 토대로 한 내담자에 대한 이해

　　　• 내담자의 문제 해결에 대한 동기

③ 상담의 구조화에서 이루어져야 할 내용

　　㉠ 직업상담사는 비밀보장의 한계에 대해 설명하고 상담 중에 얻은 내담자에 대한 비밀은 지켜진다는 것을 미리 알려주어 불안을 제거한다.

　　㉡ 직업상담사는 상담의 상담 장소, 시간, 상담의 지속 등에 대해서 미리 합의한다.

　　㉢ 직업상담사는 상담의 목표와 성질에 대해 구조화한다.

　　㉣ 직업상담사는 내담자가 지켜야할 규칙을 구조화하면서 내담자에게 검사나 과제를 잘 이행할 것을 기대하고 있다는 것을 분명히 밝힌다.

　　㉤ 내담자에게 상담자의 역할, 책임에 대해서 미리 알려준다.

 심화

구조화의 필요성

1. 상담의 구조화는 첫 회 상담에서 필수적인 요소이다.
2. 초기면담에서는 내담자와 상담자 모두 직업상담 과정에서 어떤 일이 일어날지, 어떤 일이 일어나야 하는지에 대한 기대를 가지게 된다.

(6) 초기면담의 종결

① 상담과정에서 필요한 과제물을 부여한다.

② 상담과정과 역할에 대한 서로의 기대를 명확히 한다.

③ 조급하게 내담자에 대한 결론을 내리지 않는다.

④ 내면적 가정이 외면적 가정을 논박하지 못하도록 수행한다.

⑤ 사전자료를 토대로 내렸던 내담자에 대한 결론은 얼마나 정확하였는지 확인한다.

⑥ 상담에 대한 내담자의 기대와 상담자의 기대는 얼마나 일치하였는지 확인한다.

⑦ 내담자에 대하여 어떤 점들을 추가적으로 평가해야 할 것인지 검토한다.

⑧ 다음 상담회기를 어떻게 시작할 것인지 검토한다.

(7) 직업상담의 기초기법

① 공감(공감적 이해)
  ㉠ 내담자의 세계를 마치 상담자 자신의 세계인 것처럼 경험하지만 객관적인 위치에서 벗어나지 않는 상담대화의 기법이다.
  ㉡ 공감이란 상담자가 자신이 직접 경험하지 않고도 내담자의 감정을 거의 같은 수준으로 이해하는 능력을 말한다.
  ㉢ 내담자가 전달하려는 내용에서 한 걸음 더 나아가 그 내면적 감정에 대해 반영하는 것으로, 이 때 상담자는 내담자의 세계를 상담자 자신의 세계인 것처럼 경험하지만 객관적인 위치에서 벗어나지 않는 것이다.
  ㉣ 공감적 이해를 위해서는 내담자의 입장에서 느끼고 생각해야 한다.
  ㉤ 공감적 이해란 '지금 - 여기'에서의 내담자의 감정과 경험을 정확하게 이해하는 것이다.
  ㉥ 공감적 이해는 내담자의 자기 탐색과 수용을 촉진시킨다.
  ㉦ 공감적 이해를 하더라도 상담자는 자신의 가치관이나 정체감까지 내담자에게 맞추어 수용해야 하는 것은 아니다.

② 경청
  ㉠ 내담자가 표현하는 언어적 의미 외에 비언어적인 의미까지 이해하는 능력으로, 언어적·비언어적 반응을 수반한다.
  ㉡ 내담자에게 초점을 유지하면서 내담자의 표현하는 행동, 생각과 감정을 이해하려고 노력하는 것이 적극적 경청이다.
  ㉢ 경청은 내담자에게 항상 세심하게 주목하는 것을 말한다.
  ㉣ 효과적인 적극적 경청을 위한 지침
    • 내담자의 음조를 경청한다.
    • 내담자의 표현의 불일치를 인식한다.
    • 내담자가 보이는 일반화, 빠뜨린 내용, 왜곡을 주목하여 경청한다.

③ 반영
  ㉠ 내담자의 생각과 말을 상담자가 다른 참신한 말로 부연하는 것을 말한다.
  ㉡ 내담자의 표현 속 밑바탕에 흐르는 감정을 파악하여 반영하는 것이 효과적이다.

④ 직면
  ㉠ 상담사가 내담자로 하여금 자신의 문제에 회피하지 않고 도전하도록 하는 것이다.
  ㉡ 직면은 내담자가 모르고 있거나 인정하기를 거부하는 생각과 느낌에 대해 주목하도록 하는 것이다.

ⓒ 직면은 내담자에게 말과 행동 사이의 불일치나 모순을 직접적으로 지적하는 기술이다. 직면을 사용할 경우 내담자에 대해 평가하거나 비판하는 인상을 주지 않도록 해야 하며, 이를 위해 내담자가 보인 객관적인 행동과 인상에 대해 서술적으로 표현하는 것이 바람직하다.

⑤ 명료화

ⓐ 내담자의 생각과 감정의 표현을 상담사가 분명하게 밝히는 것이다.

ⓑ 내담자의 말 속에 포함되어 있는 불분명한 측면을 상담사가 분명하게 밝히는 기법이다.

⑥ 수용(수용적 존중)

ⓐ 내담자의 이야기에 주의집중하고 내담자를 인격적으로 존중하는 기법이다.

ⓑ 기본적으로는 내담자의 감정, 경험 및 잠재력에 대해 긍정적인 존중과 관심을 전달하는 것이고, 궁극적으로는 내담자를 한 인간으로서의 가치와 자유인으로서의 잠재력에 대해 매우 깊은 긍정적 존중을 전달하는 것이다.

ⓒ 상담자가 인간존중 정신에 입각하여 내담자가 표현하는 감정이나 사고를 있는 그대로 받아들이는 것이다. 내담자가 어떤 상태에 놓여 있든 간에 상담자가 무조건적이고 긍정적이며 수용적인 태도를 유지할 때, 내담자의 치료적 변화가 일어날 가능성은 더욱 커진다.

⑦ 해석 2019 공무원 9급

ⓐ 내담자가 직접 진술하지 않은 내용이나 개념을 그의 과거 경험이나 진술을 토대로 하여 추론해서 말하는 것이다.

ⓑ 즉, 상담자가 내담자로 하여금 자기의 문제를 새로운 각도에서 이해하도록 경험과 행동의 의미를 설명하는 것이다.

ⓒ 내담자가 표현한 내용에 대해 상담자가 새로운 의미와 가설을 부여한다.

ⓓ 내담자로 하여금 문제해결의 길을 찾게 도와준다.

⑧ 요약과 재진술

ⓐ 내담자 진술의 표면적 의미를 상담자가 다른 말로 바꾸어서 말하는 것이다.

ⓑ 상담자는 내담자가 전달하려는 내용을 다른 말과 용어를 사용하여 내담자에게 되돌려 줌으로써 상담자가 내담자의 이야기에 귀를 기울이면서 그를 이해하려 노력하고 있음을 내담자에게 전달할 수 있다.

⑨ 침묵

상담 시 대화중단은 중요한 신호일 수 있어 상담자는 내담자 침묵의 원인을 잘 파악하여야 한다.

ⓐ 내담자의 사고가 중단될 때 일어날 수 있다.

ⓑ 내담자가 대화 중 생각을 정리할 때 일어날 수 있다.

ⓒ 내담자가 상담자와의 대화 중 대화의 소재가 부재할 경우 일어날 수 있다.

ⓓ 내담자가 상담자에게 적대감 등 저항할 때 일어날 수 있다.

2. 구조화된 면담법

(1) 생애진로사정(LCA ; Life Career Assessment)의 개념

① 생애진로사정은 직업상담의 초기단계에서 내담자의 정보나 행동을 효과적으로 이해하고 해석할 수 있는 구조화된 면접기법이다.

② 생애진로사정은 상담자와 내담자가 처음 만났을 때 사용해 볼 수 있는 구조화된 면접기법으로 내담자의 정보와 행동을 이해하는 데 도움을 주는 질적 평가절차이다.

③ 내담자에 대한 가장 기초적인 정보를 얻는 질적인 평가절차로 내담자의 생애에 대한 다양한 진로 정보를 이해하도록 돕는다.

④ 생애진로사정은 구조화된 면담기술로서 비교적 짧은 시간 내에 내담자에 대한 정보를 수집하는 단계이다.

⑤ 시간이 많이 소요되지 않는다. 전체 면접은 30분~45분 내에 끝낼 수 있고, 생애진로사정은 검사실시나 검사해석의 예비적 단계에서 특별히 유용하다.

⑥ 직업상담의 주제와 관심을 표면화하는데 덜 위협적인 방법으로 비판단적이고 비위협적인 대화 분위기로써 내담자와 긍정적인 관계를 형성하는 데 도움이 된다.

(2) 생애진로사정의 특징 2018 공무원 9급

① 상담사가 내담자의 다양한 정보를 수집하고 내담자는 자신에 대해 체계적으로 이야기를 해나가면서 자신의 경험을 정리하고 자신의 삶의 방식을 알아가는 과정이다.

② 아들러(Adler)의 심리학 이론에 기초하여 내담자와 환경과의 관계를 이해하는데 도움을 주는 면접기법이다.

③ 생애진로사정의 구조는 아들러의 개인과 세계의 관계를 '일', '성', '사회'의 세 가지 인생과제 구분과 서로 긴밀히 연결되어 있으며 작업자, 학습자, 개인의 역할 등을 포함한 다양한 생애역할에 대한 정보를 탐색해 간다.

④ 생애진로사정은 내담자로 하여금 자신의 생애에 대한 근본적인 접근, 즉 태도, 신념, 가치관을 통해 그들의 생애를 이해하도록 돕는다.

⑤ 내담자가 하는 일의 유형이나 내담자의 정보를 처리하고 의사결정을 돕는 방법을 모색할 수 있는 단계이다.

⑥ 내담자가 학교나 훈련기관에서의 평가 과정을 통해 부정적인 선입견을 가지고 있을 가능성이 있는 인쇄물이나 소책자, 지필도구 등의 표준화된 진로사정 도구는 가급적 사용을 삼간다.

(3) 생애진로사정(Life Career Assessment)의 구조 2019 공무원 9급

생애진로사정의 구조는 진로사정, 전형적인 하루, 강점과 장애 및 요약으로 이루어져 있다.

① 진로사정

㉠ 내담자가 일의 경험 또는 훈련 및 학습 과정에서 가장 좋았던 것과 싫었던 것에 대해 질문하며, 여가시간의 활용, 우정관계 등을 탐색한다.

㉡ 내담자의 직업경험(시간제·전임, 유·무보수), 교육 또는 훈련과정과 관련된 문제들, 여가활동에 대해 사정한다.

	일의 경험 (시간제, 정시제, 유급·무급)	• 이전 직업 • 가장 좋았던 것 • 가장 싫었던 것 • 다른 직업과 동일한 과정
진로사정	교육 또는 훈련과정과 관심사	• 일반적 사정 • 가장 좋았던 것 • 가장 싫었던 것 • 지식, 기술, 기능의 수준이나 형태를 위한 교육 이나 훈련
	오락	• 여가시간의 활용 • 사회활동 • 사랑과 우정

② 전형적인 하루

    ㉠ 전형적인 하루에서 나타난 주제들은 학교, 훈련, 직업에서 문제를 일으키는 것들로, 이에 대한 인식은 내담자가 자신의 삶을 어떻게 조직하고 이행하는지에 대한 좀 더 분명한 이해를 얻도록 한다.

    ㉡ 내담자가 의존적인지 또는 독립적인지, 자발적(임의적)인지 또는 체계적인지 등 자신의 성격차원을 파악하도록 돕는다.

전형적인 하루	의존적 - 독립적 차원	• 타인에 대한 의존 • 타인에게 의사결정 주장
	자발적 - 체계적 차원	• 안정된 일 • 영속적이고 빈틈없음

③ 강점과 장애

    ㉠ 강점과 장애의 사정은 내담자가 다루고 있는 문제와 내담자를 돕기 위해 내담자가 가진 자원에 대한 정보이다. 내담자가 스스로 생각하는 3가지 주요 강점 및 장애에 대해 질문한다.

    ㉡ 현재 내담자의 강점과 직면하고 있는 문제나 환경적 장애를 탐구하며, 장애를 극복하기 위해 가지고 있는 대처자원이나 잠재력을 탐구한다.

강점과 장애	주요 강점	• 내담자의 보유 자원 • 내담자에게 요구되는 자원
	주요 장애	• 강점과 관련된 장애 • 주제와 관련된 장애

④ 요약

    ㉠ 내담자 스스로 자신에 대해 알게 된 자신의 생애 내용을 요약해 보도록 함으로써 자기인식을 증진시킨다.

    ㉡ 내담자의 문제 해결 및 장애 극복을 위해 목표달성계획을 세울 수 있도록 한다. 즉, 자신의 자원을 요약함으로써 목표를 성취하도록 자극한다.

요약	• 생애주제에 동의 • 내담자 자신의 용어를 사용하기 • 목표설정과 관련

(4) 생애진로사정(LCA)의 구조와 이를 통해 얻을 수 있는 정보

① 내담자 스스로의 가치와 자기인식의 정도를 얻을 수 있다.

② 내담자의 교육수준과 직업경험에 대한 객관적 정보를 얻을 수 있다.

③ 내담자 자신의 기술과 유능성에 대한 자기평가 및 상담자의 평가정보를 얻을 수 있다.

(5) 생애진로주제의 역할모형

① 내담자의 생애진로주제에 대한 이해는 매우 중요한 요소이다.

② 내담자의 사고과정을 이해하고 행동을 통찰하도록 도와준다.

③ 생애진로주제는 개인의 생각, 가치, 태도 등 자신의 신념과 다른 사람에 대한 신념, 세상에 대한 신념 등을 표현하기 위해 사용되는 개념이다.

(6) 생애진로 역할

① 작업자의 역할

ㄱ 프레디저(Prediger)의 분류체계: 개인이 작업과 관련하는 기능을 자료, 관념, 사람, 사물 등 4가지 대상으로 구분한다.

ㄴ 홀랜드(Holland)의 6가지 흥미유형: 작업적 성격 및 작업 환경을 6가지로 분류한다(현실형 · 탐구형 · 사회형 · 예술형 · 진취형 · 관습형).

ㄷ 볼레스(Bolles)의 분류체계: 볼레스(Bolles)의 분류체계에서 3가지 기술을 확인 한다(자기관리 기술, 기능적 · 전환적 기술, 일의 내용 기술).

② 학습자 역할

ㄱ 학습자의 형태 - 콜브(Kolb)의 학습자 유형 4가지

적응적 사고형	확고한 경험과 활동적 실험(기업가, 판매사)
집중적 사고형	활동적 실험과 추상적 개념화(기술자, 엔지니어)
동화적 사고형	추상적 개념화와 사려 깊은 관찰(연구자, 기획자)
확산적 사고형	사려 깊은 관찰과 확고한 경험(상담자, 관리자)

ㄴ 학습 형태 - 캔필드(Canfield)의 학습형태: 캔필드는 학습형태 분류변인으로 조건, 내용, 양식, 기대를 제시하였다.

③ 개인 역할

ㄱ 아들러(Adler)의 생애형태

• 세계와 개인과의 관계를 일, 사회, 성, 세 가지로 구분한다.

• 출생 순위에 따른 개인의 위치에 따라 개인적 성향이 달라진다.

ㄴ 대뇌반구의 기능

• 좌뇌는 언어를 구성하고 언어정보를 저장하며, 가치를 배우고 사회적 역량의 근원을 준비하는 것 등과 연결된다.

• 우뇌는 공간과 지각형태, 방향적 지향성, 시각적 묘사 등을 포함한 비언어적 통합기능과 연결된다.

(7) 생애진로주제의 학습자 역할 – 콜브(Kolb)의 학습형태검사(LSI)에서의 4가지 유형

① 콜브는 개인에게 나타나는 학습형태는 유전의 결과, 과거생활 경험, 그리고 가족, 학교, 직업 등과 같은 현재 환경의 요구 등에 의해 결정된다고 보았다.

② 학습이 어떻게 지각되고 어떤 과정으로 전개되는지에 기초하여 학습형태 모형을 개발하고 학습형태를 측정하는 도구로 학습형태검사(LSI ; Learning Style Inventory)라고 불리는 자기보고식 검사를 개발하였다.

집중적 사고형	• 추상적 개념화와 활동적 실험에 유용하며, 가장 큰 강점은 생각을 실제적으로 적용하는 것이다. • 비정서적이며 사람보다 사물을 다루기를 선호한다. • 기술자들에게서 많이 나타난다.
동화적 사고형	• 추상적 개념화와 사려 깊은 관찰에 유용하며, 가장 큰 강점은 확고한 이론적 모형에 대한 능력이다. • 귀납적인 이론을 끌어내는 데 유용하여 이론의 실제적 적용에 관한 응용과학보다는 기초과학과 수학 등에 더 적합하다. 사람에 대한 관심은 적은 반면, 추상적 개념에 많은 관심을 둔다. • 연구나 기획 등의 일을 하는 사람에게서 많이 발견된다.
확산적 사고형	• 확고한 경험과 사려 깊은 관찰에 유용하며, 가장 큰 강점은 상상력이다. 집중적 사고형과 상반된 강점을 가진다. • 사람에 관심이 많고 상상적이고 정서적 경향이 있으며, 넓은 문화적 흥미와 예술에 대한 전문적 식견을 가지고 있다. • 주로 상담자, 관리자 등에서 많이 나타난다.
적응적 사고형	• 확고한 경험과 활동적 실험에 유용하며, 가장 큰 장점은 새로운 경험을 가지고 실험과 계획을 이끌어내는 것이다. 동화적 사고형과 상반된 강점을 가진다. • 분석적 능력보다는 시행착오나 직관에 의해 문제를 해결하려는 경향이 있다. • 기업가, 판매와 같은 행동지향적인 직업에서 많이 나타난다.

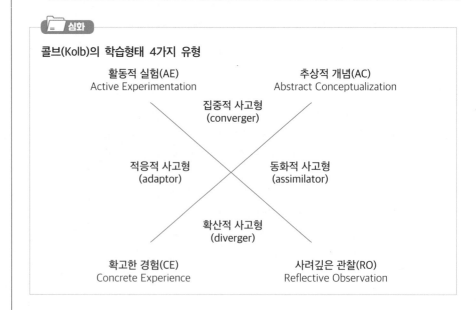

📁 심화

콜브(Kolb)의 학습형태 4가지 유형

| 활동적 실험(AE) | 추상적 개념(AC) |
| Active Experimentation | Abstract Conceptualization |

집중적 사고형
(converger)

적응적 사고형　　　동화적 사고형
(adaptor)　　　　　(assimilator)

확산적 사고형
(diverger)

| 확고한 경험(CE) | 사려깊은 관찰(RO) |
| Concrete Experience | Reflective Observation |

(8) 직업가계도(Genogram)

① 가족치료(family therapy)에 기원한 것으로 내담자의 가족 3대에 나타나는 직업들을 시각적인 도해로 표시한 것이다.
② 오키쉬(Okiishi)는 개인의 직업선택이 가족 간의 상호작용에 영향을 받는다는 점을 강조하였다.
③ 내담자의 생물학적 친가와 외가의 조부모, 양친, 삼촌, 형제자매 등의 가계의 직업들을 도식화한 것이다. 이외에도 직업 · 경력 · 포부 · 직업선택 등에 관해 영향을 주었던 다른 사람들도 포함시킨다.
④ 내담자의 직업가계도를 분석함으로써 내담자의 직업에 대한 제한적인 고정관념, 다양한 직업기회의 결과에 대한 기대들, 직업가치와 흥미에 대한 근본원인, 내담자와 그의 가족들에 대한 이해, 내담자 자신에 대한 관점과 내담자의 직업선택 이유 등을 알 수 있다.

(9) 직업가계도의 특징

① 직업가계도는 생애진로사정에서 상담사가 기본적인 생애역할(작업자, 학습자, 개인으로서의 역할)에 관한 정보에 가족으로서의 역할에 관한 정보를 추가하고자 할 때에 사용한다.
② 진로 및 직업선택, 포부 등에 관하여 내담자에게 영향을 미쳤던 다른 사람들도 포함시킨다.
③ 가족은 개인이 직업을 선택하는 방식이나 자신을 지각하는 데 영향을 미친다. 따라서 가계도는 직업선택과 관련된 무의식적 과정을 밝히는 데 도움이 된다.
④ 또한 직업가계도를 통해 가족의 미완성된 과제를 발견할 수 있으며 그것은 개인에게 심리적인 압박으로 작용할 수도 있다.

(10) 직업가계도의 활용

① 한 사람의 진로유산에 대한 시각적인 그림을 얻는다.
② 내담자의 가계력을 분석하여 직업가치와 흥미에 대한 근본원인을 측정하는 데 사용한다.
③ 내담자의 진로기대 형성에 중요한 역할을 한 사람이 누구인지 알 수 있다.
④ 성역할 편견을 알아낼 수 있다.
⑤ 내담자가 세상에 대한 태도와 지각 그리고 삶의 다른 역할과의 관계 등과 같은 출처들을 탐색하는 방법의 하나로 활용한다.
⑥ 내담자의 가계도를 분석하여 직업에 대한 고정관념을 알아본다.
⑦ 내담자의 직업적 가치와 흥미에 대한 근본원인을 알아본다.
⑧ 내담자의 집안사람들 중 내담자에게 영향을 미친 모델이 누구인지 탐색해 본다.
⑨ 내담자의 다양한 직업기회의 결과에 대한 기대를 알아본다.
⑩ 자신의 감정을 이해하고 개발하는 데 어려움을 겪는 방어적인 내담자에게 활용도가 높다.

진로가계도(career genogram)에서 사용될 수 있는 질문 2020 공무원 9급

1. 내담자와 배우자의 직업은 무엇인가?
2. 가족의 '미해결된 작업'으로부터 나온 심리적 압력이나 기대가 있는가?
3. 직업에 대한 세대의 신화나 오해가 있는가?

3. 내담자 사정

(1) 동기사정의 의미

① 동기는 개인이 어떠한 행위를 하게끔 하는 내적인 요인의 총칭이다.

② 동기와 역할을 사정하는 데에는 자기보고법이 가장 많이 사용되며, 인지적 명확성이 있는 내담자에게 효과적이다. 반면, 인지적 명확성이 낮은 내담자는 자기보고에 익숙하지 않고 명료성이 낮아 자기해석이 어렵다.

③ 동기가 부족한 경우 인지적 명확성 부족이 많은 영향을 미친다.

④ 인지적 명확성이 낮은 경우 개인상담을 실시한 후 직업상담을 하는 것이 바람직하다.

⑤ 상담자는 이러한 동기문제가 진로선택이나 직업선택을 불완전하게 종결짓는 요소가 된다면 이러한 문제를 사정하고 해결할 수 있도록 조력해야 한다.

(2) 인지적 명확성 결여 시 행해야 하는 사정

① 상황의 중요성에 대한 사정

지금 시점에서 진로를 선택하거나 현재의 진로를 바꾸는 것이 얼마나 중요한가에 대한 사정을 말한다.

② 자기효능감 기대에 대한 사정

진로를 선택하거나 현재의 진로를 바꾸는 것을 성공적으로 했는지에 대한 내담자의 확신 여부에 대한 사정을 말한다.

③ 결과 기대에 대한 사정

내담자가 자신의 상황이 어느 정도 호전될지 혹은 현재보다 악화될지 등의 가능성에 대해 기대하는 것에 대한 사정을 말한다.

④ 수행의 기준에 대한 사정

진로의 선택이나 전환에 있어서 일의 수행 정도가 내담자에게 얼마나 중요한가에 대한 사정을 말한다.

(3) 동기사정의 자료 활용

① 진로선택에 대한 중요성을 증가시킨다.

진로선택에 동기가 어떻게 작용하는지를 논의하기 위해 생동감 있는 모델이나 비디오테이프를 이용한다.

② 높은 수준의 수행을 강화시켜 수행기준의 필요성을 인식시킨다.

ㄱ 내담자와 유사한 모델이나 동영상 자료를 제공한다.

ㄴ 내담자의 장점을 강조하고 격려한다.

ㄷ 긍정적 단계를 강화시킨다.

③ 좋은 선택이나 전환을 할 수 있는 자기효능감을 증가시킨다.
  ㉠ 진로계획의 결과로 성공을 경험한 내담자의 이야기를 들려준다.
  ㉡ 직업계획의 결과로 성공한 인물이나 동영상을 보여준다.
④ 기대한 결과를 이끌어 낼 수 있는지에 대한 확신을 증가시킨다.
  ㉠ 수행수준이 낮은 사람에게 직업상담에서 높은 수행기준의 필요성을 인식하도록 돕는다.
  ㉡ 높은 수준의 수행을 강화시킨다.
  ㉢ 수행기준을 증가시키는 목표설정에 내담자가 참가하도록 한다.

(4) 역할사정

① 의미

역할이란 개인의 지역사회성원 등과 같은 생애역할 간 내적 관계의 속성을 결정하는 것으로 학생, 가족, 친한 사적관계, 여가, 직업적 관계 등을 의미한다.

② 역할 내 일치성

직업상담에서 역할 내 일치성은 내담자가 희망하는 직업과 얼마나 잘 맞는지 그리고 잘 맞게 될지의 정도를 나타내주는 것으로, 직업적응이론 측면에서 직업역할 내 일치성은 작업자와 환경 간의 조화에 있다고 보았다.

③ 상호역할관계 사정

상호역할관계 사정은 개인의 생애역할을 분석하는 것으로 여러 가지 생애역할 중에서 어떤 역할들이 상호 상충적이며, 어떤 역할들이 보상적이고 보완적인지 확인하는 것이다.

④ 상호역할관계 사정의 목적

  ㉠ 직업계획에서 상호역할 사정은 집대성한 생애역할들 중에서 하나의 역할에 해당하는 일과 직업의 인식을 높여 주는 자극제로 쓰인다.
  ㉡ 직업적응상담에서는 삶의 다른 역할들에 부정적인 영향을 주는 직업전환을 피해갈 수 있도록 내담자를 도와주는 수단으로 쓰인다.
  ㉢ 생애를 윤택하게 하는 계획에서 상호역할 사정은 미래에 있어 잠재적으로 보완적인 역할들을 찾아내는 수단으로 쓰인다.

(5) 상호역할관계의 사정방법

① 질문을 통해 역할관계 사정하기
  ㉠ 내담자가 개입하고 있는 생애역할들을 나열하기
  ㉡ 개개의 역할에 소요되는 시간의 양을 추정하기
  ㉢ 내담자의 가치들을 이용해서 순위 정하기
  ㉣ 상충적·보상적·보완적 역할들을 찾아 내기
② 동그라미로 역할관계 그리기

내담자의 삶에서 여러 가지 역할(작업자, 학생, 여가, 사회적 관계, 집안관계 등)을 내담자의 가치순위에 따라 크기를 달리 하여 그려 보게 한다.
  ㉠ 상충적인 역할들
  ㉡ 보상적인 역할들
  ㉢ 보완적인 역할들

③ 생애 - 계획연습으로 전환하기

원 그리기 연습은 개인의 생애역할관계를 조사하도록 도와주는데 목표가 있다. 이를 통해 생애 - 계획연습으로 전환시킬 수 있다.

㉠ 생애역할목록(작업자, 학생, 여가, 사회적 관계, 집안관계 등)을 작성한다.

㉡ 미래의 삶을 생각하고 생애역할목록으로부터 미래에 충족시킬 것으로 기대되는 것들을 선택한다.
- 직업과 상충하는 역할은 무엇인가?
- 부정적인 작업경험이 있을 때 어떤 역할들이 강화되어야 보상되는가?
- 만일 바꾸고 싶을 때 어떤 역할들이 보완해 주는가? (일과 여가, 일과 가족, 일과 시민)

(6) 가치사정의 의미

① 가치란 사람의 기본신념을 말하며 동기의 원천이자 개인적인 충족의 근거가 되며, 한 개인의 전반적인 목표달성의 원천이 되기도 한다.
② 이러한 가치형성은 환경에 의해 학습되는 경향이 있다.
③ 가치는 동기의 원천이자 개인의 일상적인 만족의 근거가 되며, 전반적인 목표의 원천이 되고 개인의 수행기준이 되기도 한다.
④ 가치의 공식적인 측정법이 흥미나 적성 등 다른 사정 도구만큼 발달되지 못한 상태이지만 일반적으로 가치 사정은 자기보고식 사정기법을 이용하며 측정하고 있다.

(7) 가치사정의 용도

① 자기인식을 발전시킨다.
② 현재 불만족의 근거를 확인한다.
③ 역할갈등의 근거를 확인한다.
④ 저수준의 동기 · 성취에 대한 근거를 확인한다.
⑤ 직업선택이나 직업전환의 전략을 세운다.

(8) 자기보고식 가치사정기법

① 존경하는 사람 기술하기
② 백일몽 말하기
③ 체크목록 가치에 순위 매기기
④ 과거의 선택 회상하기
⑤ 절정 경험 조사하기
⑥ 자유시간과 금전 사용계획 조사하기

(9) 흥미사정의 의의

개인이 관심이나 호기심을 자극하거나 일으키는 어떤 것이다. 즉, 어떤 사람이 하고 싶어 하는 것이나, 즐기거나 좋아하는 것의 지표가 되는 것이다.

(10) 흥미사정의 목적

① 여가선호와 직업선호 구별하기
② 자기인식 발전시키기
③ 직업, 교육상 불만족 원인 규명하기
④ 직업대안 규명하기
⑤ 직업탐색을 조장하기

(11) 수퍼(Super)의 흥미사정기법

① 조사된 흥미

다양한 활동을 통해 좋고 싫음을 묻는 표준화된 심리검사를 통해 흥미를 파악하는 방법이며, 가장 많이 사용되는 방법이다.

② 표현된 흥미

내담자에게 직업에 대해 '좋다, 싫다'를 묻는 질문을 통해 흥미를 파악하는 방법이다.

③ 조작된 흥미

활동에 대해 질문을 하거나 활동에 참여하는 사람들이 어떻게 시간을 보내는지 관찰한다. 이 기법은 사람들이 자신이 좋아하거나 즐기는 활동과 연관된다는 것을 가정한다.

(12) 일반적인 흥미사정방법

① 직업선호도검사

홀랜드(Holland)의 흥미유형 6가지에 대입하여 내담자의 직업선호도를 사정하는 기법이다.

② 직업카드분류법

직업선택의 동기와 가치를 알아보기 위한 것으로 기술과 직업수준이 서로 다른 직업들을 담고 있는 형태로 제작된 직업카드를 선호군, 혐오군, 미결정중성군으로 분류하여 흥미를 사정한다.

③ 흥미평가기법

내담자에게 알파벳(또는 한글 자음) 등을 쓰고, 그 문자와 관련있는 흥밋거리를 기입하게 하여 사정한다.

④ 작업경험의 분석

작업경험의 분석은 내담자가 경험했던 일과 관련된 작업들을 분석하여 직업적 흥미를 찾아내는 기법이다.

1단계	내담자가 자신이 경험해 본 모든 직무를 확인하거나 직무가 너무 많을 경우 지난 5년에서 10년 사이에 했던 직무에 대해 확인한다.
2단계	각 직무의 과제를 서술하여 본다.
3단계	내담자가 좋아하는 과제와 싫어하는 과제를 분류한다.
4단계	상담자와 내담자가 함께, 직무만족에 대한 특정주제에 대해 총 정리해 본다.

(13) 성격사정의 의미

성격은 직업선택과 직업적응에서의 핵심적인 설명변인에 해당되며, 주로 홀랜드(Holland)의 분류 체계나 마이어스 - 브릭스 유형지표(MBTI)가 사용된다.

(14) 성격사정하기의 목적

① 자기인식을 증진시킬 수 있다.
② 작업불만족의 근원을 확인할 수 있다.
③ 좋아하는 일 역할, 작업기능, 작업환경을 확인할 수 있다.

(15) 홀랜드(Holland) 성격 사정방법

① 홀랜드의 6가지 직업흥미 유형을 서술한 형용사 목록을 체크하게 하여 가장 빈번히 나온 2~3코드에 대한 사정을 할 수 있다.
② 자기방향탐색과 같은 흥미검사를 토대로 한 사정이다.
③ 내담자가 표현한 흥미, 능력, 작업경험, 학창시절 때 좋아한 주제 등을 분류하여 가장 빈번히 나온 코드에 대한 사정이다.
④ 홀랜드 코드가 결정된 이후에는 직업색인을 통해 본인의 코드와 일치하는 직업들을 찾아보도록 한다.

현실형(R)	기계, 도구, 동물에 관한 체계적인 조작활동을 좋아하며 현장의 일을 선호하나 사회적 기술이 부족하다.
탐구형(I)	호기심이 많고 분석적이며 과학적 탐구활동을 선호하나 리더십 기술이 부족하다.
예술형(A)	비순응적이고 틀에 박힌 일을 싫어하며 감성이 풍부하고 개방적이나 규범적인 기술이 부족하다.
사회형(S)	친절하고 이해심이 많으며 다른 사람을 돕는 것을 즐기나, 과학적이거나 기계적인 활동이 부족하다.
진취형(E)	외향적이며 지도력이 있고 말을 잘하나, 체계적 활동에 대한 능력은 부족하다.
관습형(C)	자료를 잘 정리하고 순응적이며 책임감이 강한 반면, 변화에 약하고 융통성이 부족하다.

(16) 마이어 - 브릭스 성격유형지표(MBTI: Myers - Briggs Type Indicator)

① 융(Jung)의 심리유형론을 근거로 하여 인간 이해를 위한 성격유형검사이다.
② 융의 유형론을 바탕으로 하며, 4가지 양극 선호차원에 대해 각 개인이 할당하는 자기보고식의 강제선택 검사이다. 각 분류의 다양한 조합에 의해 16개 성격유형이 만들어질 수 있다.
③ 융의 심리유형론을 경험적으로 검증하여, 실생활에 적용하기 위해 만들어진 MBTI에서는 인식과정을 감각(S: Sensing)과 직관(N: iNtuition)으로 구분하여 사물, 사람, 사건, 생각들을 인식하게 될 때 나타나는 차이점을 이해할 수 있도록 해주며, 판단과정은 사고(T: Thinking)와 감정(F: Feeling)으로 구분하여 우리가 인식한 바에 의거해서 결론을 이끌어 내는 방법들 간의 차이점을 알 수 있도록 한다.

④ 이러한 기능을 사용할 때 어떤 태도를 취하는지에 따라 외향(E: Extraversion)과 내향(I: Introversion) 및 판단(J: Judging)과 인식(P: Perceiving)으로 구분하여 심리적으로 흐르는 에너지의 방향 및 생활양식을 이해할 수 있도록 한다.

(17) MBTI 성격의 양극차원

① 에너지의 방향(주의 초점) [E(외향) - I(내향)]

선호지표	외향형(Extraversion)	내향형(Introversion)
설명	폭넓은 대인관계를 유지하고, 사교적이며 정열적·활동적이다.	깊이 있는 대인관계를 유지하고, 조용하고 신중하며 이해한 다음에 경험한다.
대표적 표현	자기외부에 주의집중, 외부 활동과 적극성, 정열적, 활동적, 말로 표현, 경험한 다음에 이해	자기내부에 주의집중, 내부 활동과 집중력, 조용하고 신중, 글로 표현, 이해한 다음에 경험

② 인식 기능(정보 수집 방법) [S(감각) - N(직관)]

선호지표	감각형(Sensing)	직관형(iNtuition)
설명	오감에 의존하여 실제의 경험을 중시하며 지금, 현재에 초점을 맞추고 정확·철저히 일처리한다.	육감 내지 영감에 의존하며 미래지향적이고 가능성과 의미를 추구하며 신속·비약적으로 일처리한다.
대표적 표현	지금, 현재에 초점, 실제의 경험, 정확·철저한 일처리, 사실적 사건묘사, 나무를 보려는 경향, 가꾸고 추수함	미래 가능성에 초점, 아이디어, 신속비약적인 일처리, 비유적·암시적 묘사, 숲을 보려는 경향, 씨뿌림

③ 판단 기능(판단, 결정 유형) [T(사고) - F(감정)]

선호지표	사고형(Thinking)	감정형(Feeling)
설명	진실과 사실에 주 관심을 갖고 논리적이고 분석적이며 객관적으로 판단한다.	사람과 관계에 주 관심을 가지고 상황적이며 정상을 참작한 설명을 한다.
대표적 표현	진실·사실에 주 관심, 원리와 원칙 논거·분석적, 맞다·틀리다, 규범·기준 중시, 지적 논평	사람·관계에 주 관심, 의미와 영향, 상황적·포괄적, 좋다·나쁘다, 나에게 주는 의미 중시, 우호적 협조

④ 생활 방식(이행 양식) [J(판단) - P(인식)]

선호지표	판단형(Judging)	인식형(Perceiving)
설명	분명한 목적과 방향이 있으며, 기한을 엄수하고 철저히 사전에 계획하고 체계적이다.	목적과 방향은 변화 가능하고 상황에 따라 일정이 달라지며 자율적이고 융통성이 있다.
대표적 표현	정리정돈과 계획, 의지적 추진, 신속한 결론, 통제와 조정, 분명한 목적의식과 방향감각, 뚜렷한 기준과 자기의사	상황에 맞추는 개방성, 이해로 수용, 유유자적한 과정, 융통과 적응, 목적과 방향은 변화할 수 있다는 개방성, 재량에 따라 처리될 수 있는 포용성

(18) MBTI의 용도

① 현재의 직업불만족을 탐색하는 데 활용한다.
② 내담자를 도와 직업대안들을 창출하고, 양립할 수 있는 적합한 직업장면들을 탐색하는 데 활용한다.
③ 구체적인 직업들에 대한 제시가 가능한 흥미검사와 특정 직업에 대한 가능성을 제시하여 주는 MBTI를 함께 사용할 경우, 보다 유용한 정보를 얻을 수 있다.

4. 목표설정 및 진로시간 전망

(1) 목표설정의 의미

① 상담의 목표설정은 상담전략의 선택 및 개입에 관한 기초를 마련한다.
② 목표가 설정되고 난 후 상담자는 내담자와 함께 목표의 실현가능성을 탐색하고 상담의 방향을 제공한다.
③ 상담결과를 평가하는 기초제인 동시에 상담사는 개입을 통해 내담자의 목표달성을 촉진하고 조력해야 한다.

(2) 상담목표 설정 시 고려사항 및 기본원칙

① 내담자가 원하는 것
  ㉠ 내담자의 기대나 가치를 반영하여야 한다.
  ㉡ 내담자가 바라는 구체적이고 긍정적인 변화를 상담목표로 삼는다.
  ㉢ 내담자와 함께 상담목표를 설정한다.
② 상담자의 기술과 양립할 것
  ㉠ 상담목표 설정은 상담전략 및 개입의 선택과 관련이 있다.
  ㉡ 만약 상담자의 능력 이상의 도움을 필요로 할 경우 다른 상담자에게 의뢰하는 것이 좋다.
③ 구체적인 것
  추상적인 상담목표를 세워서는 안 된다.
④ 실현가능한 것
  ㉠ 상담목표는 가능한 현실적이고 실현가능해야 한다.
  ㉡ 이상적인 관점에서 상담목표를 세워서는 안 된다.

(3) 내담자 목표 확인하기

① 내담자의 결과목표 결정(면접 안내, interview leads)
  상담결과로 어떤 목표가 달성되기를 원하는지, 달성된 결과에 따라 어떤 변화가 예상되는지를 탐색한다.
② 목표의 실현 가능성 결정
  '이 목표에 도달하기 위해서 당신이 해야 할 것은 무엇인가요?', '목표달성을 위한 시간계획은 가지고 있나요?'와 같은 질문을 통해 목표의 실현가능성을 탐색한다.

③ 하위목표 설정

내담자의 가치나 기술 또는 자산에 대한 평가, 직업적 대안 창출, 직업정보의 수집, 의사결정 모형의 적용 등 하위목표를 구체적으로 설정한다.

④ 목표몰입도 평가

서명제도 등의 도입을 통해 목표에 대한 인식을 높인다.

(4) 내담자의 목표설정의 확인

① 현존하는 문제를 평가하고 나서 목표설정 과정으로 들어간다.
② 상담자는 내담자와 함께 목표의 실현가능성을 탐색해야 한다.
③ 하위 목표들은 구체적이어야 한다.
④ 내담자의 목표에 대한 몰입도를 평가한다.
⑤ 내담자의 목표를 끌어내기 위한 기법에는 '면접안내'가 있다.

(5) 내담자의 목표 몰입도 확인을 위한 질문

① 목표달성을 위해 상담사와 기꺼이 협응할 수 있는가?
② 당신의 동기에 방해가 될 만한 것이 무엇인가?
③ 당신의 목표와 행위목표를 구체화시킬 수 있는가?
④ 목표성취에 대한 계획을 가지고 있는가?

(6) 진로시간전망의 의미

① 진로시간전망은 과거·현재·미래의 정신적인 상을 말하며, 미래에 대한 내담자의 관심을 증가시키고 현재의 행동을 미래목표와 연결시킨다는 의미가 있다.
② 내담자에게 미래에 초점을 맞추게 함으로써 자신의 미래를 설계할 수 있도록 가르치는 것은 진로선택과 조정에 필요한 계획태도와 기술을 발달시키는 결과를 낳는다.

(7) 진로시간전망 검사지의 사용목적

① 미래의 방향 설정을 가능하게 한다.
② 미래에 대한 희망을 가지도록 한다.
③ 미래의 모습을 실재하는 것으로 느끼게 한다.
④ 현재의 행동을 미래의 결과와 연계시킨다.
⑤ 목표 설정을 촉구한다.
⑥ 진로계획에 대한 긍정적 태도를 강화한다.
⑦ 진로계획의 기술을 연습시킨다.
⑧ 진로의식을 높여 준다.

(8) 시간차원에 따른 진로결정

① **미래형 내담자(미래에 초점형)**
- ㉠ 미래형 내담자는 진로결정의 초점을 미래에 두며, 장래 무엇이 가장 좋을 것인지에 기초하여 진로를 선택하는 경향이 있다.
- ㉡ 미래직업 설계에 대한 의사결정을 위해 상담사를 찾는다.

② **과거형 내담자(과거에 초점형)**
- ㉠ 과거형 내담자는 타인에 의해 자신의 역할이 결정되는 경우 스스로 그 역할을 수행한다.
- ㉡ 전통적이고 가족으로부터 세습된 목표를 성취하기 위해 상담사에게 도움을 청한다.

③ **현재형 내담자(현재에 초점형)**
- ㉠ 현재형 내담자는 미래보다는 당장의 의식주 문제, 금전과 오락 등에 관심을 가진다.
- ㉡ 미래의 의사결정보다는 당장의 직업을 위해 상담사를 찾는다.

(9) 코틀(Cottle)의 원형검사

① 코틀(W. Cottle)이 진로시간전망 검사의 방법으로 가장 효과적인 시간전망 개입도구이다.

② 개개인이 어떤 시간전망을 지배하고, 어떻게 시간차원과 연관이 되는지를 평가한다.

③ 검사자는 개인의 시간적인 지배성과 연관성을 평가하고 향상시키기 위해 원형검사를 사용한다.

(10) 원형검사의 주요개념

① **원의 의미**
코틀(Cottle)의 원형검사는 각각 과거·현재·미래를 뜻하는 세 개의 원을 이용하여 어떤 시간차원이 개개인의 시간전망을 지배하는지, 그리고 개개인이 어떻게 시간차원과 연관이 되는지를 평가하기 위해 고안된 것이다.

② **원의 크기**
원형검사에서 원의 크기는 시간차원에 대한 상대적 친밀감을 나타낸다.

③ **원의 배치**
원의 배치는 시간차원이 각각 어떻게 연관되어 있는지를 나타낸다. 상담자는 시간적인 지배성과 연관성을 평가하고, 개인 또는 집단의 시간전망을 향상시키기 위해 원형검사를 이용할 수 있다.

(11) 원의 상대적 배치에 따른 시간관계성

① **고립**
어떤 것도 접해 있지 않은 원은 시간차원의 고립을 의미한다.

② **연결**
중복되지 않고 경계선에 접해 있는 원은 시간차원의 연결을 의미하며 구별된 사건의 선형적 흐름을 뜻한다.

③ 연합

부분적으로 중첩된 원들은 시간차원의 연합을 나타낸다.

④ 통합

완전히 중첩된 원들은 시간차원의 통합을 의미한다.

(12) 시간전망 개입의 세 가지 측면에 반응하는 국면 2021 공무원 9급

① 방향성

목표	방향성의 목표는 미래지향성을 증진시키기 위한 것으로 미래에 대한 낙관적인 입장을 구성한다.
원리	진로계획을 위한 시간조망은 미래지향적인 것으로서, 과거나 현재지향은 진로선택 및 계획에서 결정력과 현실감을 약화시킨다.

② 변별성

목표	미래를 현실처럼 느끼게 하고 미래 계획에 대한 긍정적 태도를 강화시키며 목표설정을 신속하게 하는 데 목표를 둔다.
원리	변별된 미래는 개인의 목표설정에 의미 있는 맥락을 제공한다. 내담자는 자신이 가지는 진로에 대한 인식을 미래 속에서 그려 볼 수 있기 때문에 미래에 대한 불안을 감소시킬 수 있다.

③ 통합성

목표	통합성 단계의 목표는 현재 행동과 미래의 결과를 연결시키고, 계획한 기법을 실습하여 미래에 대한 인식을 증진시키는 것이다.
원리	방향성은 미래를 중요하게 만들고, 변별성(분화)은 미래를 의미 있게 하며, 통합성(시간통합)은 미래를 통제 가능한 것으로 보이게 한다. 과거, 현재, 미래 간의 관계를 인식하는 것은 내담자가 자신의 목표를 달성하기 위해 계획을 수립할 수 있도록 인지적 도식을 제공한다.

5. 내담자의 인지적 명확성 사정

(1) 면담의존사정의 의의

① 면담의존사정은 상담 전반에 걸쳐 상담자가 내담자의 문제에 대한 정보를 수집해서 그 문제의 핵심을 판단하는 사정을 의미한다.

② 상담자는 사정을 통해 내담자의 인지적 명확성, 직업문제, 다른 생애역할과의 상호작용, 상담관계 내에서의 문제들을 동시에 파악해야 한다.

(2) 인지적 명확성의 개념

① 인지적 명확성은 자신의 강점과 약점을 객관적으로 평가하고, 그 평가를 환경적 상황에 연관시킬 수 있는 능력을 의미한다.

② 인지적 명확성이 높은 사람은 자기이해 능력이 높아 자신의 자료를 잘 수집하고 자기지식을 바탕으로 환경에 적용할 수 있는 반면, 인지적 명확성이 낮은 사람은 상대적으로 자기이해의 능력이 부족하기 때문에 환경에 적응하기 어려울 뿐 아니라, 직업문제의 인식 및 해결에도 어려움이 있다.

(3) 인지적 명확성의 범위

① **정보의 결핍 → 직업상담 실시**

왜곡된 정보에 집착하거나, 정보 분석능력이 떨어지며 변별력이 낮은 경우이다.

② **고정관념 → 직업상담 실시**

경험부족에서 오는 고정관념(例 역할모델의 부족), 심한 가치관 고착에 따른 고정성(例 종교적 신념), 의무감에서 오는 집착이 문제가 된다.

③ **경미한 정신건강문제 → 치료 후 직업상담 실시**

낮은 효능감으로 인한 선택의 방해, 공포증이나 말더듬 등의 문제가 다른 직업선택을 방해하는 경우로 잘못된 결정방식이 진지한 결정을 방해하는 것이다.

④ **심각한 정신건강문제 → 치료 후 직업상담 실시**

심각하게 손상된 정신증, 심각한 약물남용 장애로 인해 직업선택능력이 문제가 된다.

⑤ **외적 요인 → 개인상담 후 직업상담 실시**

일시적 또는 장기적 스트레스에 의해서 직업선택능력이 문제가 된다.

(4) 내담자의 인지적 명확성을 사정할 때 고려해야 할 사항

① **직업문제의 사정**

㉠ 우울증과 같은 심리적 문제로 인지적 명확성이 부족한 경우 진로문제에 대한 결정은 당분간 보류하는 것이 좋다.

㉡ 직장을 처음 구하는 사람에게 상담자가 가장 먼저 탐색해야 할 것은 내담자의 자기인식수준이다.

㉢ 직업상담에서는 내담자의 동기를 고려하여 상담이 이루어져야 한다.

㉣ 직장인으로서의 역할이 다른 생애역할과 복잡하게 얽혀 있는 경우 생애역할을 함께 고려한다.

② **직업전환자 사정**

㉠ 직장을 처음 구하는 사람과 직업전환을 하는 사람의 직업상담에 관한 접근은 달라야 한다.

㉡ 직업전환을 하는 사람에게 상담자가 가장 먼저 탐색해야 할 것은 내담자의 변화에 대한 인지능력이다.

㉢ 직무전환을 하려는 직업전환자의 경우 다음 사항을 고려한다.
- 새로운 직무에서 요구되는 기술, 기능의 보유 및 습득 여부
- 개인의 특성(연령, 건강, 장애)으로 인한 변화 여부
- 자신의 주변사람과 가족으로부터의 협조 여부

(5) 직업상담의 일반적인 상담과정에서의 사정단계

① 1단계 - 인지적 명확성 존재(인지적 명확성이 있는가?)

② 2단계 - 내담자의 동기 존재 여부(동기가 있는가?)

③ 3단계 - 내담자의 자기 진단(자기진단을 통해 자신을 노출하고 있는가?)

④ 4단계 - 내담자의 자기진단 탐색(자기진단을 확인하였는가? 하지 않았는가?)

사례	중2 남학생인 내담자는 소극적인 성격으로 대인관계에 어려움을 겪고 있으며, 진로에 대한 고민을 한 적이 없고 학업도 게을리하고 있다.
사정	이 학생의 경우, 인지적 명확성 여부, 동기 여부, 정신건강 문제 여부를 먼저 사정해야 할 필요가 있다.

(6) 인지적 명확성이 부족한 내담자의 유형에 따른 개입

인지적 명확성이 부족한 내담자 유형	상담사의 개입방법
• 파행적 의사소통	• 주제에 초점 맞추기
• 가정된 불가능	• 논리적 분석
• 단순 오정보	• 정보제공하기
• 복잡한 오정보	• 논리적 분석
• 강박적 사고	• REBT
• 원인과 결과의 착오	• 논리적 분석
• 구체성의 결여	• 구체화시키기
• 비난하기형	• 직면이나 논리적 분석하기
• 잘못된 의사결정	• 불안에 대처하도록 심호흡
• 걸러내기형(좋다, 나쁘다만 듣는 경우)	• 재구조화, 역설적 기법(긍정을 강조)
• 자기인식의 부족	• 은유나 비유 사용하기

(7) 내담자의 정보 및 행동에 대한 이해기법

기스버스(Gysbers)와 무어(Moore)는 내담자의 저항에 대한 상담기법으로 내담자와 관련된 정보를 수집하고 내담자의 행동을 이해하고 해석하는 데 기본이 되는 9가지 상담기법을 제시하였다.

① 가정 사용하기

내담자의 행동을 예측하기 위해 내담자에게 그 행동이 존재했다는 것을 가정하고 이야기함으로써 내담자의 방어를 최소화하고 내담자의 행동을 추측하려는 것이다.

일반적 질문	가정을 사용한 질문
진로 계획을 가지고 있나요?	진로에 대한 계획이 어떤 것이죠?
직업이 마음에 드시나요?	직업의 어떤 부분을 좋아합니까? 직업상담을 해야겠다고 결정을 내린 과정을 말해주시겠습니까?

② 전이된 오류 정정하기

전이된 오류는 내담자가 가지고 있는 정보, 한계, 논리적 오류를 정정하는 것으로 오류를 바로잡아 주는 것은 내담자가 문제를 명확히 해 나가도록 하는 하나의 과정이다.

㉠ 정보의 오류: 내담자가 실제 경험과 행동을 이야기함에 있어서 대강대강 이야기할 때 나타난다. 이야기 삭제, 불확실한 인물의 인용, 불분명한 동사의 사용, 참고자료의 불충분한 사용 시 나타난다.

이야기 삭제	내담자의 경험을 이야기함에 있어 중요한 부분이 빠졌을 경우 ㉫ 내 생각이 옳아요. → 무엇에 대한 생각이 말인가요? 　　내 상사가 그러는데 나는 책임감이 없대요. → 무엇에 대한 책임감을 말하는 거죠?
불확실한 인물 사용	모호한 명사나 대명사를 잘못 사용하였을 경우
불확실한 동사 사용	자신의 행동에 대하여 이야기하는 과정에서 행동과 동사가 서로 일치하지 않는 경우
참고자료	어떤 사람이나 장소, 사건 등을 구체적으로 이야기하지 않을 경우
제한적 어투의 사용	자신의 세계를 제한하려 드는 어투를 사용하는 경우

ⓒ 한계의 오류: 내담자가 경험이나 느낌의 한정된 정보만을 노출시킬 때 일어난다. 예외 불인정하는 것, 불가능을 가정하는 것, 어쩔 수 없음을 가정할 때 나타난다.

예외를 인정하지 않는 것	항상, 절대로, 모두, 아무도 등의 언어 사용
불가능을 가정하는 것	할 수 없다, 안 된다, 해서는 안 된다 등의 언어 사용
어쩔 수 없음을 가정하는 것	해야만 한다, 안 된다, 해서는 안 된다 등 언어 사용

ⓒ 논리적 오류: 내담자가 상담과정을 왜곡되게 생각하고 있을 때 일어난다. 잘못된 인간관계의 오류, 마음의 해석, 제한된 일반화 사용 시 나타난다.

잘못된 인간관계의 오류	자신이 선택이나 통제에 개입할 수 없으므로 책임감도 없다는 식으로 생각하는 경우 ㉫ 내담자: 그 일이 나를 이렇게 만들었죠. 사장님이 나를 엉망진창으로 만들었어요. 　　상담자: 사장님이 어떤 식으로 당신의 기분을 상하게 했죠?
마음에 대한 해석(독심술)	다른 사람의 마음을 읽을 수 있다고 생각하는 경우
제한된 일반화	한 사람의 견해가 모든 이에게 공유된다는 생각하는 경우

③ 저항감 재인식하기

상담에 있어 전혀 동기화 되지 않거나 저항을 보이는 내담자가 있다면, 상담자는 저항의 목적이 무엇인지 이해하고 재인식시켜 줌으로써 내담자로 하여금 자기인식을 돕는 기술이 필요하다.

저항적이고 동기화되지 않은 내담자의 저항감을 다루는 4가지 전략은 다음과 같다.

㉠ 변형된 오류 수정하기: 내담자가 결부되어 있으나 피하고 싶은 유형이나 부정적인 독백을 부정하고 이를 수정하는 기법을 사용한다.

ⓒ 내담자와 친숙해지기: 감정이입 이상의 상태로서, 내담자는 생애 역할에 대한 독특함과 과제에 대한 책임을 진다. 상담자는 내담자가 피할 수 없는 고통, 긴장, 안정 등의 영역을 확인하고 이러한 영역에 대해 민감히 반응하여야 한다. 상담자가 내담자를 이해하고 있음을 알리고, 내담자와 함께 문제를 풀어나갈 긴장감을 가지고 있다는 느낌을 준다면 친숙해진다.

ⓒ 내담자와 대결하기: 내담자의 구체적인 행위를 지적하고 공격하는 데에는 노련한 솜씨가 요구되며, 유머와 과장 같은 것이 이러한 장면을 완화하기 위해 사용될 수 있다.

ⓔ 은유 사용하기: 마음이 내키지 않고 저항적이며 솔직한 내담자에게 은유 기법을 사용하는 것은 단순하고 솔직한 측면에 초점을 두는 것이다. 가장 효과적인 은유는 자연성과 계획성의 조화에서 비롯될 수 있다. 은유는 모든 사람들이 공통적으로 가지고 있는 여러 가지 광범위한 경험이 소재가 될 수 있다.

④ 근거 없는 믿음 확인하기

어떤 일을 해보지도 않고 그렇게 될 것이라고 확신하는 생각들로 모순을 낳게 된다. 이런 내담자들에게는 그들의 믿음과 노력이 근거가 없는 잘못된 것이라는 것을 알게 함으로써 다른 새로운 대안을 찾게 하는 것이다.

⑤ 의미 있는 질문 및 지시하기

의미 있는 질문 및 지시하기 기법은 내담자와의 면접에 있어 직접적이고 실제적인 질문을 던지기보다는 언제든지 반응하도록 범위를 열어 놓는 공손한 명령의 의미를 담고 있는 질문을 던져 내담자의 자유롭고 다양한 반응을 유도하는 것이다.

예 당신이 특별히 좋아하는 것이 있으면 말씀해 주시겠어요? 당신이 이러한 일을 할 수 있을지 잘 모르겠네요.

⑥ 왜곡된 사고 확인하기

왜곡된 사고란 결론 도출, 재능에 대한 지각, 정보의 부적절함이나 부분적인 일반화, 정보의 특정한 부분만을 보는 것으로 이를 확인하는 것이다.

일반화	사건의 일부분이나 한 가지 면만을 보고 성급하게 일반화시킨다.
여과하기	상황의 긍정적인 면은 모두 여과시키고 부정적인 면만을 확대한다.
마음 읽기	말을 하지 않았는 데에도 상대방의 마음을 자기 마음대로 읽고 해석하는 것이다.
극단적인 생각	모든 사실을 흑 또는 백, 선 또는 악 등으로 양분화하여 판단하는 것이다.
개인화	다른 사람들의 모든 말이나 행동이 자신과 연결되어 있다고 생각하는 것이다.

⑦ 반성의 장 마련하기

자신이나 타인 또는 세상 등에 대한 부정적인 판단을 내리는 과정을 알 수 있게 상황을 만들어 준다.

⑧ 변명에 초점 맞추기

    ⊙ 변명은 '타인이나 자신의 행동의 부정적인 면을 줄이려는 행동이나 설명으로서 자신의 긍정적인 면을 계속 유지하려는 것'이다.

    ⊙ 내담자의 변명의 종류(Snyder)

책임을 회피하기	ⓐ 부정 ⓑ 알리바이 ⓒ 비난
결과를 다르게 하기 (그게 나쁘다고 할 수는 없어요.)	ⓐ 축소 ⓑ 정당화 ⓒ 훼손
책임을 변형시키기 (네, 그렇지만)	ⓐ 그렇게 할 수밖에 없었어요. ⓑ 그걸 의미한 것은 아니었어요. ⓒ 이건 정말 제가 아니에요.

⑨ 분류 및 재구성하기

내담자의 표현을 분류 및 재구성함으로써 내담자 자신의 세계를 다른 각도에서 볼 수 있는 기회를 제공한다.

6. 대안개발과 의사결정

(1) 대안탐색의 의미

① 직업상담의 궁극적 목적은 내담자의 의사결정을 돕는 데 있다.
② 대안의 탐색은 가깝고 쉬운 것에서부터 시작하는 것이 바람직하다.
③ 의사결정을 위한 대안개발에는 직업정보를 자료로 사용할 수 있다.
④ 대안개발에 사용되는 자료는 표준화된 직업정보가 적합하다.

(2) 직업대안 선택 단계에서 내담자가 달성해야 하는 과제

① 한 가지 선택을 하도록 준비하기
② 직업들을 평가하기
③ 직업들 가운데서 한 가지를 선택하기
④ 선택조건에 이르기

(3) 진로의사결정 과정

① 목표 명료화
② 대안 탐색
③ 선택의 기준 확인
④ 대안의 평가 및 선택
⑤ 진로 계획의 수립 및 실행

(4) 표준화된 직업정보 수집 과정

① 1단계 - 직업분류 제시하기

내담자에게 직업분류체계를 제공한다.

② 2단계 - 직업대안 목록 만들기

내담자와 함께 직업대안들에 대한 광범위한 목록을 작성한다.

③ 3단계 - 직업대안 목록 줄이기

내담자와 함께 2~5개의 가장 적당한 대안으로 목록을 줄인다.

④ 4단계 - 직업정보 수집하기

내담자에게 줄어든 목록 각각의 대안들에 관한 정보를 수집하도록 지시한다.

(5) 내담자가 수집한 대안목록의 직업들이 실현 불가능할 때 사용하는 주요 상담전략

① 상담자는 브레인스토밍 과정을 통해 내담자의 대안 직업 대다수가 부적절한 것임을 명확히 한다.

② 객관적인 증거나 논리에서 추출한 것에 대해서만 대화하도록 한다.

③ 내담자에게 대안 직업에 대한 인식의 폭을 넓히도록 유도한다.

④ 최종 의사결정은 내담자가 해야 함을 확실히 한다.

⑤ 내담자의 직업대안들이 실현 불가능한 것으로 여겨질 경우, 상담자는 내담자로 하여금 그와 같은 직업들에 정서적 열정을 소모하기 전에 신속히 개입하는 것이 바람직하다.

(6) 요스트(Yost)가 제시한 직업선택을 위한 평가과정

① 찬반연습

내담자로 하여금 각 직업들의 장기적 · 단기적 장단점을 생각해 보도록 하는 것으로 특정 직업에 대한 찬성과 반대 의견을 작성하게 한다.

② 원하는 성과연습

각 직업들은 원하는 성과를 얼마나 제공할 수 있는지를 생각해 보게 한다. 내담자의 선호도 리스트(직책, 금전, 자율성, 창의성, 권한 등)에 따라 직업을 평가한다.

③ 대차대조표연습

특정 직업에 대한 긍정적 효과와 부정적 효과를 작성하도록 한다.

④ 확률추정연습

특정직업 선택과 관련 예상한 결과들이 어느 정도 나타날 것인지를 추정해 보도록 하는 것으로 긍정적 · 부정적인 결과가 나타날 확률을 추정하는 것이다.

⑤ 미래를 내다보는 연습

대안의 직업의 결과에 대해 미래를 그려보거나, 어느 한 직업의 결과를 상상해 보게 하는 것이다.

(7) 하렌(Harren)이 제시한 진로의사결정 유형 2019 · 22 공무원 9급

① 합리적 유형(rational style)

㉠ 의사결정과정에 자신과 상황에 대한 정확한 정보를 수집하고, 논리적이고 체계적으로 계획을 세워 접근하는 유형이다.

㉡ 의사결정에 대한 책임을 자신이 진다.

② 직관적 유형(intuitive style)

의사결정의 기초로 상상을 사용하고 현재의 감정에 주의를 기울이며 정서적 자각을 사용한다. 선택에 대한 확신은 비교적 빨리 내리지만 그 결정의 적절성은 내적으로만 느낄 뿐 설명하지 못할 경우가 있다.

③ 의존적 유형(dependent style)
  ㉠ 의사결정에 대한 개인적 책임을 부정하고 그 책임을 외부로 돌리는 경향이 있다.
  ㉡ 의사결정과정에서 타인의 영향을 많이 받고 수동적이고 순종적이다.
  ㉢ 사회적 인정에 대한 욕구가 높은 편이다.

> **💡TIP Scott와 Bruce(1995)의 분류**
>
> 하렌(Harren 1979)이 제시한 의사결정유형을 바탕으로 "행동에 초점을 두고" 재분류하였다.
>
> | | |
> |---|---|
> | 합리적 유형 | 정보수집을 통해 대안을 탐색하고, 논리적으로 의사결정 과정을 진행한다. |
> | 직관적 유형 | 개인의 직관과 감정에 의존하여 의사결정을 하는 경향을 보인다. |
> | 의존적 유형 | 타인의 조언과 지시를 통해 의사결정을 하는 유형이다. |
> | 즉흥적 유형 | 의사결정을 회피하고자 하며 서둘러 의사결정을 마치고자 한다. |

(8) 하렌의 의사결정과정 단계

① 인식
  분화가 일어나기 시작하는 시기로 개인이 심리적 불균형을 느끼고 어떤 결정을 해야 할 필요를 인식하는 과정이다.
② 계획
  여러 대안의 탐색, 가치의 우선순위에 따라 교체·확장·제한하는 과정이다.
③ 확신
  선택에 대한 깊은 탐색, 검토 및 장단점을 명료화하는 과정이다.
④ 이행
  사회의 인정에 대한 욕구와의 조화·균형 추구, 선택에 대한 적응을 하는 과정이다.

(9) 샘슨(Sampson) 등의 진로의사결정 정도에 따른 내담자 분류 2018 공무원 9급

샘슨 등(Sampson, Peterson, Reardon)은 진로의사결정 정도에 따라 내담자를 진로결정자, 진로미결정자, 진로무결정자(우유부단형)로 구분하였다.
① 진로결정자(진로의사결정을 한 사람)
  ㉠ 확정적 결정형: 스스로 명확한 선택을 할 수 있고, 다른 가능한 선택대안과 비교하여 자신이 선택이 적절한지를 점검하려는 사람이다.
  ㉡ 수행적 결정형: 어떠한 선택을 할 수 있지만, 선택을 실행하는데 있어서 도움이 필요한 사람이다.
  ㉢ 회피적 결정형: 주변 사람들과의 대립을 피하기 위해 선택을 하지만 실제로는 진로를 정하지 않은 사람이다.
② 진로미결정자(의사결정을 위해 필요한 지식이 부족하여 구체적인 직업선택을 하지 못하는 사람)
  ㉠ 지연적 미결정형: 지금 시점에서 선택을 해야 할 필요가 없는 사람이다.
  ㉡ 발달형 미결정형: 진로선택 시 정보가 충분하지 못해 결정을 하지 못하는 사람이다.

ⓒ 다기능적 미결정형: 지식이나 경험이 너무 다양하고 풍부해서 결정하기 힘든 사람이다.

③ 우유부단형(진로무결정자에 해당하는 사람)

진로선택을 하는 데 필요한 지식이 부족하며, 문제 해결에 접근하는 방법이 부적절하고 병리적인 불안수준을 동반하는 사람이다.

(10) 겔라트(Gelatt)가 제시한 의사결정과정

① 목표의식: 진로·직업 목표 수립
② 정보수집: 관련 직업정보 수집
③ 대안열거: 선택 가능한 직업 목록
④ 대안의 결과예측: 선택했을 때 예상되는 결과
⑤ 대안의 실현가능성 예측: 각 결과들의 실현 가능성 계측
⑥ 가치평가: 결과들의 가치평가
⑦ 의사결정: 대안의 선택
⑧ 평가 및 재투입: 의사결정의 평가 및 피드백

(11) 6개의 생각하는 모자(Six Thinking Hats) 기법

1985년에 에드워드(Edward)는 사람들에게 다른 색깔의 생각하는 모자를 써보도록 하여 의사결정을 용이하게 하는 의사결정 촉진기법을 제시하였다.

흰색	사실에만 초점을 둔 사고. 중립적, 객관적 사고 반영한다. 본인과 직업들에 대한 사실들만을 고려한다. (흰색은 순수한 색)
빨강	직관에 의한 감정이나 느낌을 반영한다. 직관에 의존하고 직감에 따라 행동한다. (빨강은 정열을 상징)
검정	논리적, 부정적, 비판적 사고를 반영한다.(어두운 이미지, 긴장감 유발)
노랑	낙관적 긍정적 시각을 반영한다. 낙관적이며 모든 일이 잘 될 것이라고 생각한다. (노랑은 밝고 적극적인 색)
초록	새로운 아이디어생성, 창조적 사고를 반영한다. 새로운 대안들을 찾으려 노력하고 문제들을 다른 각도에서 바라본다. (초록은 자연과 식물을 상징)
파랑	다른 모자의 사용법을 조절하는 사회자로서의 역할과 의사결정자의 역할을 한다. (파랑은 차분함 이성을 상징)

제4장 | 직업상담사의 윤리

제1절 | 상담윤리강령

1. 의의

(1) 상담사는 윤리강령을 숙지해야 할 의무가 있다. 본 윤리강령에 대해 모르고 있거나, 잘못 이해했다고 해도 비윤리적 행위가 정당화될 수는 없다.

(2) 상담사는 현행법이 윤리강령을 제한할 경우, 현행법을 우선적으로 적용한다.

(3) 특정 상황이나 행위가 윤리강령에 위반되는지 불분명할 경우, 상담사는 윤리강령에 대해 지식이 있는 다른 상담사, 해당 권위자 및 상벌윤리 위원회의 자문을 구한다.

(4) 상담사는 사실이 아닌 일을 만들거나 과장해서 위반 사례로 신고하거나 이를 조장하지 않는다.

(5) 직무수행 중 윤리위반의 해결지침으로 사용한다.

2. 상담윤리강령의 역할과 기능

(1) 내담자의 복리 증진

(2) 지역사회의 도덕적 기대 존중

(3) 전문직으로서의 상담기능 보장

(4) 상담자 자신의 사생활과 인격 보호

(5) 직무수행 중의 갈등 해결 지침 제공

3. 레빈슨(Levenson)이 제시한 직업상담사의 반윤리적 행동

(1) 비밀누설

(2) 자신의 전문적 능력 초월

(3) 자신이 가지고 있지 않는 전문성의 주장

(4) 내담자에게 자신의 가치를 속이기

(5) 내담자에게 의존성 심기(직업상담사에 대한 내담자의 의존성 최대화)

(6) 내담자와의 성적 행위

(7) 이해갈등

(8) 의심스런 계약

제2절 | 직업상담사의 윤리강령

출처: 한국카운슬러협회

1. 개별원칙

(1) 카운슬러는 내담자가 자기 및 타인에 대한 이해를 통하여 보다 바람직한 사회 생활을 할 수 있도록 돕는다.

(2) 이러한 역할을 수행하는 과정에서, 카운슬러는 자기의 도움을 청하는 내담자의 복지를 보호한다.

(3) 내담자를 돕는 과정에서 카운슬러는 문의 및 의사소통의 자유를 갖되, 그에 한 책임을 지며 동료의 관심 및 사회 공익을 위하여 최선을 다한다.

2. 일반원칙

(1) 사회관계

① 카운슬러는 자기가 속한 기관의 목적 및 방침에 모순되지 않는 활동을 할 책임이 있다. 만일 그의 전문적 활동이 소속 기관의 목적과 모순되고, 윤리적 행동 기준에 관하여 직무수행 과정에서의 갈등을 해소할 수 없을 경우에는 그 소속 기관과의 관계를 종결해야 한다.

② 카운슬러는 사회 윤리 및 자기가 속한 지역 사회의 도덕적 기준을 존중하며, 사회 공익과 자기가 종사하는 전문직의 바람직한 이익을 위하여 최선을 다한다.

③ 카운슬러는 자기가 실제로 갖추고 있는 자격 및 경험의 수준을 벗어나는 인상을 타인에게 주어서는 안되며, 타인이 실제와 다른 인식을 가지고 있을 경우 이를 시정해 줄 책임이 있다.

(2) 전문적 태도

① 카운슬러는 카운슬링에 대한 이론적·경험적 훈련과 지식을 갖추는 것을 전제로 하며, 내담자를 보다 효과적으로 도울 수 있는 방법에 관하여 꾸준히 연구·노력하는 것을 의무로 삼는다.

② 카운슬러는 내담자의 성장 촉진 및 문제의 해결 및 예방을 위하여 시간과 노력상의 최선을 다한다.

③ 카운슬러는 자기의 능력 및 기법의 한계를 인식하고, 전문적 기준에 위배되는 활동을 하지 않는다. 만일, 자신의 개인 문제 및 능력의 한계 때문에 도움을 주지 못하리라고 판단될 경우에는, 다른 전문직 동료 및 기관에게 의뢰한다.

(3) 개인 정보의 보호

① 카운슬러는 내담자 개인 및 사회에 임박한 위험이 있다고 판단될 때 극히 조심스러운 고려 후에만, 내담자의 사회생활 정보를 적정한 전문인 혹은 사회 당국에 공개한다.

② 카운슬링에서 얻은 임상 및 평가 자료에 관한 토의는 사례 당사자에게 도움이 되는 경우 및 전문적 목적에 한하여 할 수 있다.

③ 내담자에 관한 정보를 교육장면이나 연구용으로 사용할 경우에는, 내담자와 합의 한 후 그의 정체가 전혀 노출되지 않도록 해야 한다.

(4) 내담자의 복지

① 카운슬러는 카운슬링 활동의 과정에서 소속 기관 및 비전문인과의 갈등이 있을 경우, 내담자의 복지를 우선적으로 고려하고 자신의 전문적 집단의 이익은 부차적인 것으로 간주한다.

② 카운슬러는 내담자가 자기로부터 도움을 받지 못하고 있음이 분명할 경우에는 카운슬링을 종결하려고 노력한다.

③ 카운슬러는 카운슬링의 목적에 위배되지 않는 경우에 한하여, 검사를 실시하거나 내담자 이외의 관련 인물을 면접한다.

(5) 카운슬링 관계

① 카운슬러는 카운슬링 전에 카운슬링의 절차 및 있을 수 있는 주요 국면에 관하여 내담자에게 설명한다.

② 카운슬러는 자신의 주관적 판단에만 의존하지 않고, 내담자와의 협의하에 카운슬링 관계의 형식, 방법 및 목적을 설정하고 결과를 토의한다.

③ 카운슬러는 내담자가 이해 · 수용할 수 있는 한도에서 카운슬링의 기법을 활용한다.

(6) 타 전문직과의 관계

① 카운슬러는 상호 합의한 경우를 제외하고는 타 전문인으로부터 도움을 받고 있는 내담자에게 카운슬링을 하지 않는다. 공동으로 도움을 줄 경우에는 타 전문인과의 관계와 조건에 관하여 분명히 할 필요가 있다.

② 카운슬러는 자기가 아는 비전문인의 윤리적 행동에 관하여 중대한 의문을 발견했을 경우 그러한 상황을 시정하는 노력을 할 책임이 있다.

③ 카운슬러는 자신의 전문적 자격이 타 전문분야에서 오용되는 것을 피하며, 자신의 이익을 위해 타 전문직을 손상시키는 언어 및 행동을 삼간다.

제3절 | 직업상담사의 윤리강령

1. 전문가로서의 태도

(1) 전문적 능력

① 상담심리사는 자신의 능력의 한계를 인정하고 교육과 수련, 경험 등에 의해 준비된 역량의 범위 안에서 전문적인 서비스와 교육을 제공한다.

② 상담심리사는 자신이 가진 능력 이상의 것을 주장하거나 암시해서는 안 되며, 타인에 의해 능력이나 자격이 오도되었을 때에는 수정해야 할 의무가 있다.

③ 상담심리사는 문화, 신념, 종교, 인종, 성적 지향, 성별 정체성, 신체적 또는 정신적 특성에 대한 자신의 편견을 자각하고, 이를 극복하기 위해 노력해야 한다. 특히 위와 같은 편견이 상담 과정을 방해할 우려가 있을 경우 자문, 사례지도 및 상담을 요청해야 한다.

④ 상담심리사는 자신의 활동분야에 있어서 최신의 과학적이고 전문적인 정보와 지식을 유지하기 위해 지속적인 교육과 연수의 필요성을 인식하고 참여한다.

⑤ 상담심리사는 자신의 전문적 능력에 대해 정확히 인식하고 정기적으로 전문인으로서의 능력과 효율성에 대해 자기점검 및 평가를 해야 한다. 상담자로서 직무를 수행하는 데 방해가 되는 개인적 문제나 능력의 한계를 인식하게 될 경우 지도감독이나 전문적 자문을 받을 책무가 있다.

(2) 성실성

① 상담심리사는 자신의 신념체계, 가치, 제한점 등이 상담에 미칠 영향력을 자각해야 한다.

② 상담심리사는 내담자에게 상담의 목표와 이점, 한계와 위험성, 상담료 지불방법 등을 명확히 알린다.

③ 상담심리사는 능력의 한계나 개인적인 문제로 내담자를 적절하게 도와줄 수 없을 때, 전문적 자문과 지원을 받는 등의 적절한 조치를 취한 뒤, 직무수행을 제한할지 아니면 완전히 중단할지 여부를 결정해야 한다.

④ 상담심리사는 자신의 질병, 죽음, 이동, 퇴직으로 인한 상담의 갑작스러운 중단가능성에 대비하고 있어야 하며, 또한 내담자의 이동이나 재정적 한계 등과 같은 요인에 의하여 상담이 중단될 경우, 이에 대해 적절한 조치를 취해야 한다.

⑤ 상담심리사는 내담자가 더이상 도움을 필요로 하지 않거나, 상담을 지속하는 것이 더이상 내담자에게 도움이 될 가능성이 없거나, 오히려 내담자에게 해가 될 것이 분명하다면 상담 관계를 종결해야 한다. 내담자가 다른 전문가를 필요로 할 경우에는 적절한 과정을 거쳐 의뢰하거나 관련 정보를 제공한다.

⑥ 상담심리사는 개인의 이익을 위해 상담전문직의 가치와 품위를 훼손하는 행동을 해서는 안 된다.

⑦ 상담심리사는 자신이 지도감독 내지 평가 하거나 기타의 권위를 행사하는 대상, 즉 내담자, 학생, 수련생, 연구 참여자 및 피고용인을 물질적, 신체적, 업무상으로 착취하지 않는다.

⑧ 상담심리사는 자신의 기술이나 자료가 다른 사람들에 의해 오용될 가능성이 있는 활동에 참여해서는 안되며, 이런 일이 일어난 경우에는 이를 바로잡거나 최소화하는 조치를 취한다.

2. 사회적 책임

(1) 사회와의 관계

① 상담심리사는 사회의 윤리와 도덕기준을 존중하고, 사회공익과 상담분야의 발전을 위해 최선을 다한다.

② 상담심리사는 필요 시 무료 혹은 저가의 보수로 자신의 전문성을 제공하는 사회적 공헌 활동에 참여한다.

③ 상담비용을 책정할 때 상담심리사들은 내담자의 재정상태를 고려하여야 한다. 책정된 상담료가 내담자에게 적절하지 않을 때에는, 대안적 서비스를 받을 수 있도록 돕는다.

④ 상담심리사는 상담자 양성에 도움이 되는 다양한 전문적 활동에 참여한다.

(2) 고용 기관과의 관계

① 상담심리사는 자신이 종사하는 기관의 목적과 방침에 공헌할 수 있는 활동을 할 책임이 있다. 기관의 목적과 방침이 상담자 윤리와 상충될 때에는 이를 해결하기 위해 노력해야 한다.

② 상담심리사는 근무기관의 관리자 및 동료들과 상담업무, 비밀보장, 직무에 대한 책임, 공적 자료와 개인자료의 구별, 기록된 정보의 보관과 처분에 관하여 상호 협의해야 한다. 상호 협의한 관계자들은 협의 내용을 문서화하고 공유한다.

③ 상담심리사는 자신이 속한 기관의 효율성에 제한을 줄 수 있는 상황에 대해 미리 알려주어야 한다.

(3) 다른 전문직과의 관계

① 상담심리사는 함께 일하는 다른 전문적 집단의 특성을 존중하고, 상호 협력적 관계를 도모한다.

② 공적인 자리에서 개인 의견을 말할 경우, 상담심리사는 그것이 개인적 의견에 불과하며 상담심리사 전체의 견해나 입장이 아님을 분명히 해야 한다.

③ 상담심리사는 내담자가 다른 정신건강 전문가의 서비스를 받고 있음을 알게 되면, 내담자로 하여금 상담 사실을 그 전문가에게 알리도록 권유하고, 긍정적이고 협력적인 치료관계를 맺도록 노력한다.

④ 상담심리사는 내담자 의뢰나 소개와 관련한 비용을 수취하거나 요구하지 않는다.

(4) 자문

① 자문이란 개인, 집단, 사회단체가 전문적인 조력자의 도움이 필요하여 요청한 자발적인 관계를 말한다. 상담심리사는 자문을 요청한 개인이나 기관의 문제 혹은 잠재된 문제를 규명하고 해결하는 데 도움을 준다.

② 상담심리사는 자신이 자문에 참여하는 개인 또는 기관에게 도움을 주는 데 필요한 자질과 능력을 갖추었는지를 스스로 검토하고 자문에 임해야 한다.

③ 상담심리사는 자문에 임할 때 자신의 가치관, 지식, 기술, 한계성이나 욕구에 대한 깊은 자각이 있어야 하고, 자문의 초점은 문제를 가진 사람이 아니라 풀어나가야 할 문제 자체에 두어야 한다.

④ 자문 관계는 자문 대상자가 스스로 성장해 나가도록 격려하고 고양하는 것이어야 한다. 상담심리사는 이러한 역할을 일관성 있게 유지해야 하고, 자문 대상자가 스스로의 의사결정자가 되도록 도와주어야 한다.

⑤ 상담활동에서 자문의 활용에 대해 홍보할 때는 학회의 윤리강령을 성실하게 준수해야 한다.

3. 내담자의 복지와 권리에 대한 존중

(1) 내담자의 복지

① 상담심리사의 일차적 책임은 내담자의 복지를 증진하고 존엄성을 존중하는 것이다.

② 상담심리사는 내담자의 잠재력을 개발하여 건강한 삶을 영위하도록 도움을 주며, 어떤 방식으로도 해를 끼치지 않는다.

③ 상담심리사는 상담관계에서 오는 친밀성과 책임감을 인식해야 한다. 상담심리사의 개인적 욕구충족을 위해서 내담자를 희생시켜서는 안 되며, 내담자로 하여금 의존적인 상담관계를 형성하지 않도록 노력해야 한다.

④ 상담심리사는 직업 문제와 관련하여 내담자의 능력, 일반적인 기질, 흥미, 적성, 욕구, 환경 등을 고려하면서 내담자와 함께 노력하지만, 내담자의 일자리를 찾아주거나 근무처를 정해줄 의무가 있는 것은 아니다.

(2) 내담자의 권리와 사전 동의 2020 공무원 9급

① 내담자는 상담 계획에 참여할 권리, 상담을 거부하거나 상담 개입방식의 변화를 거부할 권리, 그러한 거부에 따른 결과에 대해 고지받을 권리, 자신의 상담 관련 정보를 요청할 권리 등이 있다.

② 상담심리사는 상담을 시작할 때 내담자가 충분한 설명을 듣고 선택할 수 있도록 적절한 정보를 제공해야 하고, 상담자와 내담자 모두의 권리와 책임에 대해서 알려줄 의무가 있다. 이러한 사전 동의 절차는 상담과정의 중요한 부분이며, 내담자와 논의하고 합의된 내용을 적절하게 문서화한다.

③ 상담심리사가 내담자에게 설명해야 할 사전 동의 항목은 상담자의 자격과 경력, 상담 비용과 지불 방식, 치료기간과 종결 시기, 비밀보호 및 한계 등이다.

④ 사례지도 및 교육에의 활용 가능성에 대해 설명하고, 내담자에게 동의 또는 거부할 권리가 있음을 알려야 한다.

⑤ 내담자가 미성년자 혹은 자발적인 동의를 할 수 없는 경우, 상담심리사는 내담자의 최상의 복지를 고려하여, 보호자 또는 법정 대리인의 사전 동의를 구해야 한다.

⑥ 상담심리사는 미성년인 내담자를 상담할 때, 필요하면 부모나 보호자가 상담에 참여할 수 있음을 내담자에게 알린다. 이 경우, 상담자는 부모 혹은 보호자의 참여에 앞서 그 영향을 고려하고 내담자의 권익을 보호하도록 한다.

(3) 다양성 존중

① 상담심리사는 모든 인간의 기본적인 권리, 존엄성, 가치를 존중하며 성별, 장애, 나이, 성적 지향, 성별 정체성, 사회적 신분, 외모, 인종, 가족형태, 종교 등을 이유로 내담자를 차별하지 않는다.

② 상담심리사는 내담자의 다양한 문화적 배경을 이해하려고 적극적으로 시도해야 하며, 상담심리사 자신의 고유한 문화적 정체성이 상담과정에 어떤 영향을 주는지 인식해야 한다.

③ 상담심리사는 자신의 고유한 가치, 태도, 신념, 행위를 인식하고, 내담자에게 자신의 가치를 강요하지 않는다.

4. 상담 관계

(1) 다중(이중) 관계

① 상담심리사는 객관성과 전문적인 판단에 영향을 미칠 수 있는 이중 관계는 피해야 한다. 가까운 친구나 친인척, 지인 등 사적인 관계가 있는 사람을 내담자로 받아들이면 다중 관계가 되므로, 다른 전문가에게 의뢰하여 도움을 준다. 의도하지 않게 다중 관계가 시작된 경우에도 적절한 조치를 취해야 한다.

② 상담심리사는 상담 할 때에 내담자와 상담 이외의 다른 관계가 있다면, 특히 자신이 내담자의 상사이거나 지도교수 혹은 평가를 해야 하는 입장에 놓인 경우라면 그 내담자를 다른 전문가에게 의뢰한다.

③ 상담심리사는 내담자와 상담실 밖에서 연애 관계나 기타 사적인 관계(소셜미디어나 다른 매체를 통한 관계 포함)를 맺거나 유지하지 않는다.

④ 상담심리사는 내담자와의 관계에서 상담료 이외의 어떠한 금전적, 물질적 거래를 해서는 안 된다.

⑤ 상담심리사는 내담자의 선물로 인해 발생할 수 있는 문제를 숙고해야 한다. 선물의 수령 여부를 결정함에 있어서 상담 관계에 미치는 영향, 선물의 의미, 내담자와 상담자의 동기, 현행법 위반 여부 등을 신중하게 고려해야 한다.

(2) 성적 관계

① 상담심리사는 내담자 및 내담자의 보호자, 친척 또는 중요한 타인에게 자신의 지위를 이용하여 성희롱 또는 성추행을 포함한 성적 접촉을 해서는 안 된다.
② 상담심리사는 내담자 및 내담자의 보호자, 친척, 또는 중요한 타인과 성적 관계를 가져서는 안 된다.
③ 상담심리사는 이전에 연애 관계 또는 성적인 관계를 가졌던 사람을 내담자로 받아들이지 않는다.

5. 정보의 보호 및 관리

(1) 사생활과 비밀 보호

① 상담심리사는 상담과정에서 알게 된 내담자의 민감 정보를 다룰 때 특별히 주의해야 하고, 상담과 관련된 모든 정보의 관리에 있어 개인정보 보호와 관련된 법을 준수해야한다.
② 상담심리사는 사생활과 비밀유지에 대한 내담자의 권리를 최대한 존중해야 할 의무가 있다.
③ 내담자의 사생활 보호에 대한 권리는 존중되어야 하나, 때로 내담자나 내담자가 위임한 법정 대리인의 요청에 의해 제한될 수 있다.
④ 내담자의 사생활 보호가 제한되는 경우라 하더라도, 상담심리사는 내담자의 사생활 침해를 최소화하기 위해 노력해야 하고, 문서 및 구두 보고 시 사생활에 관한 정보를 포함시켜야 할 경우 그 목적과 밀접한 관련이 있는 정보만을 포함시킨다.
⑤ 상담심리사는 강의, 저술, 동료자문, 대중매체 인터뷰, 사적 대화 등의 상황에서 내담자의 신원확인이 가능한 정보나 비밀 정보를 공개하지 않는다.
⑥ 상담심리사는 상담 기관에 소속된 모든 구성원과 관계자들에게도 내담자의 사생활과 비밀이 보호되도록 주지시켜야 한다.

(2) 기록

① 상담기관이나 상담심리사는 상담의 기록, 보관 및 폐기에 관한 규정을 마련하고 준수해야 한다.
② 상담심리사는 법, 규정 혹은 제도적 절차에 따라, 상담기록을 일정기간 보관한다. 보관 기간이 경과된 기록은 파기해야 한다.
③ 공공기관이나 교육기관 등은 각 기관에서 정한 기록 보관 연한을 따르고, 이에 해당하지 않는 경우에는 3년 이내 보관을 원칙으로 한다.
④ 상담심리사는 상담의 녹음 및 기록에 관해 내담자의 동의를 구한다.
⑤ 상담심리사는 면접기록, 심리검사자료, 편지, 녹음 파일, 동영상, 기타 기록 등 상담과 관련된 기록들이 내담자를 위해 보존된다는 것을 인식하며, 상담기록의 안전과 비밀보호에 책임을 진다.
⑥ 상담심리사는 내담자가 합당한 선에서 기록물에 대한 열람을 요청할 경우, 열람할 수 있도록 한다. 단, 상담심리사는 기록물에 대한 열람이 내담자에게 해악을 끼친다고 사료될 경우 내담자의 기록 열람을 제한한다.

⑦ 상담심리사는 내담자의 기록 열람에 대한 요청을 문서화하며, 기록의 열람을 제한할 경우, 그 이유를 명기한다.

⑧ 복수의 내담자의 경우, 상담심리사는 각 개별 내담자에게 직접 해당되는 부분만을 공개하며, 다른 내담자의 정보에 관련된 부분은 노출되지 않도록 한다.

⑨ 상담심리사는 기록과 자료에 대한 비밀보호가 자신의 죽음, 능력상실, 자격박탈 등의 경우에도 보호될 수 있도록 미리 계획을 세운다.

⑩ 상담심리사는 상담과 관련된 기록을 보관하고 처리하는 데 있어서 비밀을 보호해야 하며, 이를 타인에게 공개할 때에는 내담자의 직접적인 동의를 받아야 한다.

6. 비밀보호의 한계 2022 공무원 9급

(1) 내담자의 생명이나 타인 및 사회의 안전을 위협하는 경우, 내담자의 동의 없이도 내담자에 대한 정보를 관련 전문인이나 사회에 알릴 수 있다.

(2) 내담자가 감염성이 있는 치명적인 질병이 있다는 확실한 정보를 가졌을 때, 상담심리사는, 그 질병에 위험한 수준으로 노출되어 있는 제3자(내담자와 관계 맺고 있는)에게 그러한 정보를 공개할 수 있다. 상담심리사는 제3자에게 이러한 정보를 공개하기 전에, 내담자가 자신의 질병에 대해서 그 사람에게 알렸는지, 아니면 스스로 알릴 의도가 있는지를 확인한다.

(3) 법원이 내담자의 동의 없이 상담심리사에게 상담관련 정보를 요구할 경우, 상담심리사는 내담자의 권익이 침해되지 않도록 법원과 조율하여야 한다.

(4) 상담심리사는 내담자 정보를 공개할 경우, 정보 공개 사실을 내담자에게 알려야 한다. 정보 공개가 불가피할 경우라도 최소한의 정보만을 공개한다.

(5) 여러 전문가로 구성된 팀이 개입하는 상담의 경우, 상담심리사는 팀의 존재와 구성을 내담자에게 알린다.

(6) 비밀보호의 예외 및 한계에 관한 타당성이 의심될 때에 상담심리사는 동료 전문가 및 학회의 자문을 구한다.

7. 집단상담과 가족상담

(1) 집단상담을 할 경우, 상담심리사는 그 특정 집단에 대한 비밀 보장의 중요성과 한계를 명백히 설명한다.

(2) 가족상담에서 상담심리사는 각 가족 구성원의 사생활 보호에 대한 권리를 존중한다. 한 가족 구성원에 대한 정보는, 해당 구성원의 허락 없이는 다른 구성원에게 공개될 수 없다. 단, 미성년자 혹은 심신미약자가 포함된 경우, 이들에 대한 비밀보장은 위임된 보호자에 의해 제한될 수 있다.

8. 상담 외 목적을 위한 내담자 정보의 사용

(1) 교육이나 연구 또는 출판을 목적으로 상담관계로부터 얻어진 자료를 사용할 때에는 내담자의 동의를 구해야 하며, 각 개인의 익명성이 보장되도록 자료 변형 및 신상 정보의 삭제와 같은 적절한 조치를 취하여 내담자에게 피해를 주지 않도록 한다.

(2) 다른 전문가의 자문을 구할 경우, 상담심리사는 사전에 내담자의 동의를 구해야 하며, 적절한 조치를 통해 내담자의 사생활과 비밀을 보호하도록 노력한다.

상담내용에 대한 비밀보장 예외 사항 2019 공무원 9급, 2018 직업상담사 2급

1. 내담자가 자신이나 다른 사람을 위험에 빠뜨릴 가능성이 클 때
2. 내담자가 자살을 시도할 계획이 있는 경우
3. 법적으로 정보의 공개가 요구되는 경우
4. 내담자가 감염성이 있는 치명적인 질병에 걸린 경우
5. 미성년인 내담자가 학대를 당하고 있는 경우
6. 아동학대와 관련된 경우
7. 상담자가 슈퍼비전을 받아야 하는 경우
8. 심각한 범죄 실행의 가능성이 있는 경우

ACA(미국상담학회)에서 제시한 상담자 윤리강령의 영역 2021 공무원 9급

1. **상담관계**: 내담자 복지
2. **비밀유지**: 내담자 권리 존중
3. **전문적 책임**: 전문가의 태도, 사회적 책임 등
4. **평가 · 요구조사 · 해석**: 사정 사전 동의
5. 연구와 출판
6. 다른 전문가들과의 관계
7. 교수 · 훈련 그리고 감독
8. 윤리적 논제 결정

제 **2** 과목

직업심리학

제1장 | 직업선택 및 발달이론

1. 직업심리학의 발달사

(1) 직업심리학의 발달사(Osipow, 1966)

직업심리학의 시초	• 1909년, 파슨스(F. Parsons) • 3단계 과학적 접근법: 개인분석, 직업분석, 과학적 조언

(2) 직업심리학의 본격화

제1차 세계대전 중	• 비네, 오티스, 터만 • 개인지능측정 검사도구(군인분류 목적)
1930년대	GATB(일반적성검사), DOT(미국직업사전) 출간
제2차 세계대전 중	• 적성검사발달(군인분류 목적) • 손다이크: 지능의 다요인성(문장완성, 산수추리, 어휘, 지시를 따름) • 길포드: 120가지 지능요인 * 지능의 특수화를 통해 적성검사 구성
제2차 세계대전 후	• 미국심리학회 발족 • 인사선발, 훈련, 직업상담에 대한 도구 개발 • 스트롱: 직업흥미검사 개발
1950년대	• 직업심리학 이론의 체계화 • Ginzberg, Super: 인간의 자아발달과 직업의 관계 연구 • Roe: 인간의 욕구와 직업의 관계 연구 • Holland: 인간의 성격과 직업의 관계 연구
1960년대	여성의 진로와 노동시장 진출에 대한 관심 확대

(3) 직업심리학 발달사의 주요사건

1909년	프랭크 파슨스의 책 출판
1915년	피츠버그의 카네기 멜론대학의 응용심리학 분과 설립
1917년	제1차 세계대전으로 군 분류검사 실시
1920년대	심리학 기관 출범, 미네소타 기계능력검증 프로젝트 시작
1930년대	쿠더(Kuder) 흥미척도 개발 중, 이를 통해 일반적성검사(GATB)가 개발되고 미국직업사전(DOT)이 출간됨
1931년	미네소타 고용안정 연구기관 출범
1940년대	• 제2차 세계대전으로 분류방법이 정교화됨 • 여성이 새롭게 노동력으로 투입됨
1945년	퇴역군인이 노동력에 재투입됨
1950년	수퍼, 긴즈버그, 로, 홀랜드의 이론이 체계화됨

1960년대	여성운동을 통해 직장 내에서 여성의 동등성 확보
1970년대	• 스트롱 직업흥미검사가 스트롱 진로흥미검사로 개정됨 • 자기개발탐색 도구 개발
1980년대	• 새로운 이론과 응용의 확산 • 수퍼가 생애공간의 개념으로 직업을 진로로 확대
1990년대	자기효능감 이론, 인지정보처리 관점, 사회인지적 전망, 구성주의 등의 전개

2. 특성 - 요인이론의 제개념

(1) 특성 - 요인이론의 특징

① 특성 - 요인이론에서는 사람들은 누구나 타당하고 신뢰롭게 측정될 수 있는 독특한 특성을 가지고 있기 때문에 개인적 흥미와 능력 등을 심리검사나 객관적 수단을 통해서 밝혀낼 수 있다고 보았다.

② 특성(Trait)은 개인의 흥미, 적성, 성격, 가치관 등 검사에 의해 측정 가능한 개인의 특징을 말한다.

③ 요인(Factor)은 책임감, 성실성, 직업성취도 등 직업수행을 위해 요구되는 특징을 말한다.

④ 이론은 특성과 직업을 구성하는 요인에 관심을 두며, 진로결정 시기에 그와 관련된 의사결정을 하려고 할 때에 도움을 줄 수 있다.

⑤ 고도로 개별적이고 과학적인 비법을 통해 개인과 직업을 연결하는 것이 핵심이다.

(2) 파슨스(Parsons)의 직업선택 3요인

자신에 대한 이해	자신의 흥미, 적성, 능력, 가치관 등 내면적인 자신에 대한 명확한 이해
직업에 대한 이해	직업에서의 성공, 이점, 보상, 자격요건, 기회 등 직업세계에 대한 지식
자신과 직업세계와 연결	개인적인 요인과 직업관련 자격 요건 등의 정보를 기초로 한 현명한 선택

(3) 특성 - 요인이론의 기본적인 가설[클레인(Klein) & 위너(Weiner)]

① 개개인은 신뢰할 만하고 타당하게 측정될 수 있는 고유한 특성들의 집합이고, 모든 직업마다 성공에 필요한 독특한 특성을 가지고 있다.

② 개인의 직업선호는 직선적인 과정이며 특성과의 연결에 의해 좌우된다.

③ 진로선택은 다소 직접적인 인지과정이므로 개인의 특성과 직업의 특성을 짝짓는 것이 가능하다.

④ 개인의 특성과 직업의 요구사항이 서로 밀접하게 관련을 맺을수록 직업적 성공의 가능성은 커진다.

TIP 특성 - 요인이론에 관한 쟁점

1. **특성은 안정적이고 지속적인 것인가?** 2016 직업상담사 2급
   트라이온과 아나스타시(Tryon & Anastasi)는 특성 - 요인이론이 가정하는 특성의 안정성과 지속성에 대해 의문을 제기하였다. 그들은 특성이 학습된 것이며, 특정 상황에 대해서만 타당한 것으로 간주하였다.

2. **특성이 연구를 통해 정확한 활용가치를 측정할 수 있는가?**
   헤어와 크래머(Herr & Crammer)는 특성 - 요인적 접근이 통계적인 정교함과 검사의 세련화에도 불구하고 특정 직업에서의 개인의 성공을 예언하는 데 있어서 부정확하다고 주장하였다.

3. 홀랜드(Holland)의 직업선택이론

(1) 홀랜드 이론의 의의

① 직업적 흥미는 일반적으로 성격이라고 불리는 것의 일부분이기 때문에 개인의 직업적 흥미에 대한 설명은 개인의 성격에 대한 설명이다. 즉, 홀랜드 이론은 개인의 성격과 진로선택과의 관계를 기초로 한 모델이다.

② 개인의 직업선택은 타고난 유전적 소질과 환경적 요인 간 상호작용의 산물이다.

③ 그러므로 개인의 직업선택은 개인인성의 반영이며, 직업선택 시 개인적 만족을 주는 환경을 선택하고자 한다.

④ 직업적응방식을 6가지 종류로 구분하고 직업환경을 6가지 차원으로 구분한다.

⑤ 사람들은 능력을 발휘하며 자신의 가치관에 따라 일할 수 있는 직업환경을 찾는다.

(2) 6가지 성격유형

① 현실형(Realistic Type)

성격특성	현실형 사람들은 솔직하고 실제적이며 성실하고, 지구력이 있고 건강하다. 또한 소박하고 말이 적으며, 고집이 세고 직선적이며 단순하다.
관련직업	기술자, 자동기계 및 항공기 조종사, 정비사, 농부, 엔지니어, 전기, 기계기사, 운동선수, 경찰, 건축사, 생산직, 운전자 등

② 탐구형(Investigative Type)

성격특성	탐구형의 사람들은 논리적이며, 분석적이고 합리적이다. 또한 정확하고 지적 호기심이 많아 비판적이고 내성적이며 신중하다.
관련직업	과학자, 생물학자, 물리학자, 인류학자, 지질학자, 의료기술자, 약사, 의사, 연구원, 대학교수, 환경분석가 등

③ 예술형(Artistic Type)

성격특성	예술형의 사람들은 상상력이 풍부하고 감수성이 예민하며, 자유분방하고 개방적이다. 또한 감정이 풍부하고 독창적이며, 개성이 강해 비순응적이고, 직관적이다.
관련직업	예술가, 작곡가, 음악가, 무대감독, 작가, 배우, 소설가, 미술가, 무용가, 디자이너, 자유기고가, 사진사, 카피라이터, 시인, 소설가, 만화가, 컴퓨터 애니메이터 등

④ 사회형(Social Type)

성격특성	사회형의 사람들은 사람들을 좋아하고 어울리기 좋아하며, 친절하고 이해심이 많다. 또한 남을 잘 도와주고 봉사적이며, 감정적이고 이상주의적이다. 사회적이고 교육적인 지도력과 대인관계 능력이 있다.
관련직업	사회복지가, 교육자, 간호사, 교사, 종교지도자, 상담가, 임상치료가, 언어치료사, 사회사업가, 물리치료사, 직업상담가, 서비스직 등

⑤ 진취형(Enterprising Type)

성격특성	진취형의 사람들은 지배적이고 통솔력·지도력이 있으며, 말을 잘 하고 설득적이다. 또한 경쟁적이고 야심적이며, 외향적이고 낙관적이며, 열성적이다.
관련직업	기업경영인, 정치가, 영업사원, 상품구매인, 보험회사원, 판매원, 관리자, 연출가, 홍보담당자, 펀드매니저, 부동산중개인, 여행가이드, 언론인, 외교관 등

⑥ 관습형(Conventional Type)

성격특성	관습형의 사람은 정확하고 빈틈이 없으며, 조심성이 있고 세밀하다. 또한 계획성이 있고 변화를 좋아하지 않으며, 완고하고 책임감이 강하다. 사무적이고 계산적이며 회계정리 능력이 있다.
관련직업	공인회계사, 경제분석가, 은행원, 세무사, 경리사원, 감사원, 안전관리사, 사서, 법무사, 회계원, 일반공무원 등

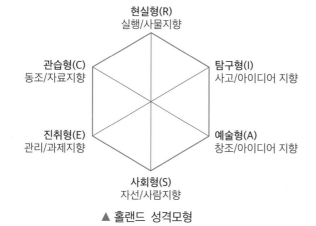

▲ 홀랜드 성격모형

(3) 홀랜드 모형의 주요 개념 2019·21 공무원 9급

① 일관성

　㉠ 6개의 성격유형들은 육각형상에서 인접할수록 더 유사한 특성을 지닌다.

　㉡ 성격유형과 환경모형 간의 관련 정도를 의미하는 것으로 정육각형 모형상의 두 유형 간 근접성에 따라 설명되는 것이다.

② 차별성

　특정 유형의 점수가 다른 유형의 점수보다 높은 경우 변별성과 분화도가 높은 것으로, 하나의 유형에는 유사성이 많지만 다른 유형에는 별로 유사성이 없다.

③ 정체성

개인에게 있어 정체성이란 목표, 흥미, 재능에 대한 견고한 청사진을 말하고 환경에 있어 정체성이란 투명성, 안정성, 목표, 일, 보상의 통합이라고 규정할 수 있다.

④ 일치성

개인이 자기 자신의 인성유형과 동일하거나 유사한 환경에서 일하고 생활할 때를 의미하는 개념이다.

⑤ 계측성

모든 유형 간의 관계는 6각형의 성격모형 안에서 계측되며 정리된다.

(4) 홀랜드 성격이론의 적용 실례 - 검사도구

① 직업선호도 검사(VPI ; Vocational Preference Inventory)

내담자가 160개의 직업목록에 흥미 정도를 표시하는 것이다.

② 자기방향탐색(SDS ; Self Directed Search)

스스로 자신의 흥미유형을 탐색하도록 고안된 검사이며, 내담자가 점수를 기록하는 1시간용 측정 워크북과 소책자로 구성되어 있다.

③ 직업탐색검사(VEIK ; Vocational Exploration and Insight Kit)

미래 진로문제에 대해서 스트레스를 받는 내담자들에게 사용하기 위하여 직업탐색검사(VEIK)를 개발하였다.

④ 자기직업상황(MVS ; My Vocational Situation)

직업정체성, 직업정보에 대한 필요 정도, 선택된 직업 목표에 대한 장애 등을 측정하는 것을 목적으로 한다.

4. 직업적응이론

(1) 데이비스와 롭퀴스트(Dawis & Lofquist)의 직업적응이론(Theory of Work Adjustment)의 의의 2021 공무원 9급

① 직업적응이론은 미네소타 대학의 직업적응 프로젝트의 일환으로 연구되어 미네소타 직업분류 체계Ⅲ로 발전하였다.

② 직업적응 프로젝트는 근로자의 적응이 직업만족과 연관된다는 관점에서 출발하였다.

③ 인간은 작업요구를 성취하도록 동기화되어 있으며, 일을 통해 개인적 욕구를 성취하도록 동기화된다.

④ 직업 환경과 개인의 직업능력은 상호 간 강화요인이다. 상호작용을 통하여 서로 강화되며 개인과 환경이 모두 만족하면 조화를 이루게 되고, 이는 고용과 근속 유지로 나타나게 된다. 즉, 개인의 욕구에 대한 작업 환경의 강화가 적절하면 상승한다.

⑤ 직업 환경이 개인의 욕구와 가치를 얼마나 채워 주고 있는지에 대한 개인의 평가이다.

⑥ 개인이 수행하는 일에 대한 조화의 내적 지표이다.

TIP 직업적응이론(Dawis & Lofqist)의 핵심가치

1. 직업적응이론(Psychological Theory of Work Adjustment)
2. 개인환경 조화이론(Person-Environment Correspondence Theory, Dawis, 2002; Lofquist & Dawis, 1991)으로 수정
3. **조화를 이루기 위한 핵심개념 2가지**

만족 (satisfaction)	조화의 내적 지표로 직업환경이 개인의 욕구를 얼마나 채워주는지에 대한 개인의 평가, 즉 개인의 욕구를 직업의 강화가 적절한지에 대한 수준을 의미한다(연봉, 휴가, 복지 등).
충족 (satisfactoriness ; 만족성)	조화의 외적 지표, 직업에 요구하는 과제와 이를 수용할 수 있는 개인의 능력, 직업환경이 요구하는 과업을 수행할 수 있는 기술(능력)을 개인이 가지고 있을 때 직업의 요구가 충족된다.

(2) 직업적응이론에서 직업양식(직업성격) 측면

① 민첩성(신속성, celerity)

작업 또는 환경에서의 작업자의 반응 속도이다.

② 속도(pace)

작업자의 작업과제에 대한 에너지 수준이다.

③ 리듬(rhythm)

작업활동에 대한 노력의 패턴(규칙 또는 불규칙)이나 다양성을 의미한다.

④ 지구력(지속성, endurance)

다양한 활동수준의 기간(작업 또는 환경과 상호작용의 시간의 양)을 의미한다.

(3) 직업적응이론에서 직업적응방식 측면

① 끈기(인내, perseverance)

환경이 자신에게 맞지 않아도 개인이 얼마나 오랫동안 견뎌낼 수 있는지의 정도이다.

② 적극성(activeness)

개인이 작업환경을 개인적 방식과 좀 더 조화롭게 만들어가려고 노력하는 정도이다.

③ 반응성(reactiveness)

개인이 작업성격의 변화로 인해 작업환경에 반응하는 정도이다.

④ 융통성(유연성, flexibility)

개인이 작업환경과 개인적 환경 간의 부조화를 참아내는 정도이다.

(4) 직업적응이론과 관련하여 개발된 검사도구

① 미네소타 중요도 질문지(MIQ: Minnesota Importance Questionnaire)

개인이 일의 환경에 대해 지니는 20가지 욕구와 6가지 가치관을 측정하는 도구로 190개의 문항으로 구성되어 있다.

② 미네소타 직무기술 질문지(MJDQ: Minnesota Job Description Questionnaire)
일의 환경이 20개의 욕구를 만족시켜주는 정도를 측정하는 도구로 하위척도
는 MIQ와 동일하다.

③ 미네소타 직무만족 질문지(MSQ: Minnesota Satisfaction Questionnaire)
직무만족의 원인이 되는 일의 강화요인을 측정하는 도구로 능력의 사용, 성
취, 승진, 활동, 다양성, 작업조건, 회사의 명성, 인간자원의 관리체계 등의 척
도로 구성되어 있다.

(5) 미네소타 중요도 질문지(MIQ)의 6가지 가치차원 2018 공무원 9급

① 성취(Achievement)
성공적 직무수행의 가치로 자신의 능력을 발휘하고 성취감을 얻는 일을 하려
는 욕구이다.

② 지위(Status)
타인의 자신에 대한 인식과 명성의 가치로, 타인에 의해 자신이 어떻게 지각
되는지와 관련된 사회적 명성에 대한 욕구이다.

③ 편안함(Comfort)
스트레스를 받지 않는 편안한 환경의 가치로서 편안함, 보상, 인정 등으로 번
역되곤 한다. 직무에 대해 스트레스를 받지 않고, 편안한 직업 환경을 바라는
욕구이다.

④ 이타심(Altruism)
타인과의 조화와 봉사의 가치로 타인을 돕고 그들과 함께 일하고자 하는 욕
구이다.

⑤ 자율성(Autonomy)
독립적으로 존재하고 자유의지의 가치로 자신의 의사대로 일할 기회를 가지
고 자유롭게 생각하고 결정하고자 하는 욕구이다.

⑥ 안정성(Safety)
안정과 질서, 예측 가능한 환경의 가치로 불규칙적이거나 혼란스러운 조건이
나 환경을 피하고 정돈되고 예측 가능한 환경에서 일하고자 하는 욕구이다.

(6) 직업적응이론의 17가설

① 직업적응은 개인의 만족과 충족(만족성)을 통해 알 수 있다.
② 충족(만족성)은 개인의 능력과 작업환경의 요구가 일치할 때 얻을 수 있다.
즉, 개인의 능력과 충족(만족성)에 의해 작업환경의 요구를 추정할 수 있고
작업환경의 요구와 충족(만족성)에 의해 개인의 능력을 추정할 수 있다.
③ 만족은 개인의 가치와 작업환경의 강화물이 일치할 때 얻을 수 있다. 즉, 작
업환경의 강화물과 개인의 만족을 확인하면 개인의 가치를 알 수 있고 개인
의 가치와 만족을 알면 작업환경의 강화물을 추정할 수 있다.
④ 만족은 '개인의 능력 - 작업환경의 요구' 간의 조화와 충족(만족성)의 관계를
조절한다.

⑤ 충족(만족성)은 '작업환경의 강화물 - 개인의 가치' 간의 조화와 만족의 관계를 조절한다.

⑥ 개인이 해고될 확률과 충족(만족성)은 부적 관계에 있다.

⑦ 개인이 사직할 확률과 만족은 부적 관계에 있다.

⑧ 개인의 재직기간은 만족 - 충족(만족성)과 정적 관계에 있다. 즉, 재직기간은 개인의 능력, 요구조건, 강화물, 가치 간의 일치와 정적 관계에 있다고 추론할 수 있다.

⑨ 개인 - 환경 간의 조화는 근로기간이 길수록 증가한다.

⑩ 개인 - 환경 간의 조화는 성격구조 - 환경구조의 두 양식 간의 일치에 의해 조절된다.

⑪ 작업환경의 유연성은 '개인의 능력 - 작업환경의 요구' 간의 조화와 충족(만족성)의 관계를 조절한다.

⑫ 개인의 유연성은 '작업환경의 강화물 - 개인의 가치' 간의 조화와 만족의 관계를 조절한다.

⑬ 작업환경이 적응할 확률은 충족(만족성)과 부적 관계에 있다. 즉, 작업환경의 적응확률과 충족(만족성)을 알면 작업환경의 유연성을 추정할 수 있다.

⑭ 개인이 적응할 확률은 만족과 부적 관계에 있다. 즉, 개인의 적응확률과 만족을 알면 근로자의 유연성을 추정할 수 있다.

⑮ 개인의 해고확률은 환경의 인내와 부적 관계에 있다. 즉, 충족(만족성)과 해고확률을 알면 작업환경의 인내를 추정할 수 있다.

⑯ 개인의 사직확률은 개인의 인내와 부적 관계에 있다. 즉, 만족과 사직확률을 알면 개인의 인내를 추정할 수 있다.

⑰ 재직기간은 개인의 만족, 작업환경의 충족(만족성), 개인과 환경의 인내에 영향을 받는다.

5. 발달적 직업선택이론

(1) 긴즈버그(Ginzberg)의 진로발달이론의 의미

① 긴즈버그(Ginzberg)는 진로발달이론에서 직업선택은 하나의 발달과정이며, 일련의 결정들이 계속적으로 이루어지는 과정이라고 하였다.

② 직업선택은 발달적 과정으로서 20대 초반까지는 현실적인 선택이 이루어진다고 보았다.

③ 즉, 각 단계의 결정은 전 단계의 결정 및 다음 단계의 결정과 밀접한 관계를 가진다는 것이다. 따라서 나중에 이루어지는 진로결정은 이전 진로결정의 영향을 받는다.

④ 직업선택과정은 바람(Wishes)과 가능성(Possibility) 간의 타협이다.

⑤ 직업선택은 일련의 결정들이 계속적으로 이루어지는 과정이다.

(2) 직업발달 단계 2019 공무원 9급

① 환상기(fantasy period, 6 ~ 10세)

직업에 대한 환상을 갖는 아동의 시기로, 놀이 중심으로 직업을 간접 체험하고 선호하게 된다. 이 시기에는 직업선택에 현실적인 고려 없이 아동적인 욕구가 지배적인 시기이다.

② 잠정기(tentative period, 11 ~ 17세)

㉠ 초기 청소년기로 직업선택 과정에서 흥미 · 능력 · 가치에 근거하여 진로선택 행위를 하게 된다.

㉡ 일이 요구하는 조건을 점차적으로 인식하고, 자신의 흥미, 능력, 가치 등에 대한 인식을 확대해 가는 시기이다.

㉢ 이 시기의 후반에는 능력, 가치관 등의 요인도 고려되어 직업이 요구하는 수준의 조건을 점차적으로 인식하는 시기이다.

흥미단계	자신의 흥미를 인식하며, 좋고 싫음을 나누는 단계이다. 이 시기에는 흥미가 직업선택에 가장 중요한 요소이다.
능력단계	직업의 열망과 자신의 능력을 인식하는 단계이다. 자신이 흥미를 느끼는 분야에서 성공을 거둘 수 있는 능력을 지니고 있는지 시험해 보기 시작한다.
가치단계	자신의 직업에 대한 가치를 인식하는 단계이다. 직업선택에 있어 다양한 요인을 고려하며, 그 직업이 자신의 가치관 및 생애 목표에 부합하는지 평가해 본다.
전환단계	직업선택이 주관적 요소에서 외적(현실) 요인으로 확장되며, 직업선택에 책임을 인식하는 단계이다.

③ 현실기(realistic period, 18세 ~ 성인 초기 또는 청 · 장년기)

㉠ 흥미와 능력의 통합단계로서 직업선택을 구체화하고 이전의 잠정적인 진로선택을 좁히기 위해 관심 직업들을 탐색하기 시작한다.

㉡ 자신의 흥미, 능력, 가치뿐만 아니라 직업의 요구조건, 기회 등과 같은 현실요인을 고려하고 타협해서 의사결정을 시도한다.

㉢ 현실적인 요인의 고려로 직업선택은 개인의 정서 상태, 경제적 여건 등으로 인해 늦어지기도 한다.

탐색단계	본격적인 직업탐색이 시작되며 직업선택에 필요한 교육과 경험을 쌓는 단계이다.
구체화단계	직업 목표가 구체화되는 시기이며, 자신의 직업결정에 있어 내적 · 외적 요인을 모두 고려하여 특정 직업분야에 몰두하는 단계이다.
특수화단계	정교화 단계라고도 하며 직업진로를 구체화하고 자신의 진로결정에 있어 세밀한 계획을 세워 고도로 세분화 · 전문화된 의사결정이 이루어지는 단계이다.

(3) 수퍼(D. Super)의 진로발달이론의 의의

① 긴즈버그(Ginzberg)의 초기의 국한된 진로선택이론을 비판하고 보완한 관점으로 전생애를 걸쳐 진로가 발달하게 된다는 이론이다.

② 이론의 기저를 이루고 있는 것은 '자아개념'으로 인간은 자신의 이미지와 일치하는 직업을 선택한다는 주장이다.

③ 자아개념을 중시하며 개인과 주변환경 간의 상호작용을 통해 자아개념이 발달한다는 이론이다.

④ 자아개념은 성장에 따라 변화하며, 직업에 대한 만족도는 나의 자아개념을 어느 정도 충족시키느냐가 중요하다.

⑤ 생애 단계와 생활공간을 하나의 모형으로 만들고, 진로발달의 생물학적 · 심리학적 · 사회경제적 결정인자에 주목하였다.

⑥ 발달의 각 단계에서의 욕구(needs)와 과제에 관심을 가지고, 단계별로 적절한 프로그램과 접근방법을 활용해야 한다.

(4) 수퍼(D. Super)의 10가지 기본 가정(명제)

① 개인은 능력, 흥미, 성격에 있어서 각기 차이점을 가지고 있다.

② 이러한 특성의 차이로 인해 개인은 각각에 적합한 능력을 가지고 있다.

③ 각 직업군에는 그 직업에 요구되는 능력, 흥미, 인성 등의 특성이 있다.

④ 개인의 직업선호나 능력, 자아개념 등은 시간의 경과와 경험에 따라 변화한다. 따라서 직업선택 및 직업적응은 일생을 통해 변화하는 일련의 계속적인 과정이다.

⑤ 일련의 생애단계로서 성장기, 탐색기, 확립기, 유지기, 쇠퇴기로 나눌 수 있다.

⑥ 개인의 진로유형은 부모의 사회경제적 수준, 개인의 지적 능력, 성격특성, 직업기회 등에 의해 결정된다.

⑦ 개인의 진로발달은 능력, 흥미, 성숙의 과정을 촉진시키거나 자아개념의 발달을 도움으로써 이루어질 수 있다.

⑧ 직업발달은 주로 자아개념을 발달시키고 실천해 나가는 과정이다.

⑨ 개인(자아개념)과 사회적 요인(현실성) 간의 타협은 직업발달 과정에서 개인의 역할수행의 과정이며, 이러한 역할은 환상(상상), 상담, 면접 또는 학급이나 클럽에서의 활동과 여가 및 취업활동 등을 통해 이루어진다.

⑩ 직업과 인생에 대한 만족의 정도는 개인이 그의 능력과 적성, 성격특성, 가치관에 맞는 진로를 찾아 종사했는지에 달려 있다.

(5) 수퍼(D. Super)의 진로발달 단계 2019 · 21 공무원 9급

① **성장기(출생 ~ 14세)**

가정이나 학교에서 중요한 타인을 동일시하여 자아개념을 발달시키는 시기이다. 초기에는 욕구와 환상이 지배적이나 점차 흥미와 능력을 중시한다.

㉠ 환상기: 아동적 욕구가 지배적이며 자신의 역할 수행을 중시하며, 직업에 환상을 갖는 시기이다.

ⓛ 흥미기: 개인의 취향에 따라 목표와 내용을 결정하며, 흥미를 중시하는 시기이다.

ⓒ 능력기: 직업의 요구조건을 고려하며, 능력을 보다 중시한다.

과업	내용
• 환상기 • 흥미기 • 능력기	일과 관련된 기본적인 자기이해가 발달하고, 자신과 직업세계에 대한 기본적인 이해가 발달한다.

② 탐색기(15 ~ 24세)

학교 · 여가활동, 시간제 일과 같은 활동을 통해 자아를 검증하고 역할을 수행하며 자신에게 적합한 직업을 탐색하는 시기이다. 이시기에는 결정화, 구체화, 실행의 과업이 수행된다.

ⓛ 잠정기: 자신의 흥미, 적성, 가치, 취업기회 등을 고려하여 잠정적 진로를 설정한다.

ⓛ 전환기: 개인이 직업세계에 필요한 교육, 훈련을 받으면서 자아개념을 확립하려고 하며 현실적 요인을 중시한다.

ⓒ 시행기: 자신이 적합하다고 생각하는 직업을 선택하고 종사하기 시작한다.

과업	내용
• 결정화 • 구체화 • 실행	이 시기 중요한 과제는 미래 계획이다. 학교생활, 여가활동, 시간제 일 등을 통한 자아검증, 역할시행, 직업탐색을 수행한다. 진로선택에 자기 욕구, 흥미, 능력, 가치, 취업기회 등을 고려하며, 잠정적 진로선택 및 여러 경험을 통한 시행이 필요한 시기이다. 구체적인 진로탐색을 통해 상급학교나 구직을 위한 의사결정을 하게 되는 단계이다.

③ 확립기(25 ~ 44세)

자신에게 적합한 직업을 발견· 종사하여 기반을 다져 나가는 시기이다.
대부분의 사람은 자신에게 적합한 특정 조직에 취업하게 된다.
자신이 선택한 직업을 통해 자아개념을 실천하면서 영구적인 위치를 확보하기 위한 노력을 기울인다. 선택한 분야의 전문가로 성장하기 위해 노력하는 시기이며, 때로는 직업변경이나 전환이 이루어지는 시기이다.

ⓛ 시행기: 자신이 선택한 직업의 분야가 적합하지 않을 경우 적합한 직업을 발견할 때까지 몇 차례의 변화가 있게 된다. 그러나 자신이 선택한 직업분야가 잘 맞을 경우 해당 직업에서 크고 작은 시행착오를 겪으면서 적응해 가는 시기이다.

ⓛ 안정기: 자신의 진로에 대한 유형이 분명해짐에 따라 직업세계에서의 안정과 만족, 소속감, 지위 등을 가진다.

과업	내용
• 안정화 • 공고화 • 발전	적합한 분야 발견 및 영구적 위치 확보를 위한 노력이 필요하다. 직업에 대한 회의 또는 다른 직업선택 상황이 발생할 경우, 전 단계인 탐색기로의 재순환을 통해 적절한 직업 선택이 가능하다. 직업을 가지고 직장생활을 하면서 자신의 일을 확립해 나가는 단계이다.

④ 유지기(45 ~ 64세)

직업에서 자신의 위치가 공고(확고)해지고 자신의 자리를 유지하기 위해 노력하며 안정된 삶을 살아가는 시기이다.

유지기에는 지속적으로 새로운 기술과 지식에 대한 교육, 전문성 향상의 과업을 수행하여야 한다.

대부분의 사람이 자신의 직업에 정착하게 된다.

과업	내용
• 보유 • 갱신 • 혁신	선택한 직업에서 자신의 위치를 확고히 하고 지속적으로 적응해 나가는 시기이다. 직업 정착 및 유지를 위해 노력한다. 기술 갱신 또는 지속적 직무능력 향상을 위해 혁신적으로 새로운 기술 체득이 필요하다. 그렇지 않을 경우, 낮은 수행을 보이거나 일에서 뒤처지게 된다. 확립 단계 이후 직업적 역할을 계속 수행하면서 기존의 상태를 유지하게 되는 단계이다.

⑤ 쇠퇴기(65세 이후)

정신적·육체적으로 기능이 쇠퇴함에 따라 직업에서 은퇴하게 되어 새로운 역할과 활동을 찾게 되는 시기이다.

과업	내용
• 감속 • 은퇴 계획 • 은퇴생활	신체적·정신적 힘 약화로 직업에서 은퇴하고 다른 활동을 모색한다. 은퇴 관련 진로발달 과업이 존재하며, 직업 활동보다 은퇴 관련 활동에 더 많은 관심을 가지게 된다. 신체적 능력이나 기억력이 저하되어 생산성이 떨어지고 직업에서의 수행능력도 감소하는 단계이다.

🔦 TIP 수퍼(D. Super)의 탐색기와 확립기 진로발달과업 2020 공무원 9급

결정화 (14 ~ 17세)	자신의 흥미와 가치를 확인하고 선호하는 직업을 위한 계획 등을 세우고 목적을 형성하는 과업의 단계이다.
구체화 (18 ~ 21세)	특정한 직업에 대한 선호가 생겨나며, 선택한 직업을 구체적으로 이해함을 통해 진로계획을 특수화시킨다.
실행화 (22 ~ 24세)	이 시기에는 자신이 선호하는 직업에 대한 훈련과 교육을 받고, 취업하는 과업의 단계이다.
안정화 (25 ~ 35세)	• 직업에서 실제 일을 수행하고 재능을 활용함으로써 진로선택이 적절한 것임을 보여 주고 자신의 위치를 확립한다. • 조직문화에 적응하고 일과 관련된 의무들을 조직이 요구하는 수준으로 수행함으로써 자신의 직업 지위를 정착시킨다.
공고화 (35세 이후)	승진, 지위획득, 경력개발 등을 통해 자신의 진로를 안정시키는 과업의 단계이다.
발전 (44세 이전)	발전은 자신이 선택한 직업분야에서 보다 높은 지위로 승진하는 것으로 많은 책임과 보상을 동반한다.

(6) 수퍼(D. Super)의 주요이론 2018 공무원 9급

① 생애공간이론(생애진로무지개) 2022 공무원 9급
  ㉠ 생애진로무지개모형은 한 개인의 생애주기에 따라 나타나는 주요 역할의 변화를 보여준다.
  ㉡ 생애공간이론은 진로발달을 전생애의 기간이라는 종단적 측면과 공간이라는 역할적 측면을 부각한다.
  ㉢ 사람은 동시에 여러 가지 역할을 함께 수행하며 발달 단계마다 다른 역할에 비해 중요한 역할이 있다.
  ㉣ 개인의 9가지 주요한 역할은 자녀, 학생, 여가인, 시민, 근로자, 배우자, 주부, 부모. 은퇴자 등이 있다.

② 진로아치문 모델
  ㉠ 아치문 모형에서 자아개념의 발달을 개인적 요인과 환경적 요인의 상호작용으로 설명한다.
  ㉡ 수퍼는 진로아치문 모델로 직업발달을 설명하고 있다.
  ㉢ 아치문의 바닥: 인간 발달의 생물학적·지리적인 면을 토대로 한다.
  ㉣ 아치문의 왼쪽 기둥: 개인 특성을 왼쪽 기둥으로 하여 욕구나 지능, 가치, 흥미 등으로 이루어진 개인의 '성격적 측면'을 나타낸다.
  ㉤ 아치문의 오른쪽 기둥: 사회경제적인 측면을 오른쪽 기둥으로 하여 가정, 학교, 경제, 사회제도, 노동시장 등으로 이루어진 '사회정책 측면'을 의미한다.
  ㉥ 아치문의 지붕: 아치문의 각 부문들이 서로 상호작용하면서 정중앙의 자아개념이 발달한다는 개념으로 직업발달을 설명하고 있다.

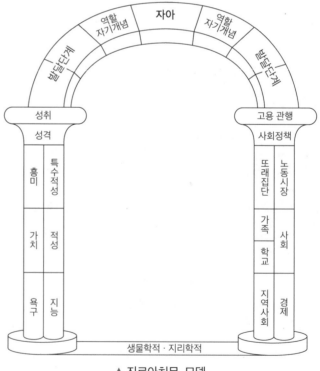

▲ 진로아치문 모델

(7) 갓프레드슨(Gottfredson)의 직업포부 발달이론의 의의 2021 공무원 9급

① 직업포부 발달이론은 개인의 진로결정과 함께 자아개념 발달을 설명하는 이론이다.

② 이 이론은 진로발달 측면에서 사람이 어떻게 특정 직업에 매력을 느끼게 되는가를 기술한다.

③ 수퍼와 마찬가지로 갓프레드슨은 '자아개념'을 진로선택의 중요한 요인으로 보았다.

④ 개인이 자기개념과 일치하는 직업에 대해 포부를 형성한다고 보고, 직업포부 형성과정을 제한과 타협 과정으로 설명하였다.

⑤ 진로결정에 있어 제한(한계)와 타협(절충)이라는 개념을 중시한다.

⑥ 직업포부의 형성 과정을 설명하고자 제한 및 타협의 원리를 제시함으로써 '제한 - 타협이론'으로도 불린다.

⑦ 개인의 발달과정과 함께 자아개념이 발달하면서 직업 포부에 대한 한계를 설정하게 된다.

⑧ 타협은 제한 과정을 통해 선택된 직업대안들 중 자신이 극복할 수 없는 문제를 가진 직업을 어쩔 수 없이 포기하는 것이다.

⑨ 타협에 대한 심리적 적응 과정의 중요성을 강조한다.

⑩ 자신이 선택한 직업 영역에 맞게 자신의 진로 기대를 변화시켜 나가도록 돕는다.

⑪ 타협의 중요한 측면들로 성역할, 사회적 지위, 흥미를 제시한다.

(8) 제한 - 타협이론의 특징 2018 공무원 9급

① 진로발달과정은 자신이 할 수 있다고 생각하는 직업의 수를 줄여가는 과정이라고 설명한다.

② '타협'은 직업의 성역할, 사회적 지위, 흥미를 고려하여 자신이 선택할 직업을 조정하는 것을 의미한다.

③ 제한과 타협

  ㉠ 제한: 제한은 직업선택 과정에서 자신의 자아개념과 맞지 않은 직업대안들을 사전에 배제하는 것이다.

  ㉡ 타협: 제한 과정을 통해 선택된 직업대안들 중 자신이 극복할 수 없는 문제를 가진 직업을 어쩔 수 없이 포기하는 것이다.

(9) 진로포부의 제한단계

① 다음 그림은 진로 포부를 제한하는 과정을 나타내고 있다.

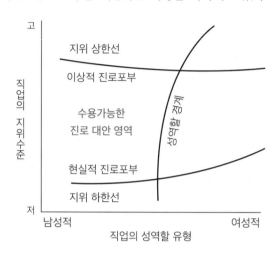

② 가로 축은 직업의 성역할 유형을 나타내는 축이며, 세로 축은 직업의 사회적 지위 수준을 나타내는 축이다.

③ 타협은 가능성 때문에 진로대안을 변화시켜야 하는 과정으로 덜 매력적인 대안이라도 수용하게 되는 것이다.

④ 성역할, 지위, 흥미 영역은 타협 과정에서 중요하게 생각하는 세 가지 영역으로 성역할은 가장 타협하기 어려운 측면이고 흥미가 가장 쉽게 타협하게 되는 측면이다.

⑤ 따라서 대부분의 사람들은 최고의 선택보다는 최선의 선택을 한다.

(10) 갓프레드슨(Gottfredson) 타협의 4원칙

갓프레드슨(Gottfredson)은 타협과정의 네 가지 원칙을 제안했다

① 첫째, 흥미 < 명성 < 성유형의 크기 순으로 직업을 선택한다. 타협 시 성유형의 자기개념과 일치하는 직업은 끝까지 지키려 하고 흥미와 일치하는 직업조건은 제일 먼저 포기한다.

　예 흥미는 없지만 명성이 있고 성유형이 일치한다면 선택한다.

② 둘째, 최상의 선택은 사람들에게 너무 많은 시간과 정보를 요구하기 때문에 사람들은 타협 시 최상의 선택보다는 최선의 선택을 한다.

③ 셋째, 사람들은 자신의 선택을 만족하지 못하면 그 직업에 관여하는 것 자체를 회피한다.

　예 기존 노동시장의 진출보다 남녀차별이 덜한 공직으로 진출이 이에 해당한다.

④ 마지막 원칙은 타협에 대한 적응에 대한 것이다. 흥미를 타협한 사람들의 경우는 심리적으로 잘 적응하는 반면, 사회적 지위에 대해 타협한 경우에는 이보다 적응에 어려움이 있다. 그리고 자신의 성유형을 타협해 자신의 성과 반대되는 직업을 선택한 경우에는 가장 심리적으로 타격을 입어 적응하는 데 매우 어려움이 많다.

(11) 갓프레드슨(Gottfredson)의 직업포부 발달단계 2022 공무원 9급

① 힘과 크기 지향성(Orientation to Power and Size ; 3~5세)

힘과 크기로 사람들을 분류하고 일의 영역에도 적용한다. 사고는 직관적 수준이나 사고과정이 구체화되기 시작한다. 자신보다 크고 힘이 센 어른들만이 직업이라는 것을 가질 수 있다는 생각으로 직업에 대한 선망을 가지게 되며, 자신이 생각하는 미래직업에 대해 긍정적으로 인식한다.

② 성역할 지향성(Orientation to Sex Roles ; 6~8세)

성의 발달이 자아개념 발달에 영향을 주며, 성별에 따른 이분법적 동일시로 또래집단을 통해 동성 친구와 친밀감을 형성한다. 성역할 경계를 형성하기 시작하여 남성적 · 여성적 직업을 이분화하여 판단하고, 동성의 사람들이 많이 수행하는 직업들을 선호한다. 성역할 사회화가 나타나며 직업에 대한 성역할 고정관념이 습득되는 시기이다.

③ 사회적 가치 지향성(Orientation to Social Valuation ; 9~13세)

사회적 가치와 규범을 인지하고, 사회계층 및 사회질서에 대한 개념이 발달하기 시작하여 '상황 속 자기'를 인식하며, 자신의 상대적 능력에 대해 판단하고 이를 사회 속에서의 상대적 서열과 관련 지어 사회적 집단 내에서의 자신의 지위와 명성에 더 민감해진다. 자신이 추구하는 사회적 명성, 능력, 사회경제적 수준에 부합하는 직업들에 대해 집중적인 관심을 보이며, 지위 하한성과 상한선을 형성하게 된다. 직업에서 보상적 측면과 필요한 교육 수준의 정도가 다름을 인지하여 점차 진로의식이 성숙하고, 자신에게 적합한 직업군을 줄여 나가기 시작한다.

④ 내적, 고유한 자아 지향성(Orientation to Internal, Unique Self ; 14세 이후)

내면적 사고를 통해 자기인식 및 자아정체감이 발달하고, 사회인지를 통해 타인에 대한 지각이 발달한다. 자기성찰, 성역할, 사회계층의 맥락에서 자신의 흥미나 가치관 등에 부합하는 직업분야를 탐색한다. 가상적 추론능력의 발달 속에 진로포부 수준도 현실적으로 구체화하여 가능한 직업대안들 중 최선의 선택을 하는 것에 초점을 둔다.

(12) 직업인지지도(The cognitive map of occpation)

① 갓프레드슨(Gottfredson)은 사회적 공간에서 남성성 - 여성성, 직업의 지위 수준, 일의 영역의 세 가지 차원으로 구분하고 직업인지지도(The cognitive map of occpation)를 만들었다.

② 직업인지지도는 홀랜드의 직업 영역으로 분류해 볼 수 있다.

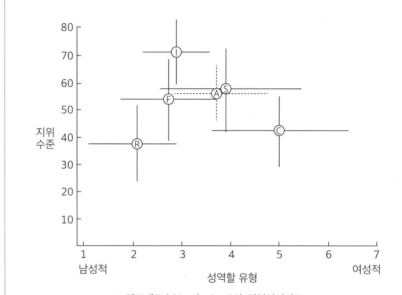

▲ 갓프레드슨(Gottfredson)의 직업인지지도

각 홀랜드 유형의 지도상 위치를 보면 아래와 같이 해석될 수 있다.
- 현실형 직업은 낮은 지위 - 남성적 유형
- 탐구형 직업은 높은 지위 - 남성적 유형
- 예술형 직업은 중간 지위 - 중성적 유형
- 진취형 직업은 중간 지위 - 남성적 유형
- 사회형 직업은 중간 지위 - 여성적 유형
- 관습형 직업은 낮은 지위 - 여성적 유형

(13) 타이드만(Tiedeman)과 오하라(O'Hara)의 진로발달이론의 의의

① 진로 의사결정 과정에서 개별 과정을 중시하였으며, 개인적 경험이나 의사결정 과정에 대한 이해가 진로발달과 선택에 있어서 무엇보다도 중요하다고 보았다.

② 타이드만과 오하라는 진로발달에 있어, 연령보다는 문제의 성질이 중요하다고 보고 진로발달을 직업정체감이 형성되어 가는 과정으로 보았다.

③ 에릭슨의 심리사회적 발달이론에 기초를 두었으며, 슈퍼이론에도 영향을 받았다.

(14) 타이드만(Tiedeman) 의사결정이론의 특징

① 진로발달은 직업정체감을 형성하여 가는 연속적 과정이며, 자아정체감은 직업정체감을 형성하는 중요한 요인이다.

② 개인은 분화와 통합의 과정을 거치면서 자아정체감을 형성한다.

③ 개인의 자아정체감은 분화와 통합의 과정을 거치면서 형성되어 가며, 자아정체감은 직업정체감을 형성시킨다.

④ 직업대안의 선택에 중점을 둔 '의사결정발달이론'이라고도 한다.

⑤ 의사결정과정을 인지적 구조의 분화와 통합에 의한 의식적인 문제해결행동으로 보고 있다.

(15) 밀러 - 타이드만(A. Miller & D. Tiedeman)의 진로의사결정이론 2021 공무원 9급

① 사람들이 정보를 처리하고 그러한 과정을 통해 의사결정을 할 수 있다고 가정하였다.

② 자기 내면에 귀 기울이기의 중요성을 강조하면서 사적 현실과 공적 현실을 구분하였다.

③ 내담자 생애진로에 영향을 미치는 진로의사결정에 있어서 내담자의 역할을 중시하였다.

 심화

데이비드 타이드먼과 밀러 타이드먼 부부의 생애진로이론

타이드먼은 구성주의 관점으로 직업연구를 해왔고, 그의 아내인 밀러 타이드먼을 비롯해서 더들리, 피틀링, 오하라 등과 직업연구를 함께 진행했다. 그의 연구논문 중 가장 자주 소개되는 논문은 1963년에 오하라와 함께 출판한 <진로발달이론: 선택과 적응>이다. 여기서 타이드먼은 에릭 에릭슨의 발달단계를 확장하여 그의 핵심개념 진로의사결정의 '분화와 통합'을 주장하였다.

(16) 타이드만과 오하라의 진로의사결정 과정

① 전직업기(예상기)

㉠ 탐색기: 잠정적인 진로목표 설정과 많은 직업대안들이 탐색된다.

㉡ 구체화기: 개인의 진로방향을 정하고 직업대안들을 구체화한다.

㉢ 선택기: 구체화된 대안 중 직업목표를 결정하고 명확한 의사결정이 이루어진다.

㉣ 명료화기: 선택한 의사결정을 분석하고 검토해 본다.

② 직업적응기(실천기)

㉠ 순응기: 사회적 인정을 받고 조직에 적응하고자 하며, 수용적인 자세를 취한다.

㉡ 개혁기: 자신의 주장을 조직에서 관철하고자 능동적인 태도를 보이게 된다.

㉢ 통합기: 조직의 요구에 자신의 욕구를 통합·조절하게 되고 통합을 이루게 된다.

심화

에릭슨의 심리사회성 발달 8단계 이론 2016-1 · 17-1 직업상담사 1 · 2급)

에릭슨은 자아의 발달이 성격의 발달이라고 보고, 개인의 심리적 발달수준과 사회가 가지는 기대가 위기를 발생시키므로 이 둘 간의 균형이 중요하다고 강조하였다.

1단계(영아기)	신뢰감 대 불신감 - 구강기(oral stage)의 단계
2단계(유아전기)	자발성 대 수치심 - 항문기(anal stage)의 단계
3단계(유아후기)	주도성 대 죄의식 - 남근기(phallic stage)의 단계
4단계(아동기)	근면성 대 열등감 - 아동의 유능감과 열등감
5단계(청소년기)	자아정체감 대 역할혼미 - 청소년기 주변인의 개념
6단계(성년기)	친밀감 대 고독감 - 청년기의 사회적 관계
7단계(장년기)	생산성(생성감) 대 침체성(침체감) - 중년기의 생산과 침체
8단계(노년기)	자아통일감 대 절망감 - 노년기의 쇠퇴

6. 욕구이론

(1) 로(Roe)의 욕구이론의 의의 2021 공무원 9급

① 진로발달이론 중에서 사회나 환경의 영향을 상대적으로 가장 많이 고려하는 이론이다.

② 심리적 에너지가 흥미를 결정하는 가장 중요한 요소라고 보고, 직업발달이론 중 매슬로우(Maslow)의 욕구위계이론을 바탕으로 유아기의 경험과 직업선택에 관한 5가지 가설을 수립하였다.

③ 직업흥미가 아동기 초기 경험으로부터 결정된다는 관점에서 출발하며, 12세 이전 아동기의 부모 - 자녀 간의 관계에서 생긴 욕구가 직업선택에 영향을 미친다는 이론이다.

④ 즉, 부모의 양육방식이 자녀의 직업군 선택에 영향을 미친다고 보았다.

⑤ 로(Roe)는 미네소타 직업평가척도에서 힌트를 얻어 일의 세계를 8가지 장(Field)과 6가지 수준(level)으로 구성된 2차원의 체계로 조직화하였다.

⑥ 직업활동과 관련된 인간관계의 특성과 강도에 기초하여 8가지 직업군을 제안하였다.

⑦ 각 직업군은 곤란도와 책무성에 따라 6단계로 구분된다고 가정하였다.

⑧ 6가지 수준(level)은 수준 1이 가장 높고, 수준 6이 가장 낮다.

(2) 직업선택과 부모 - 자녀 관계

부모의 사랑을 받고 자란 사람은 다른 사람들과 함께 일하고 접촉하는 '인간지향적인 직종'의 직업을 선호하는 반면, 부모의 사랑을 제대로 받지 못하고 거부적인 분위기에서 성장한 사람은 다른 사람들과의 접촉이 적은 '비인간적인 직종'의 직업을 선호한다고 보았다.

(3) 부모 - 자녀 관계 유형

로(Roe)는 인생 초기의 경험이 직업선택에 중요한 영향을 미친다고 보았으며, 부모 - 자녀 관계 유형을 다음과 같이 제시하였다.

① 정서집중형

  ㉠ 과보호형: 자녀를 과보호함으로써 의존적으로 만든다.

  ㉡ 과요구형: 자녀에게 엄격한 훈련을 시키고 무리한 요구를 한다.

② 수용형

  ㉠ 무관심형: 수용적으로 대하지만 부모와 자녀 간의 친밀감이 형성되지 않은 관계이다.

  ㉡ 애정형: 수용적으로 대하고 부모와 자녀 간의 친밀감이 형성되며, 자녀의 독립심을 길러 준다.

③ 회피형

  ㉠ 무시형: 자녀와 별로 접촉하지 않으며, 부모로서의 책임을 회피한다.

  ㉡ 거부형: 자녀의 의견을 전적으로 무시하고 감정적으로까지 거부한다.

(4) 로(Roe)의 직업분류체계에 의한 8가지 직업군

① 서비스직

기본적으로 다른 사람의 욕구와 복지에 관련된 직업군이다. 주로 복지와 관련되어 종사하는 사회산업 등 서비스 직종을 말한다.

② 비지니스직

상대방을 설득하여 거래를 성사시키는 직업군이다. 주로 공산품, 투자상품, 부동산 등을 판매하는 직업이다.

③ 단체직

기업이나 단체의 조직과 효율적인 기능에 관련된 직업군으로 사업, 제조업, 행정에 종사하는 관리직이 해당된다.

④ 기술직

상품과 재화의 생산 · 유지 · 운송과 관련된 직업을 포함하는 직업군이다. 운송과 정보통신에 관련된 직업뿐만 아니라 공학, 기능, 기계무역에 관계된 직업들도 포함된다.

⑤ 옥외활동직

농산물, 수산자원, 지하자원, 임산물, 기타의 천연자원을 개발 · 보존 · 수확하는 것과 축산업에 관련된 직업이다.

⑥ 과학직

과학이론 및 그 이론을 특정한 환경에 적용하는 직업이다.

⑦ 예능직

창조적인 예술과 연예에 관련된 특별한 기술을 사용하는 것과 관련된 직업이다.

⑧ 일반문화직

인류의 활동에 흥미를 가지며, 문화유산의 보존 및 전수에 관련된 직업군으로 교육, 법률, 언론 등이 포함된다.

(5) 로의 직업수준 6단계

책임, 능력, 기술의 정도로 기준을 두었다.

① 고급 전문관리

중요한 정책에 독립적인 책임을 진다. 최고 경영자, 관리자, 정책책임자, 입안자 등이 여기에 속한다.

② 중급 전문관리

타인에 대해 중간 정도의 책임을 지거나 부분적인 독립 지위를 가진다. 정책을 집행하거나 해석한다.

③ 준 전문관리

타인에 대해 낮은 수준의 책임을 진다. 정책을 적용하거나 자신만을 위한 의사결정을 한다.

④ 숙련직

견습이나 다른 특수한 훈련 및 경험을 요한다.

⑤ 반숙련직

숙련직에 비해 낮은 수준의 훈련 및 경험을 필요로 한다.

⑥ 비숙련직

훈련이나 경험이 필요하지 않으며, 단순하고 반복활동을 한다.

7. 진로선택의 사회학습 이론

(1) 크롬볼츠(krumboltz)의 사회학습이론의 의의 2021 공무원 9급

① 강화이론, 고전적 행동주의이론, 인지적 정보처리이론에 기원을 두고 있는 이론으로 내담자들이 진로문제 해결을 하기 어렵게 만드는 신념을 명료화하도록 돕는다.

② 진로결정에 영향을 미치는 요인으로 유전적 요인과 특별한 능력, 환경조건과 사건, 학습 경험, 과제접근기술 등 4가지를 제시하고 있다.

③ 이 이론은 기본적으로 유전적 요인과 특별한 능력이 진로결정 과정에 미치는 영향을 고려하면서도 진로선택 결정에 영향을 미치는 삶의 사건들에 관심을 두고 있다.

④ 학과 전환 등 진로의사결정과 관련된 개인의 행동에 대해서도 관심을 두고 있다.

⑤ 전체 인생에서 각 개인의 독특한 학습경험이 진로선택을 이끄는 주요한 영향 요인들을 발달시킨다고 보았다.

⑥ 이러한 진로결정 요인들이 상호작용하여 자기관찰 일반화와 세계관 일반화를 형성하며, 개인의 신념과 일반화는 사회학습 모형에서 매우 중요하다고 보았다.

⑦ 진로선택 과정에서 개인과 환경이 상호작용을 통해 어떠한 학습을 했는지에 중점을 둔다.

⑧ 특정한 직업을 갖게 되는 것은 단순한 선호나 선택의 기능이 아니고 개인이 통제할 수 없는 복잡한 환경적 요인의 결과이다.

(2) 진로결정 요인들의 결과

① 자기관찰 일반화
    ⊙ 자신에 대한 신념으로 개인의 수행이나 흥미 또는 가치를 평가하는 자기진술이다.
    ⓛ 수행을 통해 타인과 비교하며, 자신의 능력을 관찰한다.
    ⓒ 흥미나 가치는 학습경험을 통해 얻게 된다. 학습경험은 특정 행동을 하게하고, 특정 행동결과는 개인의 가치를 인식하게 한다.

② 세계관 일반화
    ⊙ 세계관 일반화는 사람들의 미래에 대한 추론이다. 사람은 환경을 관찰하고 일반화하며, 환경의 변화 추세와 그들의 미래에 발생 가능한 일을 예측한다.
    ⓛ 이러한 세계관 일반화는 학습경험으로부터 얻게 된다.
    ⓒ 세상은 변화하고, 변화되는 환경에 따라 직업과 작업과제는 변화될 수 있다.

(3) 진로와 관련된 내담자의 인지(진로신념)

크롬볼츠(Krumboltz)가 주장한 진로선택의 사회학습이론은 진로선택 결정에 영향을 미치는 삶의 사건들에 관심을 두며, 개인의 신념과 일반화가 사회학습 모형에서 매우 중요하다고 본다. 즉, 내담자들이 진로문제 해결을 하기 어렵게 만드는 신념을 명료화하도록 돕는다.

① 일반화된 생각은 경험으로 인해 가지게 된 생각이며 이러한 경험은 제한된 것일 수밖에 없으므로 일반화된 생각은 어느 정도 오류를 포함할 수 있다.

② 제한된 경험으로부터 자신과 세상에 대해 일반화된 생각을 하게 되며 이러한 제한된 생각 중에는 진로발달과 진로선택을 방해하는 잘못된 생각이 있을 수 있다는 것이다.

③ 따라서, 사회학습이론에서는 진로신념검사를 통해 내담자의 진로선택에 방해가 되는 생각들을 밝혀내는 것이 중요함을 강조하였다.

(4) 사회학습이론에서 개인의 진로에 영향을 미치는 요인[미첼(L. Mitchell)과 크롬볼츠(J. Krumboltz)] 2019 공무원 9급

① 유전적 요인과 특별한 능력
    ⊙ 교육적 · 직업적인 선호나 기술에 제한을 줄 수 있는 자질로서, 개인의 진로기회를 제한하는 타고난 생득적인 특질을 말한다.
    ⓛ 인종, 성별, 신체적 모습 및 특징, 지능, 예술적 재능 등이 해당된다.

② 환경적 조건과 사건
    환경상의 조건이나 특정한 사건, 즉 사회적 · 정치적 · 문화적 · 경제적 상황 등은 기술개발, 활동, 진로선호 등 개인의 진로에 영향을 미친다.

③ 학습경험
    과거에 학습한 경험은 현재 또는 미래의 교육적 · 직업적 의사결정에 영향을 미친다.

④ 과제접근기술

  ⊙ 개인이 환경을 이해하고 대처하며 미래를 예견하는 능력이나 경향을 의미한다.

  ⓒ 문제해결기술, 정보수집 능력, 일하는 습관, 감성적 반응, 인지적 과정 등이 해당된다.

(5) 계획된 우연(planned happenstance)이론 2020 · 22 공무원 9급

① 크롬볼츠는 진로상담에 있어 내담자의 불안을 정상적인 것으로 간주한다. 개인은 수많은 우연한 사건들을 경험하며 살아가는데, 이러한 경험은 삶 전체에 긍정적 또는 부정적으로 작용한다.

② 우연한 사건들은 자신의 노력 여하에 따라 긍정적 또는 부정적으로 작용하게 할 수 있고, 이 중 긍정적인 효과를 미쳐 자신의 진로에 연결되는 것을 계획된 우연이라고 한다.

③ 크롬볼츠는 삶에서 만나는 매 경험들을 자신의 인생 항로에 긍정적인 요소로 활용하는 태도와 기술이 필요하다고 주장하였다. 진로에 유리하게 활용하는 데 도움이 되는 태도는 다음과 같다.

호기심	새로운 학습기회를 탐색하게 해 주며, 성장과 충족감을 느끼게 한다.
인내심	좌절의 경험이라 할지라도 인내심을 가지고 일관성 있는 노력을 지속해야 한다.
융통성	기존의 경험으로만 세상을 보지 말고, 상황이나 관점을 다양하게 볼 수 있는 태도를 가져야 한다.
낙관성	새로운 기회가 올 때 그것을 긍정적으로 이해하고 해석할 줄 알아야 한다.
위험감수	불확실한 결과와 실패의 위험을 감수하더라도 실행할 수 있어야 한다.

TIP 진로발달에 영향을 미치는 요인

환경적 요인	유전적 요인과 특별한 능력 및 환경적 조건과 사건
심리적 요인	학습경험 및 과제접근기술
우연적 요인	계획된 우연

(6) 크롬볼츠(Krumboltz)의 사회학습이론의 시사점

① 사람들은 능력과 흥미를 확장해야 하며, 단지 기존의 특성만으로 의사결정을 해서는 안 된다.

② 사람들은 직업이 안정적으로 유지될 것이라는 가정을 하지 말고, 작업과제를 변화시키기 위한 준비를 할 필요가 있다.

③ 사람들을 단순히 진단하는 것이 아니라 행동을 하도록 동기를 부여할 필요가 있다.

8. 새로운 진로 발달이론

(1) 인지적 정보처리이론(CIP: Cognitive Information Processing)

① 인지적 정보처리이론의 의의

    ㉠ 인지적 정보처리이론은 진로문제를 개인의 인지적인 의사결정의 문제로 본다.

    ㉡ 컴퓨터가 정보를 인식하여 처리하는 과정처럼 개인이 진로문제 해결과 의사결정을 위하여 정보를 어떻게 지각하고 이해하고 기억하는지에 중점을 두는 이론이다.

    ㉢ 인간이 감각기관을 이용하여 정보를 습득하고 체계적으로 정리하여 뇌에 기억(저장)하는 과정을 학습의 과정으로 보았고, 기억된 정보는 필요할 때 재생시켜 원하는 곳에 사용할 수 있다고 보았다.

    ㉣ 개인에게 학습기회를 제공함으로써 개인의 처리능력을 발전시키는 것을 목적으로 한다.

    ㉤ 개인의 인지적 과정에 개입하는 방식을 통해 개인에게 의사결정 기술을 훈련시킴으로써 자신의 직업적 문제의 해결자이자 의사결정자가 되도록 도와주는 것이다.

② 인지적 정보처리의 주요 전제

    ㉠ 진로선택은 인지적 및 정의적 과정들의 상호작용의 결과이다.

    ㉡ 진로를 선택한다는 것은 하나의 문제해결 활동이다.

    ㉢ 진로성숙은 진로문제를 해결할 수 있는 자신의 능력에 달려 있다.

    ㉣ 진로문제 해결은 고도의 기억력을 요하는 과제이다.

    ㉤ 진로선택은 하나의 문제해결 활동이며, 진로발달은 지식구조의 끊임없는 성장과 변화를 포함한다.

    ㉥ 진로상담의 최종목표는 진로문제의 해결자이고 의사결정자인 내담자의 잠재력을 증진시키는 것이다.

    ㉦ 내담자가 욕구를 분류하고 지식을 획득하여, 자신의 욕구가 무엇인지 알 수 있도록 돕는다.

③ 진로문제해결의 과정(CASVE) 2020 공무원 9급

    ㉠ 의사소통(Communication): 질문들을 받아들여 부호화하며 이를 송출한다. 내담자의 의문점을 듣고 표현하는 의사소통으로 문제인식이 중요한 단계이다.

    ㉡ 분석(Analysis): 한 개념적 틀 안에서 문제를 찾고 규명하며, 이를 분류한다. 자기에 대한 이해와 직업에 대한 이해를 더해 가는 단계이다.

    ㉢ 통합 또는 종합(Synthesis): 행동 대안을 도출하기 위해 대안을 확장하고 축소하는 단계로 일련의 행위를 형성한다. 자기지식과 직업지식을 바탕으로 자신에게 적합한 직업대안을 선택하는 단계이다.

정교화	해결책을 광범위하게 브레인스토밍 등으로 창조적으로 창출하는 것
구조화	여러 대안 중 적절한 대안을 선별하여 대안의 범위를 축소하는 것

    ㉣ 평가 또는 가치부여(Valuing): 행동 대안 각각에 대해 평가하여 우선순위를 정하는 단계로 성공과 실패의 확률에 따라 각각의 행위를 판단하며, 다른 사람에게 미칠 파급효과를 평가한다. 종합단계에서 선택한 3~4개의 진로대안에 대해 조금 더 구체적으로 가치를 평가하는 단계이다.

ⓜ 실행(Execution): 잠정적 대안을 행동으로 옮기기 위해 계획을 구상하고 실천하는 단계로 책략을 통해 계획을 실행한다.

가치평가 단계에서 결정한 우선순위에 따라 자신의 선택을 어떻게 행동에 옮길지 생각하는 단계이다.

④ 진로정보처리 영역의 피라미드 2019 · 21 공무원 9급

진로의사결정을 하거나 진로 문제를 해결할 때 반드시 생각해 보아야 할 4가지 영역을 말한다.

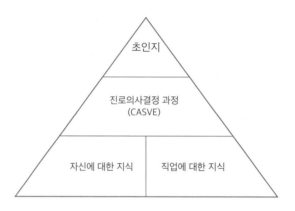

ⓐ 자신에 대한 지식

직업선택과 관련하여 자신의 흥미, 기술, 가치 등 자신에 대한 이해가 필수적 요소이다

ⓑ 직업에 대한 지식

자신의 흥미, 기술, 가치관 등에 적합한 직업을 선택하기 위해서는 직업에 대한 구체적인 정보가 반드시 있어야 한다.

ⓒ 진로의사결정과정(CASVE)

ⓓ 초인지

• 직무를 수행할 때 문제를 해결하기 위한 사고기능으로서, 자기대화, 자기인식, 모니터링과 통제 등을 자신이 어떤 생각을 하고 있는지 사고하는 개념이다.

• 자신의 의사결정과정 전체를 조망할 수 있는 능력으로 합리적 의사결정을 위하여 필요하다.

• 의사결정을 하는 사람은 의사결정 자체에 대해서 자신이 어떤 생각을 가지고 있으며, 어떤 정서를 가지고 있는지 확인하여 결정에 방해가 된다면 수정할 수 있어야 한다.

• 의사결정에 대한 왜곡된 생각을 수정하거나 스스로 자신을 격려하는 방법을 사용하여 합리적 의사결정 과정으로 이끌어 갈 수 있게 된다.

(2) 사회인지 진로이론(SCCT: Social Cognitive Career Theory)

① 사회인지 진로이론의 의의

ⓐ 사회인지 진로이론은 반두라(Bandura)의 사회학습이론을 토대로 한다.

ⓑ 헥케츠와 베츠(Hackett & Betz)가 1980년대에 확장시킨 이론이다.

ⓒ 진로선택에서 개인의 타고난 성향 및 환경 간의 상호작용만이 아니라, 개인의 자기효능감이라는 개념을 도입하여 진로발달과 선택에서 진로와 관련된 자신에 대한 평가와 믿음의 인지적 측면을 강조한다.

ⓔ 개인의 삶은 외부환경요인, 개인과 신체적 속성 및 외형적 행동 간의 관계로 보고 환경, 개인적 요인, 행동 사이의 상호작용을 중시한다.

ⓜ 개인의 진로선택과 수행에 영향을 미치는 '성'과 '문화적 이슈' 등에 민감하다.

ⓗ 개인의 사고와 인지는 기억과 신념, 선호, 자기지각에 영향을 미치며 이는 진로발달 과정의 일부이다.

ⓢ 진로발달의 기본이 되는 핵심개념으로 자아효능감과 결과기대(성과기대), 개인적 목표를 들고 있다.

② **사회인지적 진로이론의 상담(목표)전략** 2022 공무원 9급

　ⓐ 자기효능감과 결과기대를 현실화하여 보다 확장된 진로대안 안에서 내담자가 진로를 선택하도록 돕는다.

　ⓑ 내담자가 선택 가능한 진로를 제외하게 한 진로장벽을 확인하고 평가한다.

　ⓒ 내담자의 진로 맥락에서 진로 선택을 돕는 사회적 지지를 확인하고 이를 활용하도록 돕는다.

③ **사회인지진로이론(SCCT)의 주요 요인** 2021 공무원 9급

　ⓐ 자기효능감 요인은 특정 행동 또는 활동 수행에 대한 주관적 믿음이다.

　ⓑ 결과기대 요인은 특정 행동의 수행에서 얻게 될 성과에 대한 개인의 예측을 의미한다.

　ⓒ 목표 요인은 특정 행동에 몰입하거나 미래의 성과를 이루겠다는 결심을 의미한다.

　ⓓ 근접맥락 요인은 진로 선택의 시점에 비교적 직접적으로 작용하는 환경 요인을 의미한다.

④ **사회인지에서의 환경적 요인** 2018 공무원 9급

　사회인지진로이론(SCCT)에서는 환경의 영향을 강조한다. 즉, 환경이 개인의 진로 선택에 영향을 준다는 것이다.

　ⓐ 근접맥락변인: 가까운 곳에서 내담자와 상호작용하는 변인으로 가족의 정서, 당시의 경제적 상황 등을 들 수 있다.

　ⓑ 배경맥락변인: 거시적·역사적 변인으로 자신이 속한 가족, 사회, 문화 등을 들 수 있다.

　　ⓔ 청년 실업률 증가(배경맥락변인)한다면, 가난한 가정 형편(근접맥락변인)을 가진 내담자는 상대적으로 더 적극적으로 구직활동을 하게 된다.

 심화

자기효능감

자기효능감은 특정과업 수행에 대한 개인의 주관적 믿음으로, 노력의 강도를 결정한다. 높은 효능감을 지닌 사람들은 수행을 긍정적으로 이끌어가는 과정을 시각화하고 또 문제에 대한 좋은 해결방안을 인지적으로 제시한다고 한다. 반두라는 자기효능감의 주요 근원으로 성공경험, 대리경험, 언어적인 설득, 정서적 고양 등 4가지 요인을 제시하였다.

⑤ 사회인지진로이론(Social Cognitive Career Theory)에 근거한 진로상담 접근
방법 2018 공무원 9급
  ㉠ 내담자가 어떤 영역에서 자기효능감을 가지고 있는지 탐색해 본다.
  ㉡ 내담자가 자신의 진로선택에 대해서 어떤 결과를 기대하고 있는지 확인해 본다.
  ㉢ 내담자의 진로선택에 영향을 주는 진로장벽을 탐색하고 극복방안을 논의한다.
⑥ 반두라(Bandura)의 상호적 결정론
반두라는 개인, 행동, 환경(상황) 3가지 변인은 모두 개인 발전의 인과적 힘으
로서 서로 영향을 주면서 상호작용한다는 상호결정론(reciprocal determinism)
개념을 제안하였다.
⑦ 사회인지이론의 3가지 영역 모델 2020 공무원 9급
  ㉠ 흥미모형
    사람들은 자신이 성공적으로 이룰 수 있다고 느끼는 것에 지속적인 흥미를
    느낀다.
    결국 흥미는 결과기대, 자기효능감과 함께 목표를 예언하고 수행 결과로 이어
    진다. 즉, 자기효능감과 결과기대가 흥미형성에 영향을 미친다.
  ㉡ 선택모형
    개인의 성별, 인종, 성격 등의 개인차와 환경이 학습경험에 영향을 주고 학습
    경험이 자기효능감과 결과기대에 영향을 준다.
    즉, 진로선택이 자기효능감, 결과기대, 흥미뿐만 아니라 개인 및 환경 변인의
    직접적·간접적으로 영향을 받는 것으로 자기효능감 및 결과기대가 목표선택
    에 영향을 미친다.
  ㉢ 수행모형
    개인이 이미 선택한 영역에서 추구하는 수행의 수준을 예측한다. 즉, 개인이
    목표를 추구함에 있어 어느 정도 수준으로 수행할지, 어느 정도 지속할 것인
    지를 예측한다. 과거의 수행 성취도는 자기효능감과 결과기대에 영향주고 이
    것이 수행 수행목표에 영향주어 최종적으로 수행수준을 이끈다.
    즉, 자기효능감, 결과기대, 수행목표가 수행수준과 수행지속성에 영향을 미친다.

(3) 자기효능감 이론(Self-efficacy Theory)

① 자기효능감 이론의 의의
  ㉠ 반두라(Bandura)가 제시한 이론으로, 어떤 과제를 수행하는 데 있어서 자신
    의 능력에 대한 믿음이 과제 시도의 여부와 과제를 어떻게 수행하는지를 결
    정한다는 것이다.
  ㉡ 반두라에 의하면, 자기효능감은 개인 노력의 강도를 결정한다. 높은 효능감을
    지닌 사람들은 수행을 긍정적으로 이끌어가는 과정을 시각화하고 또 문제에
    대한 좋은 해결방안을 인지적으로 제시한다고 한다.
  ㉢ 헥케트와 베츠(Hackett & Betz)가 성차에 대한 설명을 시도함으로써 더욱
    발전시킨 이론이다.
  ㉣ 헥케트와 베츠(Hackett & Betz)에 의하면, 자기효능감이 선택권의 제한과 자
    신의 능력을 십분 발휘하지 못하는 경험 등에 의해 영향을 받는다고 주장하
    면서, 특히 자기효능감 수준이 낮은 여성들의 진로문제에 관심을 두었다.

② 자기효능감(self-efficacy)의 원천(자기 효능감에 영향을 미치는 요인)
　　⊙ 성공경험(성취경험)
　　ⓛ 대리경험(다른 사람의 성취에서 얻는 경험)
　　ⓒ 언어적인 설득(주변사람들에게 듣는 말)
　　ⓔ 정서적 고양으로 생리적이고 정서적인 상태(자신의 능력과 기능에 대한 판단
　　　과 관련 정서)

(4) 가치중심적 진로접근 모형

① 가치중심적 진로접근 모형의 의의 2019 공무원 9급
　　⊙ 가치중심적 진로이론의 전제는 흥미는 행동의 기준을 설정하는 데 절대적으
　　　로 작용하지 않기 때문에 진로결정 과정에서 큰 역할을 하지 않는다는 것이다.
　　ⓛ 가치중심적 진로접근모형을 개발한 브라운(Brown)은 개인의 생애역할에 관
　　　한 의사결정을 하는 데 있어서 가치가 강력한 결정요인이며, 인간의 행동이
　　　개인의 가치에 의해서 상당 부분 영향을 받는다는 가정에서 출발하였다.
　　ⓒ 생애역할에서의 만족은 긴요한 모든 필수적인 가치들의 만족 정도와 직접 관
　　　련된다고 보았다.
　　ⓔ 다른 이론들과 달리 흥미가 진로결정에 큰 영향을 미치지 않는 것으로 본다.
　　　즉, 흥미는 개인의 선호도에 많은 영향을 주지만, 실제적인 행동에 있어서는
　　　개인의 만족을 충족시키는 가치만큼 영향을 미치지 않는다는 것이다.

② 가치중심적 진로접근모형의 기본명제
　　진로선택에 대한 가치중심적 진로접근 모형의 기본 명제는 다음과 같다.
　　⊙ 개인이 우선권을 부여하는 가치들은 그리 많지 않다.
　　ⓛ 가치는 환경 속에서 가치를 담은 정보를 획득함으로써 학습된다.
　　ⓒ 생애만족은 중요한 모든 가치들을 만족시키는 생애역할들에 의존한다.
　　ⓔ 생애만족은 모든 필수적인 가치들을 만족시키는 생애역할에 달려있다.
　　ⓜ 한 역할의 특이성(현저성)은 역할 내에 있는 필수적인 가치들의 만족 정도와
　　　직접 관련된다.
　　ⓗ 생애역할에서의 성공은 유전적 요인, 환경적 요인 모두와 관련이 있으며 학
　　　습된 기술, 인지적·정의적·신체적 적성 등 많은 요인들에 의해 결정된다.

(5) 구성주의 진로 이론

① 이론의 의의
　　⊙ 구성주의(맥락주의) 이론은 진로연구와 진로상담에 대한 맥락상의 행위 설명
　　　을 확립하기 위하여 고안된 방법으로 구성주의 철학을 토대로 한다.
　　ⓛ 발달과정을 체계화하는 데 수퍼(D. Super)의 생애단계이론을 차용하여, 현대
　　　적으로 확장한 것이다.
　　ⓒ 사비카스(M. Savickas)는 수퍼의 진로발달 이론을 현대적 시각으로 바라보고
　　　자 하였다.
　　ⓔ 개인과 환경의 상호작용을 강조한다.
　　ⓜ 행위는 맥락주의의 주요 관심 대상이다.
　　ⓗ 행위는 인지·사회적으로 결정되며 일상의 경험을 반영하는 것이다.

ⓐ 구성주의는 진리나 지식은 사회적 참여를 하고 있는 개인의 인지적 작용의 결과만큼 주관적인 흥미와 관심에 초점을 맞춘 것으로 환경 안에서의 개인의 선택을 중시한다.

 심화

구성주의 학자들은 현대에는 모든 것이 너무 빨리 변하므로 개인의 특성 - 직업 간의 연결이 안정적일 수 없다고 강조하였다. 따라서 '구성'의 의미는, 진로가 그냥 펼쳐지는 것이 아니라 매 진로 상황마다 자기개념을 표현하기 위한 선택을 하고 사회적 현실 속에서 목표를 구체화해 갈 때 구성되는 것이라고 보았다.

② 이론의 특징
구성주의 진로발달 이론은 '개인적 구성주의'와 '사회적 구성주의'를 통해서 한 개인의 진로가 어떻게 형성되는지를 설명해주는 이론이다

㉠ 개인적 구성주의는 진로와 관련된 경험에 개인적인 의미를 부여함으로써 형성된다고 본다.
㉡ 사회적 구성주의는 진로발달은 환경에 적응하는 과정을 통해 이루어지는 것이다.

즉, 진로는 저절로 발달해 가는 것이 아니라 개인이 구성해 가는 것이라고 볼 수 있다.

③ 구성주의 진로발달 이론의 16가지 가정

1. 사회는 사회적 역할을 통해 개인의 삶의 과정을 구성한다.
2. 직업은 개인에게 핵심적인 역할을 부여하고 성격 조직의 중심이 된다.
3. 개인의 진로유형(직업 지위, 직업의 순서, 지속 기간, 변경 빈도 등)은 부모의 사회경제적 지위와 교육 수준, 능력, 성격, 자아개념, 기회에 대한 적응 능력에 달려 있다.
4. 능력, 성격, 자아개념 등 직업 관련 특성에서 개인차가 존재한다.
5. 각 직업이 요구하는 직업 관련 특성은 서로 다르다.
6. 사람들은 다양한 직업을 가질 자질을 갖고 있다.
7. 일 역할과 개인의 직업 관련 특성의 매치(match) 정도가 성공을 좌우한다.
8. 만족감은 직업적 자아개념의 실현 가능성에 비례한다.
9. 진로 구성 과정이란 직업적 자아개념의 발달 및 실현의 과정이다.
10. 자아개념과 직업적 선호는 계속 변한다.
11. 진로는 성장, 탐색, 확립, 유지, 쇠퇴의 과정을 순환한다.
12. 전환기에는 앞의 5단계(성장, 탐색, 확립, 유지, 쇠퇴)가 반복된다.
13. 진로성숙도란 발달과업의 수행 정도로 정의할 수 있다.
14. 진로적응도란 발달과업의 수행 준비도와 자원(태도, 신념, 능력)이다.
15. 진로 구성은 진로의 발달과업에 의해 시작되어 그 발달과업에 대한 반응으로 완성된다.
16. 어느 단계에서든 발달과업을 설명하는 대화, 적응력 훈련, 자아개념을 명료화하는 활동으로 촉진할 수 있다.

④ 주요개념 2020·22 공무원 9급
  ⊙ 직업적 성격(vocational personality)
    • 진로와 관련된 각 개인의 능력, 욕구, 흥미, 가치 등을 의미하며, 내담자 자기 자신과 직업세계에 대해서 탐색함으로써 내담자의 직업적 성격을 이해할 수 있게 된다.
    • 내담자의 특성과 직업 세계의 특성을 간결하게 표현하는 어휘로서의 이 둘은 연결할 수 있다. 그러한 주관적인 해석은 개인의 생애주제나 자기개념을 구성하고 진로행동을 통제한다. 또한 구성주의 진로발달 이론의 관점을 취하는 상담자도 표준화된 직업흥미검사를 사용하는데, 그 결과를 내담자의 '진짜' 흥미라고 해석하지는 않고, 하나의 가능성으로서 가설을 만드는 데 활용한다. 그 과정에서 홀랜드의 육각형 모형이 내담자의 특성과 직업 세계의 특성을 간결하게 표현하는 어휘로서의 역할을 한다.
  ⓛ 생애주제(life theme)
    • 생애주제는 진로 관련 행동의 이유로, 직업을 선택함으로써 자아개념을 구체화하게 된다.
    • 생애주제는 수퍼의 자아개념을 근거로 일이나 생애역할에 의미를 부여하는 원동력이며, 사비카스는 생애주제가 자아개념을 구체화하고 진로관련 행동의 이유가 되므로 개인의 진로 경험담을 듣는 것이 중요하다고 보았다.
    • 생애주제는 수퍼의 가정을 근거로 진로를 선택하고 유지하는 것이 자신의 자기개념과 잠재력을 실현 및 구현하고 실현하는 것이라는, 즉 직업을 선택함으로써 자아개념을 구체화하고, 일을 통해 자신을 드러내는 진로 관련 행동의 이유가 바로 생애주제인 것이다.
    • 각 개인은 저마다의 생애주제를 가지고 있고, 자신만의 고유한 생애주제를 활용하여 의미있는 선택을 하며 직업인으로서의 역할에도 적응해 나간다. 이와 같은 생애주제를 담은 개인의 진로 경험담을 '진로이야기'라고 명명하는데 내담자의 여러 진로이야기를 통합하여 생애 주제를 찾아나가는 과정이 바로 상담의 과정이 된다. 생애 주제에 대해 이해하는 것은 자신이 하고 있는 일의 개인적인 의미뿐 아니라 사회적인 의미도 발견하게 하고 일에서 자기개념을 더 잘 실현할 수 있는 방법도 찾을 수 있게 도와준다.
  ⓒ 진로적응도(career adaptability) 2022 공무원 기출
    • 진로적응도는 일이 자신에게 맞도록 자신을 일에 맞추어 나가는 과정에 동원되는 개인의 태도, 능력, 행동을 말하며, 자신의 진로에서 성공하고 만족하기 위해서는 직업 세계의 변화에 잘 적응할 수 있어야 한다.
    • 변화에 대한 개인의 적응력을 진로적응도라고 하며, 이는 진로성숙도의 개념을 가지고 있다. 즉, 진로적응도는 자신의 진로를 구성해 나가는 과정에서의 극복 과정을 강조하는 것이다.
    • 좀 더 구체적으로 현재 당면한 진로발달과업, 직업전환, 마음의 상처 등을 극복하는 데 필요한 개인의 준비도와 자원을 의미하는 심리적 구인이다.
    • 적응력은 개인이 사회와 접촉하고 그 사회가 부과하는 과제들을 처리하기 위해 스스로의 진로 관련 행동을 조절하는 데 필요한 능력이면서 동시에 이렇게 자신을 환경으로 확장해 나가는 과정에서 형성되는 것이기도 하다.

- 즉, 진로적응도를 통해 개인은 자신의 자아개념을 직업적 역할 속에서 실현 해내고, 그것이 바로 자신의 진로를 새롭게 만드는 과정이 된다.

 심화

사비카스(Sacickas)의 진로적응도의 자원과 전략: 4Cs

적응차원	질문	역량	대처행동	개입
관심 (Concern)	미래계획이 있는가?	계획하기	알아차리는, 관여하는, 준비하는	방향성을 잡는 행동
통제 (Control)	누가 나의 미래의 주인가?	결정하기	주장적인, 의도적인	의사결정연습
호기심 (Curiosity)	미래에 대해 원하는 것이 무엇인가?	탐색하기	실험적인, 위험을 감수하는	정보탐색활동
자신감 (Confidence)	할 수 있을까?	문제해결	지속하는, 노력하는	자기존중감 향상

사비카스는 진로적응도가 발휘되는 장면에서 필요한 진로적응도의 자원과 전략에 따라 4가지 차원이 필요하다고 주장하였다.

⑤ 이론의 적용(상담기법)
　㉠ 대표적인 상담 전략: 이야기하기(storytelling)
　　전통적인 진로상담에서 주로 사용하는 표준화 검사의 사용이나 검사 결과의 해석을 최소화하고, 내담자로 하여금 진로나 진로선택과 관련된 자신의 이야기를 하도록 하는 것이다.
　㉡ 구성주의 진로상담의 접근법: 내러티브(narrative)
　　내담자의 과거, 현재 및 미래와 관련된 진로적응성을 향상시킨다(Savickas, 2005).
　㉢ 내러티브적으로 접근한 진로스토리(career story): 내담자의 과거와 현재를 융합하여 진로에 대한 새로운 개념을 도출함으로써 개인과 사회적 맥락의 관계 속에서 개인이 어떻게 이해하고 관계를 반영하여 행동하는지 조명할 수 있다(김진희, 2012).
　㉣ 내담자의 진로이야기를 이끌어내는 방법: 진로유형면접(career style interview)
　　진로유형면접을 통하여 수집된 자료는 내담자의 생애주제를 이끌어낼 수 있을 뿐 아니라, 내담자의 직업적 성격 및 진로적응도를 파악할 수 있다.

 심화

Cochran의 내러티브(narrative) 직업상담 2020 공무원 9급

1. 내러티브(narrative)는 한 가지 이상의 주제가 복잡하게 얽혀 있는 행태를 가르키는 것으로 이야기 형식의 진로상담을 의미한다.
2. 내담자들의 삶에 대한 묘사나 직업역할에 대한 이야기를 통해 직업관이나 진로관을 파악하는 직업상담을 강조한다.
3. 삶을 이야기로 보는 관점으로 사람들이 그들 자신의 삶에 대한 이야기를 창조할 수 있다는 가정에서 출발하는데, 사람들은 이러한 이야기의 창조를 통해 삶의 이미를 구축하고 새로운 미래를 구상할 수 있다고 본다.

TIP

진로양식면접은 인터뷰 방식의 8가지 주제의 이야기인 반면, 내러티브상담은 유기적인 7가지 주제라는 점에서 다르다.

⑥ 진로양식면접(career style interview)

구성주의 진로발달 이론에서 대표적으로 활용하는 상담 전략은 바로 '이야기하기'로, 이것은 진로상담에서 주로 사용하는 표준화 검사의 사용이나 검사 결과의 해석을 최소화한다. 구성주의 진로발달 이론에서 제안하는 상담과정은 내담자의 진로이야기를 이끌어내는 방법으로 사비카스가 제안한 '진로양식면접 (career style interview)'을 주로 활용한다.

▼ 진로양식면접(career style interview)의 질문 2018·21 공무원 9급

영역	질문	의미
준비도	○○씨의 진로를 만들어 나가는 데 있어 저와 만나는 시간을 어떻게 활용할 수 있을까요?	상담의 출발점을 제시한다.
역할모델	• 자라면서 가장 존경했던 사람은? • 어떤 사람의 삶을 따라 살고 싶은가요? • 세 사람의 역할 모형을 얘기해보세요. • 이 사람들의 어떤 면을 특히 존경하나요? • 이 사람들을 각각 얼마나 좋아하나요? • ○○씨는 이들과 어떻게 다른가요?	• 이상적 자아를 나타낸다. • 질문의 초점은 누구를 존경했는지가 아니라 어떤 점을 존경했는지이다.
잡지, 텔레비전 프로그램	• 정기적으로 구독하는 잡지가 있나요? 그 잡지의 어떤 점이 좋은가요? • 정말 좋아하는 텔레비전 프로그램은 무엇인가요? 그 이유는 무엇인가요?	개인의 생활양식에 맞는 환경에 대한 선호를 나타낸다.
책, 영화	좋아하는 책이나 영화에 대해 얘기해 주세요.	동일한 문제에 당면해 있는 주인공을 드러내고, 그 주인공이 어떻게 문제를 다루어 나가는지를 보여준다.
여가와 취미	• 여가시간을 어떻게 보내고 싶은가요? • 취미는 무엇인가요? • 취미생활의 어떤 점이 좋은가요?	자기표현(Self-expression)을 다루고 겉으로 드러난 흥미가 무엇인지 나타낸다.
명언	• 좋아하는 명언이나 좌우명이 있나요? • 기억하고 있는 명언이 있으면 얘기해 주세요.	생애사(life story)의 제목을 제공한다.
교과목	• 중학교 때와 고등학교 때 좋아하는 과목이 무엇이었나요? 그 이유는 무엇인가요? • 싫어했던 과목은 무엇인가요? 그 이유는 무엇인가요?	선호하는 직무와 근로 환경을 나타낸다.
생애초기 기억	가장 어릴 때 기억은 어떤건가요? 3~6세 시기에 ○○씨에게 일어났던 일 중 기억에 남는 일 3가지를 듣고 싶습니다.	무엇에 몰두하여 노력을 기울이고 있는지를 드러낸다.

(6) 블라우(P. Blau)등의 사회학적 이론

① 이론의 개요
- ㉠ 가정, 학교, 지역사회 등의 사회적 요인이 직업선택과 발달에 영향을 미친다는 점을 강조하였다.
- ㉡ 개인을 둘러싼 사회, 문화적 환경이 개인의 행동 영향을 미친다는 사회학적 지식을 바탕으로 생성된 이론이다.
- ㉢ Blau(1956), Miller & Form(1951) 등이 대표적 학자이다.

② 이론의 내용
- ㉠ 사회계층에 따라 개인은 교육 정도, 직업포부 수준, 지능 수준이 다르며, 이러한 요인들이 진로발달에 영향을 미친다는 이론이다.
- ㉡ 즉, 사회계층은 개인의 직업적 야망에 지대한 영향을 미친다.
- ㉢ 사회 계층 자체에 의한 것이 아닌, 사회계층에 따라 그 속에서 생활하고 있는 대다수의 사람의 반응, 교육 정도, 직업적 야망, 일반 지능 수준 등을 결정하는 독특한 환경이 직업 선택 및 발달에 영향을 준다.
- ㉣ 저소득층 가정의 자녀들이 열망하는 직업과 그들이 실제로 가질 수 있으리라고 예상되는 직업 간에 상당한 차이가 발생하며, 자신의 진로를 환경을 의식해서 체념한다.
- ㉤ 예를 들어 빈약한 교육 수준이나 무능력에도 기인할 수 있지만, 더 근본적으로 자신이 원하는 직업에 접근하는 것을 주위 환경이 허용하지 않을 것이라는 생각에 기인한다.
- ㉥ 부모와 가정 분위기가 사회적 계층적 한계를 극복하는 요소가 될 수 있다고 보았다.
- ㉦ 부모를 진로선택에 있어서 중요한 요인으로 간주한다(Basow & Howe, 1979).
- ㉧ 고등학교 시절에는 어머니의 영향력이 크며, 대학교 시절에는 아버지의 영향력이 큰 것으로 나타났으며, 베이비붐이나 여성 해방과 같은 시대적 사건 또한 진로 선택에 영향을 주는 중요한 요인에 해당된다.
- ㉨ 진로상담 시 사회적 요인들(개인의 사회경제적 지위, 가정의 영향력, 학업성취도, 지역사회의 조건, 압력집단의 유형, 역할 지각 등을 개괄적으로 파악 및 고려해야 한다.

③ 진로선택에 영향을 주는 요인
- ㉠ 가정의 사회 · 경제적 지위: 부모의 직업, 수입, 교육 정도, 주거지, 주거양식 및 윤리적 배경
- ㉡ 가정의 영향력: 자녀에 대한 부모의 기대, 형제 간의 영향, 가족의 가치관 및 내담자의 태도
- ㉢ 학교: 학업성취도, 동료 및 교사와의 관계, 학교에 대한 태도
- ㉣ 지역사회: 개인이 속한 지역사회에서 주로 하는 일, 그 지역사회 집단의 목적 및 가치관, 그 지역 사회 내에서 특수한 경험을 할 수 있는 기회 또는 영향력
- ㉤ 압력집단: 교사, 동료, 친지 등의 개인이나 부모가 내담자에게 특정 직업에 가치를 두도록 영향력을 지니고 있는 정도
- ㉥ 역할지각: 자신의 다양한 역할 수행에 대한 개인의 지각 및 그 개인에 대한 타인의 지각과 일치하는 정도

진로선택에 영향을 주는 사회요인

1. 가정

　가정의 경제적 지위, 부모의 직업, 부모의 수입, 주거양식, 부모의 기대, 형제 순위, 가정에 대한 개인의 태도 등

2. 학교

　교사와의 관계, 동료와의 관계, 교사의 영향, 동료의 영향, 학교의 가치

3. 지역사회

　지역사회에서 주로 하는 일, 지역사회의 목적 및 가치관, 지역사회 내에서 특수한 경험을 할 수 있는 기회, 지역사회의 경제 조건, 지역사회의 기술 변화

④ 이론의 평가 및 시사점

　㉠ 이 이론의 특징은 개인이 통제할 수 없는 요인들이 직업선택에 중요한 영향을 끼친다는 것이다.

　㉡ 개인이 가지고 있는 직업선택의 재량권은 다른 이론에서 가정되는 것보다 훨씬 적다(Osipow, 1983).

　㉢ 사회학적 이론을 고려하여 진로상담을 할 때에는 개인을 둘러싸고 있는 제반 상황을 파악하여 지도해야 한다.

　㉣ 동일한 요인이라 해도 개인에 따라 영향을 받는 정도가 다르므로 각각의 요인이 개인에게 주는 독특한 의미를 주의 깊게 파악해야 한다.

(7) 동기이론 및 인간관계이론

① 매슬로우(Maslow) 욕구이론

　㉠ 생리적 욕구

　　생리적 욕구는 음식 · 물 · 산소 · 수면 · 성 · 감각자극 등과 같은 욕구들을 포함한다.

　㉡ 안전욕구

　　안전욕구는 확실성 · 질서 · 구조 · 예측 가능한 환경 · 불안과 공포로부터의 해방 등에 대한 욕구를 의미한다.

　㉢ 소속과 애정의 욕구

　　소속과 애정의 욕구는 타인(배우자 · 가족 · 친지 · 친구) 등과 원만한 관계를 형성하고, 준거집단에 소속하려는 욕구를 의미한다.

　㉣ 존중욕구

　　존중욕구는 자기존중의 욕구와 다른 사람들의 존중을 받고 싶어 하는 욕구로 구분된다.

　㉤ 자기실현욕구

　　자기실현욕구는 자기 자신이 성취할 수 있는 모든 것을 실현하려는 욕구를 의미한다.

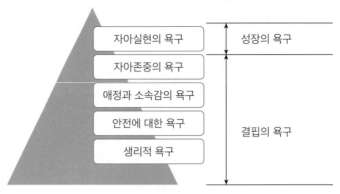

▲ 매슬로우(Maslow) 욕구이론

② 알더퍼(Alderfer)의 ERG 이론

매슬로우(Maslow)의 욕구위계이론과 가장 유사성이 많은 직무동기이론이다. 매슬로우의 5단계 욕구를 존재의 욕구, 관계의 욕구, 성장의 욕구의 세 가지 범주로 구분하였다.

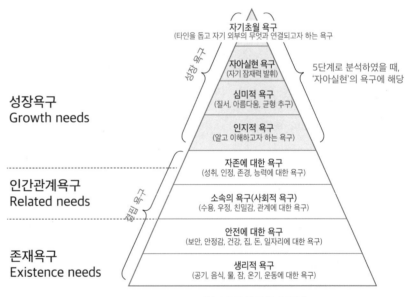

▲ 알더퍼 ERG 이론

③ 애덤스(Adams)의 공정성이론(형평분배이론) 2019-2 직업상담사 2급

ㄱ 개인이 얼마나 동기화되는지는 타인이 기울인 노력과 자신이 기울인 노력의 비교를 통해 결정된다.

ㄴ 일종의 사회적 비교이론으로, 개인이 다른 사람에 비해 어느 정도 공정하게 대우를 받고 있는지에 관한 지각의 중요성을 강조한다.

ㄷ 사람들이 어떤 상황에 기여한 정도에 따라 보상을 받아야 한다고 생각하며, 조직 속에서 개인은 자신이 투자한 투입과 이로부터 얻어지는 결과를 다른 개인이나 집단의 그것들과 비교한다고 가정한다.

② 자신이 투자한 투입 대 결과의 비율이 타인의 그것과 동일하다면 공정하다고 느끼며 만족하고, 반대로 불공정성을 지각하게 되면 공정성을 회복하는 쪽으로 노력을 기울이게 된다.

④ 허츠버그(Herzberg)의 2요인 이론(동기 - 위생 이론)

　㉠ 직무만족과 동기를 종합한 이론이다.

　　ⓐ 동기요인: 직무만족 요인으로, 이 요인들이 작업자가 가장 높은 수준의 성과를 얻도록 자극한다. 동기요인은 일의 내용, 개인의 성취감, 책임의 수준 또는 개인의 발전과 향상 등을 포함한다.

　　ⓑ 위생요인: 직무불만족을 가져오는 요인으로, 이 요인에는 조직의 정책이나 관리규정, 감독형태, 대인관계, 복리후생, 작업조건 등 작업환경의 특징이 포함된다.

　㉡ 이론의 전제는 직무만족을 결정하는 요인들과 직무불만족을 결정하는 요인들은 질적으로 다르다는 것이다.

　㉢ 위생요인을 아무리 개선하거나 자극한다고 하여도 동기부여는 일어나지 않으며, 또한 동기요인을 제거하거나 감소시킨다고 하여도 불만족이 유발되는 것은 아니다.

　㉣ 동기요인은 직무 그 자체를 말하며 만족에 영향을 줄 수 있으나, 위생요인은 불만족의 정도에 그 영향력이 한정되어 있다.

⑤ 내적 동기이론

　㉠ 외적동기: 과제와 별 관계가 없거나 어느 정도만 관련된 결과로 인해 동기화되는 것을 의미하는 것으로 목표달성을 위한 수단으로 어떤 활동을 하려는 동기를 의미한다.

　㉡ 내적동기: 외적 보상이나 가치를 따지지 않고 단순히 성공적으로 해내고 싶은 내적욕구 때문에 어떤 활동을 하는 것으로, 그 활동 자체를 위해 활동을 하는 것을 의미한다.

⑥ 브룸(Vroom)의 기대이론 2016-1 · 21-3 직업상담사 2급

　㉠ 개인은 자신의 행동결정과정에서 여러 대안을 평가하며, 자신의 노력에 따른 결과를 기대하고 선택한다는 의사결정이론이다.

　㉡ 일반적으로 구성원은 1차적 산출인 성과를 기대하면서 노력하고, 성과는 2차적 산출인 보상(승진, 급료 등)을 기대한다.

　㉢ 좀 더 구체적으로 노력은 1차 산출물인 성과에 대한 기대감을 갖게 하고 보상에 대한 믿음인 수단성이 2차 산출물인 보상을 가져오며 보상은 보상의 만족도인 유인가를 갖게 한다.

　㉣ 조직의 구성원은 직무에서 열심히 일함으로써 긍정적 유인가가 높은 성과들을 창출할 수 있다고 지각하는 경우 작업 동기는 높아진다.

　㉤ 동기의 강도는 어떤 결과에 부여하는 가치와 특정한 행동이 그 결과를 가져다 줄 것이라고 믿는 것을 곱한 값과 같다.

TIP 기대이론의 유인가, 수단성, 기대

Valence(유인가, 유인성)	개인이 원하는 특정한 보상에 대한 선호의 강도
Instrumentality(수단성)	성과(1차 결과)와 보상 사이의 인과관계에 대한 믿음
Expectancy(기대)	개인의 노력이 성과(1차 결과)를 발생시킬 가능성에 대한 주관적 확률

⑦ 로크와 래덤(Locke & Latham)의 목표설정이론

    ㉠ 설정된 목표가 일반적일 때보다 구체적으로 설정될 때 근로자들의 직무수행이 보다 높아진다.

    ㉡ 설정된 목표가 어려울수록 직무수행의 정도는 보다 높아진다. 즉, 목표에 대한 몰입이 목표의 난이도에 비례한다.

    ㉢ 목표를 달성하는 데 있어서 얼마만큼의 성과를 거두고 있는지에 대한 피드백을 받게 될 때 더 높은 수준의 직무수행을 보여준다.

    ㉣ 목표설정 시 참여하게 되는 경우 결정사항에 대해 더욱 애착을 가지게 되며, 이는 어려운 목표에 대한 수용가능성을 높인다.

⑧ 호손 효과(Hawthorne effect)

    ㉠ 하버드대 교수인 메이요(Mayor)가 호손 웍스라는 공장에서 수행한 실험의 결과에서 유래한 말로 인간관계이론에 속한다.

    ㉡ 호손 효과(Hawthorne effect)는 인간관계에 의해서 근로자들의 행동이 변하며 일시적으로 그들의 생산성 효율이 변화하는 현상을 관찰한 것이다.

    ㉢ 즉, 작업에 있어서 작업 장면의 사회적 환경, 조직성원의 사회적·심리적 욕구, 비공식집단이 생산성의 영향을 미친다는 이론이다.

      • 인간(관계)이 조직에서 중요한 요소의 하나라는 사실을 강조하였다.

      • 개인과 집단의 사회적·심리적 요소가 조직성과에 영향을 미친다는 사실을 인식하였다.

      • 비공식조직이 조직성과에 영향을 미치는 것을 확인하였다.

      • 호손효과의 결론은 근로자의 생산성에 있어 작업장의 물리적 환경보다는 작업장의 사회적 환경, 즉 인간관계 측면이 중요하다는 것이다.

⑨ 맥그리거(McGregor)의 X·Y 이론

    ㉠ 맥그리거(McGregor)는 인간의 본성에 상반된 가정을 토대로 부정적인 관점을 반영한 'X 이론'과 함께 긍정적인 관점을 반영한 'Y 이론'을 제시하였다.

    ㉡ 자신의 이론을 통해 부정적인 인간관에 대해 반론을 제기하는 동시에 긍정적인 인간관에 따라 조직 내 인간관계를 분석해야 한다고 주장하였다.

    ㉢ 일반적으로 X 이론은 전통적인 인간관을, Y 이론은 현대적인 인간관을 반영한다.

제**2**장 │ 직업심리검사

제1절 │ 직업심리검사의 이해

1. 심리검사의 특성

(1) 심리검사의 정의

① 심리검사지란 평정자가 알아보려는 개인의 심리특성을 대표하는 행동진술문들을 표집해 놓은 측정도구이다.

② 즉, 심리검사란 개인의 성격, 흥미, 능력, 태도 등의 심리적 속성을 다양한 도구들을 이용하여 양적 혹은 질적으로 측정·평가하는 조직적 절차이다.

③ 직업상담에 사용되는 심리검사는 객관적인 측정을 위해서 표준화된 절차에 따른 양적검사가 주로 실시된다.

(2) 심리적 구성개념 2022 공무원 9급

① 심리적 구성개념은 인간의 속성을 설명해주기 위해서 연구자들이 상상하여 만들어낸 추상적이고 가설적인 개념이며, 측정을 위해서는 조작적 정의가 필요하다.

② 구성개념은 직접적으로 측정하는 것은 불가능하며, 실재로 존재하는지도 불분명한 개념이다.

③ 검사가 측정하고자 하는 심리적 구인(구성개념)을 정확하게 측정하는 것은 타당도의 개념이다.

> **🔑 TIP** **구성개념의 예**
>
> 개인의 태도를 측정한다고 할 때, 태도에 대한 한 사람이 가지고 있는 외향성, 성실성, 개방성 등의 심리적 속성들은 추상적이고 가설적으로 추론할 뿐이지 외형적으로 명확히 관찰되기에는 한계가 있다.

(3) 행동표본

행동은 인간의 심리적 작용을 설명해주는 지표이며, 행동표본을 측정한다는 것은 행동을 수집하는 것을 말한다. 특정한 종류의 한 검사로 측정하려는 행동 표본이 과연 삶의 곳곳에 나타나는 행동을 얼마나 잘 대표하는지의 문제는 특정 검사의 심리적 구성물을 정의하고 개발하는 심리학자가 해야 할 일이다. 이와 같은 문제를 해결하는 것을 타당화 과정이라고 한다.

(4) 표준화 2017-3·18-2·19-1 직업상담사 2급

표준화란 검사실시와 채점절차의 동일성을 유지하는 데 필요한 세부사항들을 잘 정리한 것을 말한다. 즉, 검사재료, 시간제한, 검사순서, 검사장소 등 검사실시의 모든 과정과 응답한 내용을 어떻게 점수화하는지와 관련된 채점절차를 세부적으로 명시하는 것을 말한다. 표준화 검사는 검사 실시에 영향을 미치는 외적 변수들을 최소화하는 것을 목표로 한다.

표준화 검사는 검사 실시에 영향을 미치는 외적 변수들을 최소화하기 위해 검사자, 채점자 그리고 실시상황 변인 등 세부사항을 통제하지만, 피검자의 변인은 통제 대상에 해당되지 않는다.

(5) 측정 2011-3 직업상담사 2급

측정이란 어떤 일정한 규칙에 따라 대상이나 사건에 수치를 할당하는 과정이다. 측정도구란 인간의 물리적(몸무게, 키 등)·심리적(지능, 성격, 흥미 등) 속성을 수치로 나타내는 검사를 의미한다.

(6) 심리검사의 목적과 용도

① 개인적 기능(자기이해 증진)
심리검사를 통하여 자기이해를 증진시켜 강점과 단점을 파악하게 하고, 자신이 강점을 지닌 분야로 진로를 결정하도록 도와서 성공 가능성을 높이게 한다.

② 예측적 기능
심리검사를 실시하여 개인의 특성(성격, 적성, 지능 등)을 파악함으로써 개인의 수행을 예측하도록 한다.

③ 진단적 기능
개인의 특성을 측정하여 내담자의 행동상의 문제 원인을 파악하고 해결하기 위한 도구로 활용할 수 있다.

④ 조사적 기능
특정 집단의 성향이나 일반적 행동경향을 조사하고 연구를 통해 해당 집단의 특징을 규명하는 목적으로 사용할 수 있다.

2. 실시방식에 따른 분류

(1) 도구에 따른 분류

① 지필검사
수검자가 종이에 인쇄된 문항에 연필로 응답하는 방식이다.
예 운전면허 필기시험, 국가자격시험의 필기시험, 미네소타 다면적 인성검사(MMPI), 마이어스 - 브릭스 성격유형검사(MBTI), 캘리포니아 성격검사(CPI) 등

② 수행검사

수검자가 대상이나 도구를 직접 다루어야 하는 방식이다.

> 예 운전면허 주행시험, 한국판 웩슬러 지능검사(K-WAIS)와 일반 직업적성검사(GATB)의 동작성 검사 등

(2) 시간에 따른 분류

① 속도검사

㉠ 시간제한이 있고, 보통 쉬운 문제로 구성하는 것이 일반적이며, 문제해결력보다는 숙련도를 측정한다.

㉡ 웩슬러 지능검사의 소검사는 어렵기보다는 시간이 부족해 못 푸는 경우가 있다.

② 역량검사

㉠ 사실상 시간제한이 없고, 어려운 문제들로 구성되며, 숙련도보다는 문제해결력을 측정한다.

㉡ 수학경시대회문제의 경우 시간이 부족한 것보다는 어려워서 못 푸는 경우가 있다.

(3) 인원에 따른 분류

① 개인검사

한 사람씩 일대일 방식으로 치러지는 검사이다.

> 예 한국판 웩슬러 지능검사(K-WAIS), 일반 직업적성검사(GATB), 주제통각검사(TAT), 로샤검사(Rorschach Test) 등

② 집단검사

한 번에 여러 명에게 실시할 수 있는 검사이다.

> 예 마이어스 - 브릭스 성격유형검사(MBTI), 미네소타 다면적 인성검사(MMPI), 캘리포니아 성격검사(CPI) 등

3. 내용에 따른 분류 2020 공무원 9급

(1) 인지적 검사(극대 수행검사)

① 극대수행검사이며, 일반적으로 문항에 정답이 있고 응답의 시간제한이 있다.

② 수검자의 최대한의 능력발휘 요구하는 검사로 능력검사라고도 한다.

(2) 정서적 검사(습관적 수행검사)

① 습관적 수행검사이며, 일반적으로 문항에 정답이 없고 응답의 시간제한이 없다.

② 수검자의 최대한의 정직한 응답을 요구하는 검사로 성향검사라고도 한다.

대분류	중분류	심리검사의 예
인지적 검사 (능력검사)	지능검사	• 한국판 웩슬러 성인용 지능검사(K-WAIS) • 한국판 웩슬러 지능검사(KWIS)
	적성검사	• GATB 일반적성검사 • 기타 다양한 특수적성검사
	성취도검사	TOEFL, TOEIC 등

정서적 검사 (성격검사)	성격검사	• 직업선호도 검사 중 성격검사 • 캘리포니아 성격검사(CPI) • 성격유형검사(MBTI)
	흥미검사	직업선호도 검사 중 흥미검사
	태도검사	직무만족도 검사 등 매우 다양

4. 목적에 따른 분류

(1) 규준참조검사

① 개인의 점수를 해석하기 위해 개인이 속해 있는 집단 구성원들의 점수 분포 (규준)와 비교해 상대적 수준을 평가하는 상대평가 검사이다.

② 각종 표준화 심리검사, 대학수학능력 시험의 백분위 등에 사용된다.

(2) 준거참조검사

① 개인의 점수를 해석하기 위해 검사점수를 타인들의 결과와 비교하지 않고 특정 기준점수(당락점수, 준거)와 비교하는 절대평가 검사로 기준 점수는 검사 사용기관·조직의 특성, 검사의 시기·목적에 따라 변할 수 있다.

② 대부분의 국가자격시험(운전면허시험 등)에 사용된다.

5. 객관적 검사와 투사적 검사

(1) 객관적 검사(자기보고식 검사)

구조화된 검사과제를 사용하며, 검사목적에 따라 일정하게 준비되어 있는 형식에 따라 제시되는 과제에 반응하도록 하는 검사이다.

장점	• 검사의 실시, 채점, 해석이 간편하다. • 검사의 신뢰도와 타당도가 검증되어 매우 높다. • 검사자나 상황변인이 검사반응에 영향을 미치지 않아 객관성이 보장된다.
단점	• 내담자가 사회적 바람직성이라는 차원에서 검사문항들에 대한 방어가 가능하다. • 개인이 응답하는 방식에 부정적 또는 긍정적 응답과 같은 일정한 흐름이 있을 수 있는데 이러한 반응의 경향성이나 묵종의 경향성에 따라 반응이 오염될 수 있다.

(2) 투사적 검사 2022 공무원 9급

인간 내면의 무의식적 심리를 투사하는 비구조화된 자극을 제시하여 반응을 유도한다. 동일한 자극에 대해 수검자마다 다른 반응을 보이는 비구조화된 검사이다.

장점	• 보다 다양하고 독특한 개인의 반응을 이끌어 낼 수 있다. • 검사에 대한 방어 자체를 무력하게 한다. • 강한 자극으로 인해 평소에 자신이 의식하지 못했던 무의식적인 내용을 이끌어낼 수 있다는 점 등이 있다.
단점	• 검사의 신뢰도나 타당도가 매우 빈약하다. • 검사자나 상황변인이 검사반응에 강한 영향을 미친다.

6. 표준화 검사와 비표준화 검사

표준화 검사	비표준화 검사
• 검사의 실시와 채점이 객관적이다.	• 검사의 실시와 채점이 주관적이다.
• 신뢰도와 타당도가 높아 비교적 일관되고 정확하게 측정할 수 있다.	• 신뢰도와 타당도는 낮지만 표준화 검사에서 다루기 힘든 내용도 다룰 수 있다.
• 규준집단에 비교해서 피검사자의 상대적인 위치를 알 수 있다.	• 규준집단에 비교하기보다는 피검사자의 고유한 특성을 파악하는 데 도움이 된다.

 TIP 체계적 오차와 무선적 오차

체계적 오차는 응답자 개인이나 검사 자체의 특성으로 인해 발생하는 오차이며, 무선적 오차는 검사 과정에서 통제되지 않은 요인들에 의해 우연하게 발생하는 오차이다. 표준화 검사에도 체계적 오차와 무선적 오차는 있을 수 있다.

제2절 | 정질적 자료수집방법

1. 의의

정질적 자료수집방법은 정량적 연구의 대안으로 제시된 연구로서 덜 체계적이고, 수치를 덜 중요시하며 관찰과 주관적 해석을 강조한다.

2. 정질적 자료수집방법의 유형

(1) 생애진로사정(LCA)

① 아들러(Adler)의 개인주의 심리학에 기반한다.

② 생애진로사정을 통해 얻고자 하는 정보
 ㉠ 내담자의 직업경험과 교육경험의 객관적 사실
 ㉡ 내담자 자신의 기술, 능력에 대한 자기평가
 ㉢ 내담자 자신의 가치와 자기인식

③ 생애진로사정의 구성
 ㉠ 진로사정: 직업경험, 교육훈련경험
 ㉡ 전형적인 하루: 일상생활의 조직(임의적, 체계적)
 ㉢ 강점과 장애: 내담자의 강점과 약점 3가지
 ㉣ 요약: 내담자의 인생경력과 가치관 및 장단점 요약

(2) 자기효능감 척도

① 자기효능감 척도는 스스로 어떤 과제를 어느 정도 수준으로 수행할 수 있는 능력을 갖추었다고 판단하는지의 정도를 측정하는 것이다.

② 스스로 판단한 능력 정도를 측정하여, 내담자가 과제를 잘 수행할 수 있는지를 과제의 난이도와 내담자의 확신도로 파악한다.

(3) 직업가계도(제노그램)

① 내담자의 가족 내 직업적 계보를 통해 내담자의 직업에 대한 고정관념이나 직업가치 및 흥미 등의 근본 원인을 파악한다.

② 직업가계도(제노그램)는 원래 가족치료에 활용하기 위해 개발되었는데, 기본적으로 경력상담 시 먼저 내담자의 가족이나 선조들의 직업 특징에 대한 시각적 표상을 얻기 위해 도표를 만드는 것이다.

(4) 직업카드분류 2018 · 19 공무원 9급

① Holland의 6각형 모형과 관련된 직업카드를 사용하여 직업을 선호군 · 혐오군 · 미결정중성군으로 분류하여, 개인의 직업선택의 동기와 흥미 및 가치관을 탐색할 수 있다.

② 직업카드분류는 내담자의 가치관, 흥미, 직무기술, 라이프스타일 등의 선호형태를 측정하는 데 유용하다.

③ 직업카드분류 방법은 내담자와의 유대관계를 형성하는 데에 도움이 될 뿐 아니라, 내담자의 욕구나 동기 또는 탐색 스타일 등을 알아보는 데에도 도움이 된다.

(5) 역할놀이

역할놀이에서는 내담자의 수행 행동을 나타낼 수 있는 업무상황을 제시해준다. 가상 상황에서 내담자의 역할활동에 대한 관찰을 통해 내담자의 직업관련 사회적 기술들을 파악한다.

 심화

직업카드 분류의 장점

1. 내담자와 친밀한 관계 형성에 도움을 준다.
2. 내담자가 능동적으로 직업분류 과정에 참여하도록 한다.
3. 즉각적인 피드백을 제공할 수 있다.
4. 다양한 집단에 사용할 수 있다.
5. 상담자가 내담자의 여러 특징에 대한 의미 있는 정보를 얻을 수 있다. 교사나 상담자는 내담자가 카드분류를 하는 과정을 통해서 내담자의 자아개념, 직업세계관, 진로성숙의 정도, 의사결정유형, 직업세계의 이해 정도 등에 대해 파악할 수 있다.
6. 표준화 검사는 내담자가 제한적으로 반응하도록 구성되어 있는데 반해, 다양한 문화, 인종, 민족적 배경을 가진 사람들에게 적용할 수 있다.

제3절 | 규준과 점수해석

1. 연구의 변수

(1) 변수란 두 가지 또는 그 이상의 값으로 경험적으로 분류할 수 있는 개념이다.

(2) 변수는 연구대상의 경험적 속성 또는 상징인 동시에 그 속성에 계량적 수치, 계량적 가치를 부여할 수 있는 개념을 의미한다.

(3) 연구의 주요 변수

① 독립변수(독립변인)

실험자가 조작(처치)하는 변수로 원인에 해당하는 변수이다.

② 종속변수(종속변인)

독립변수의 영향을 받아 변화하는 변수로 결과에 해당하는 변수이다.

③ 가외변수(예 외생변인)

독립변수가 아니면서도 결과에 영향을 미치는 변수이다.

> **TIP** 분류변인과 처치변인
>
> 연구설계에서 독립변인은 처치변인과 분류변인으로 구분할 수 있다.
> 1. 처치변인은 연구자가 직접 조작, 통제 할 수 있는 것을 말하는 반면, 분류변인은 실험 이전부터 존재하고 있기 속성이므로 이를 직접 통제할 수 없는 것을 말한다.
> 2. 분류변인이란 피험자의 속성에 관한 개인차 변인으로 피험자의 연령, 지능, 성격특성, 태도 등을 말한다.

2. 심리검사 해석을 위한 기본개념

(1) 변수의 종류

① 외생변수

독립변수와 종속변수가 상관관계가 있는 것처럼 보이지만 실제로 두 변수가 우연히 어떤 변수와 함께 연결됨으로써 마치 인과적 관계가 있는 것처럼 보이도록 하는 변수이다.

예 비가 올 때 무릎이 아프다는 가설

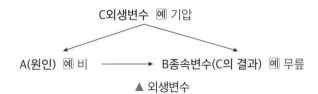

▲ 외생변수

② 매개변수(개입변수)

독립변수와 종속변수 간에 직접적인 관련이 없으나 두 변수의 중간에서 매개자 역할을 하여 두 변수 간에 간접적인 관계를 맺도록 하는 변수이다.

예 안정제(우황청심원)을 먹으면 면접을 잘본다는 가설

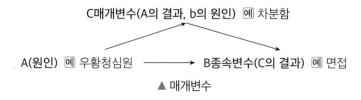

▲ 매개변수

③ 억압변수(억제변수)

두 변수 간에 상관관계가 있으나 그와 같은 관계가 없는 것처럼 보이게 하거나 약화시키는 제3의 변수이다.

예 학력이 높으면 소득이 높다는 가설

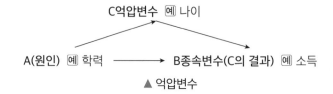

▲ 억압변수

④ 조절변수

독립변수와 종속변수 사이의 관계에서 영향을 미칠 것으로 여겨지는 변수로, 독립변수가 종속변수에 미치는 영향을 강화해 주거나 약화해 주는 변수이다.

예 부부사이와 이혼과의 가설

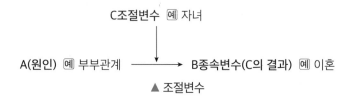

▲ 조절변수

 **TIP** 그밖의 변수

1. **허위변수(외적변수, 외재적 변수)**
두 변수 간에 상관관계가 없으나 관계가 있는 것처럼 보이게 하는 제3의 변수이다.

2. **왜곡변수**
두 변수 간의 관계를 어떤 식으로든 왜곡시키는 제3의 변수로, 두 변수 간의 관계를 정반대의 관계로 나타나게 한다.

3. **통제변수**
독립변수와 종속변수 간의 관계에 영향을 미칠 수 있는 제3의 변수를 통제하는 변수이다. 또한 통제변수는 외재적 변수의 일종으로 그 영향을 검토하지 않기로 한 변수이다.

(2) 척도

척도란 일종의 측정도구로서 일정한 규칙에 따라 측정대상에 적용할 수 있도록 만들어진 일련의 체계화된 기호 또는 숫자를 의미한다.

① 명명척도(nominal scale)

 ㉠ 가장 낮은 수준의 척도이다. 단지 측정 대상의 속성이 다르다는 것만을 나타내며 분류가 목적인 척도로, 구분하기 위하여 숫자나 기호를 할당하여 특성 간의 양적인 분석을 할 수 없고, 때문에 특성 간 대소의 비교도 할 수 없다.

  예 우편번호, 운동선수의 등번호 등

 ㉡ 남자1, 여자2로 정리한 경우 1과 2는 성별이 다른 사람이라는 정보만을 나타낼 뿐 통계적 기법에 이용하는 것은 무의미하다.

② 서열척도(ordinal scale)

 ㉠ 서열척도는 숫자의 차이가 측정한 속성의 차이에 관한 정보뿐 아니라 그 순위관계에 대한 정보도 포함하고 있는 척도이다. 순위 간 측정간격 차이는 알 수 없으므로 가감승제가 불가능하다.

  예 학급석차, 운동경기의 등수 등

 ㉡ 10명의 학생을 성적 순으로 1등, 2등, 3등이라는 수치를 부여하는 것으로 2등은 1등보다는 성적이 낮지만 3등보다는 높다는 서열정보를 제공한다.

③ 등간척도(interval scale)

 ㉠ 명목척도와 서열척도의 특징을 모두 가지고 있으면서 크기가 어느 정도가 되는지, 등간성을 갖고 있는 척도로 순위(측정단위) 간의 간격이 동일하므로 가감의 연산이 가능하다.

  예 섭씨온도, 물가지수 등

 ㉡ 어제 온도가 10℃에서 5℃로 내리고, 오늘 온도가 15℃에서 10℃ 내렸다면 어제 오늘의 기온은 5℃ 내렸다고 볼 수 있다.

④ 비율척도(ratio scale)

 ㉠ 가장 포괄적인 정보를 제공하는 측정척도이다. 비율척도는 차이정보와 서열정보, 등간정보 외에 수의 비율에 관한 정보도 담고 있으며, 절대영점이 있어 가감승제가 가능한 척도이다.

  예 길이, 질량 등 자연과학의 대부분의 척도, 월평균 소득, 가족 수 등

 ㉡ 60kg은 30Kg의 두 배이고, 100cm는 25cm의 네 배이다.

(3) 변산도(산포도)

변산도란 집단 내 점수들의 흩어진 정도를 말해주는 것으로 중심경향치를 중심으로 각 점수들이 어떻게 분포되어 있는지를 설명한다.

① 범위

 구간의 크기를 나타내는 것으로 최저점수와 최고점수의 차이를 말한다.

 범위는 '범위(R) = 최대값-최소값 + 1'의 공식으로 나타낸다.

② 표준편차

 자료들이 얼마나 평균으로부터 떨어져 있는지를 알 수 있게 하는 것으로 각 점수들이 평균에서 벗어난 평균거리를 말한다.

 산포도 중 가장 많이 사용되는 것이 표준편차이다.

③ 분산

분포에 있는 점수들이 서로 흩어진 정도를 추정하는 것이다.

각 점수들의 흩어진 정도가 작을수록 해당 집단은 동질적이고, 클수록 이질적이다.

④ 분포

일반적으로 자연상태에서 많은 데이터를 수집하면 중앙 부위에 가장 많은 빈도가 있고 양쪽으로 갈수록 빈도수가 줄어드는 형태를 보인다. 이런 일반적인 분포를 정규(정상)분포라고 한다.

(4) 중심경향치로서 대푯값

① 중앙치

한 집단의 점수분포에서 전체 사례를 상위 반과 하위 반, 즉 상하 50%로 나누는 점이다. 이 중앙치를 중심으로 전체 사례의 반이 이 점의 상위에, 나머지의 반이 이 점의 하위에 있게 된다.

예 12, 13, 16, 19 20과 같이 5개의 사례가 순서로 나열되어 있는 경우에는 이것이 홀수의 사례수를 가지고 있으므로, 그 중간에 위치한 16이 중앙치가 된다. 중앙치는 점수의 순위(서열)정보를 포함하고 있다.

② 최빈치

점수분포상에서 가장 자주 나오는 숫자, 즉 빈도수가 많은 점수이다.

예 12, 12 14, 14, 18, 18, 18, 18, 19, 20, 20의 경우 18이 그 빈도가 4로서 가장 많으므로 최빈치가 된다. 최빈치는 서열, 등간, 비율 정보를 가지지 않는다.

③ 평균

집단에 속하는 모든 점수의 합을 전체 사례수로 나누어 얻은 값이다.

예 사례가 2, 4, 6, 8인 경우 모두 더하여 사례수 4로 나눈 값인 '5'가 평균이다.

중앙치는 서열척도 이상, 평균은 등간척도 이상의 척도로 측정된 자료에서만 파악할 수 있다.

(5) 정규분포

① 정규(정상)분포는 평균을 중심으로 좌우 대칭이 되는 종 모양의 형태이다.

② 정규분포에서 1표준편차는 평균을 중심으로 전체 사례의 약 68% 정도가 포함되며, 2표준편차는 평균을 중심으로 전체 사례의 약 95% 정도가, 3표준편차는 평균을 중심으로 전체 사례의 약 99.7%가 포함된다.

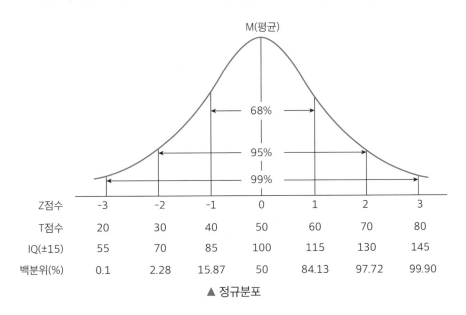

정규분포의 예시

평균이 100, 표준편차가 15인 정규분포인 경우, 1표준편차인 85~115점이 전체 사례의 약
68%가 속하게 되고, 2표준편차인 70~130점이 전체 사례의 약 95%가 속하게 되며, 3표준편
차인 55~145점이 전체 사례의 약 99.7%가 속하게 되는 것이다.

▲ 정규분포

3. 점수의 해석

(1) 원점수

① 원점수는 검사를 통해서 얻은 최초의 점수로, 그 자체로는 거의 아무런 정보
를 주지 못한다.

② 원점수는 기준점이 없기 때문에 특정 점수의 크기를 표현하기 어렵다.

③ 원점수는 서로 다른 검사의 결과를 동등하게 비교할 수 없다.

(2) 표준점수

① 표준점수는 분포의 표준편차를 이용하여 개인의 점수가 평균으로부터 떨어
져 있는 거리이다.

② Z점수 공식

$$Z점수 = \frac{원점수 - 평균}{표준편차}$$

(3) 표준화점수

① 음수값과 소수점을 가지는 Z점수를 일반적으로 친숙한 수치들로 변환하여
만든 점수를 표준화 점수라고 한다.

② T점수 공식

$$T점수 = 10 \times Z + 50$$

(4) 측정의 오차

① 표준오차(SE ; Standard Error)
  ㉠ 표본의 평균이 실제 모집단의 평균과 얼마나 떨어져 있는지를 나타내는 수치이다.
  ㉡ 검사의 표준오차는 검사 점수의 신뢰도를 나타내는 수치이다.
  ㉢ 표준오차가 작을수록 표본의 대표성이 높기 때문에 검사의 표준오차는 작을수록 좋다.
  ㉣ 표준오차를 고려할 때 오차범위 안의 점수 차이는 무시해도 된다. 즉, 표준오차는 5% 내외의 수치이므로 크건 작건 큰 차이로 받아들이지 않는다. 다만, 표준오차가 너무 큰 경우 검사 자체가 무의미해진다.

② 측정의 표준오차(SEM ; Standard Error of Measurement)
  ㉠ 측정의 표준오차는 어떤 검사를 매번 실시할 때마다 달라지는 평균의 오차범위를 말한다.
  ㉡ 즉, 샘플링을 여러 번 했을 경우 각 샘플들의 평균이 전체 평균과 얼마나 차이를 보이는지를 알 수 있는 통계량이다.
  ㉢ 예를 들어 A 검사의 평균이 50, 표준오차가 ±3이면 다음번 A 검사를 다시 실시했을 경우 평균은 47~53의 범위에 존재할 것이라고 예측이 가능하다.

③ 체계적 오차(Systematic Error)
  ㉠ 자료수집방법이나 수집과정에서 개입되는 오차로 조사내용이나 목적에 비해 자료수집방법이 잘못 선정되었거나 조사대상자가 응답할 때 본인의 태도나 가치와 관계없이 사회가 바람직하다고 생각하는 편향(Bias, 편견)으로 응답할 경우 발생할 수 있다.
  ㉡ 체계적으로 영향을 미치는 요인으로는 주로 지식, 교육, 신분, 특수정보, 인간성 등으로, 이들은 경우에 따라 인위적으로 또는 자연적으로 작용하여 측정에 오차를 초래한다.
  ㉢ 측정 결과의 자료분포가 어떤 방향으로 기울어지는 것이 특징이다.
  ㉣ 측정의 타당도는 체계적 오차와 관련성이 크다. 체계적 오차와 타당도는 반비례 관계이다.
  ㉤ 표준화된 측정도구를 사용하면 체계적 오차를 줄일 수 있다.

④ 비체계적 오차(Random Error)
  ㉠ 무작위적 오차라고도 하며, 측정과정에서 우연히 또는 일시적인 사정에 의해 나타나는 오차이다.
  ㉡ 측정대상, 측정과정, 측정환경, 측정자 등에 따라 일관성 없이 영향을 미치게 되면서 발생한다.
  ㉢ 통제하기 어려운 상황에서 주로 발생한다.
  ㉣ 인위적이지 않아 오차의 값이 다양하게 분산되어 있다.
  ㉤ 방향이 일정하지 않아 상호 간의 영향에 의해 상쇄되는 경우도 있다.
  ㉥ 측정의 신뢰도는 비체계적 오차와 관련성이 크다. 비체계적 오차와 신뢰도는 반비례 관계이다.

체계적 오차	사회 · 경제적 특성에 의한 오차	• 선행효과: 고학력자일수록 응답문항 중 앞쪽에 있는 답을 선택한다. • 후행효과: 저학력자일수록 응답문항 중 뒤쪽에 있는 답을 선택한다.
	개인적 성향에 의한 오차	• 관용의 오차: 응답자의 무성의로 무조건 긍정적인 답을 선택한다. • 가혹의 오차: 응답자의 무성의로 무조건 부정적인 답을 선택한다. • 중앙집중 경향의 오차: 응답자의 무성의로 무조건 중립적인 답을 선택한다. • 대조의 오차: 자신과 상반되는 것으로 다른 사람을 평가한다. • 후광효과: 측정대상의 한 가지 속성에 강한 인상을 받아 이를 토대로 전체 속성을 평가한다.
비체계적 오차		• 측정자에 의한 오차: 측정자의 건강상태나 주관적인 감정상태에 의해 측정 결과에 영향을 미친다. • 응답자(측정대상자)에 의한 오차: 응답자의 피로, 긴장상태에 의해 측정 결과에 영향을 미친다. • 측정 상황에 의한 오차: 측정 시간이나 장소, 분위기가 측정 결과에 영향을 미친다.

(5) 상관계수

① 상관계수는 두 변인이 일정한 관련성이 있느냐 정도를 나타내는 상관의 크기를 수치로 나타낸 것이다.

② 상관도는 상관계수(r)로 표현되며, '-1'에서 '+1'사이의 값을 갖는다. '+1'은 두 변인 간 같은 방향으로 증감하는 '정적상관', '0'은 두 변인 간 관계가 없는 '상관없음', '-1'은 두 변인 간 역 방향으로 증감하는 '부적상관'을 의미한다.

③ 두 변인 간에 관련성이 있다는 것은 한 변인의 값이 변함에 따라 다른 변인에도 영향을 주는 것을 말한다. 상관계수의 절대치가 높을 수록 두 변인 간의 상관관계는 높다.

④ 보통 두 변수의 관계를 알아보기 위해서는 결정계수를 구해야 하는데, 결정계수는 상관계수를 제곱한 것으로 두 변수 간의 변량을 설명할 수 있다.

TIP 결정계수의 예

지능검사 점수와 학교에서의 성적 간의 상관계수가 0.50일 경우
→ 학교에서의 성적에 관한 변량의 25%가 지능검사에 의해 설명될 것이다.
상관관계의 결정계수는 상관관계의 계수를 제곱하여 나오는 값이다.
즉, 상관계수 0.5의 제곱은 0.25(25%)이므로, 이 학생의 학교성적의 25%는 지능검사에 의해 설명될 수 있다.

4. 규준의 개념 및 필요성

(1) 규준(Norm)의 개념 <small>2019 공무원 9급</small>

① 규준(Norm)이란 수검자의 심리검사 점수를 해석할 때, 기준으로 삼는 표준화된 점수자료이다.

② 대표 집단의 사람들에게 실시한 검사점수를 일정한 분포도로 작성한 특정 검사점수의 해석에 필요한 기준이 되는 자료이다.

(2) 규준의 필요성

① 규준이 필요한 이유는 다른 사람들의 검사점수를 참고로 하여 개인점수의 상대적 위치를 알아내고 검사점수의 상대적인 해석을 하기 위해서이다.

② 점수 해석에 있어 원점수는 기준점이 없기 때문에 특정 점수의 크기를 표현하기 어려우며, 또한 서로 다른 검사의 결과를 동등하게 비교할 수 없다. 이는 척도의 종류로 볼 때 서열척도에 불과할 뿐 사실상 등간척도가 아니기 때문이다.

③ 따라서 규준은 원점수를 등간척도상의 해석의 기준이 되는 규준을 제시하여 비교할 수 있다.

(3) 규준의 제작

① 규준은 특정 모집단을 대표하는 표본집단에게 검사를 실시하여 얻게 된다.

② 따라서 규준집단을 구성할 때 중요한 것은 모집단에 대한 대표성을 잘 갖추어야 한다.

③ 이러한 규준제작을 위해 규준집단을 구성할 때에는 대표성을 잘 확보할 수 있는 확률표집방법이 주로 이용된다.

(4) 확률표집방법

① 모집단이 모두 추출될 확률을 가지고 있고, 추출 시에는 무작위방법에 기초하여 표본을 추출하는 방법이다.

② 확률표집방법

　㉠ 단순무선표집: 확률표본추출방법 중 가장 기본이 되는 표집방법으로, 전체 모집단의 구성원들 중 표본으로 선정될 확률이 동일하도록 무작위(Random)으로 표집하는 방식이다. 구성원들에게 일련번호를 부여하고, 이 번호들 중에서 무선적으로 필요한 만큼 표집한다.

　　예 경품행사의 추첨, 제비뽑기 등

　㉡ 층화표집: 층화표집은 모집단이 서로 다른 하위집단으로 구성되어 있는 경우, 각 집단에서 필요한 만큼의 단순무작위표집을 사용해 표본을 추출한다. 집단 내 동질적, 집단 간 이질적 표집이다.

　　예 서로 다른 종교 집단(기독교, 불교, 천주교 등)에서 표본을 추출하거나 서로 다른 취향을 가진 동호회, 동아리 등에서 원하는 만큼의 표본을 추출하는 경우를 예로 들 수 있다.

ⓒ **집락표집(군집표집):** 집락표집은 모집단을 서로 동질적인 집단으로 구분하여 해당되는 집단 자체를 표본으로 추출한다. 여기서 집단들 간의 성질은 같지만 집단 내의 구성원들은 서로 이질적일 수 있다.

> 예 고3 수험생에 대한 연구를 진행하기 위해 A고등학교 3학년의 한 반 전체를 표본으로 추출하는 경우를 말한다.

ⓔ **체계적 표집(계통표집):** 체계적 표집(계통표집)이란 모집단 목록에서 무작위로 처음 'K'번째 요소를 뽑고, 이를 토대로 일정한 순서 및 규칙에 따라 이후의 표본을 추출하는 방법이다.

> 예 'K'를 10으로 한다면 10, 20, 30, 40, 50 등의 번호로 표본을 선정하는 것이다.

(5) 비확률표집방법

① 비확률표집은 모집단에서 추출될 확률을 알 수 없는 것으로 무작위가 아닌 연구자의 편의나 판단 등에 의해 표집되는 것을 말한다.

② 비확률표집방법

ⓐ **편의표집(임의표집):** 연구자의 편의에 의해 쉽게 이용 가능한 대상을 표집하는 방법으로 모집단의 정보가 전혀 없는 경우 사용된다. 가장 대표성이 떨어진다.

> 예 제주도 여행 만족도 설문 시 공항에서 표집하는 경우이다(여행인원과 구성을 모르기 때문).

ⓑ **유의표집(판단표집):** 조사자의 판단에 의해 또는 조사목적에 의해 표집을 선정하는 방법으로 모집단의 정보가 많은 경우 연구에 반영하기 위해 사용된다.

> 예 제주도 여행 만족도 설문 시 여행 전문가들에게만 표집하는 경우이다.

ⓒ **할당표집:** 할당표집은 모집단이 서로 다른 하위집단으로 구성되어 있는 경우, 각 집단에서 필요한 만큼을 편의나 판단에 의해 표본을 추출한다.

> 예 관광객을 성별로 나누어 표집을 할 경우 편의나 유의표집을 할 경우이다.

ⓔ **눈덩이표집:** 최초의 표본에서 시작하여 조사대상자를 점진적으로 확대해 나가는 방법으로 최초 조사대상자가 다른 조사대상자를 소개하여 표본의 크기를 눈덩이처럼 늘리는 방법이다.

> 예 학교폭력 피해자 조사와 같이 은밀한 조사가 필요한 경우이다.

TIP 확률표집과 비확률표집의 차이

1. 확률표집
- 연구대상의 목록이 있을 때 가능하다.
- 연구대상자들의 추출 확률이 같아야 한다.
- 모수 추정이 가능하여 상대적으로 모집단의 대표성이 높고 오차가 적다.
- 비확률표집에 비해 시간과 비용이 많이 든다.

2. 비확률표집
- 주로 연구대상의 목록이나 정보가 없는 경우 사용할 수 있다.
- 연구대상자들의 추출 확률이 같지 않다.
- 모수 추정이 불가능하여 상대적으로 모집단의 대표성이 적고 오차가 많다.
- 확률표집에 비해 시간과 비용이 적게 든다.

(6) 집단 내 규준

① 백분위 점수

　㉠ 백분위는 특정 개인의 점수를 그가 속한 집단에서 그 사람보다 점수가 낮은 사람들의 비율로 나타낸 것이다.

　㉡ 개인이 표준화된 집단에서 차지하는 상대적 위치를 가리키는 것으로, 개인의 점수를 100개의 동일한 구간에서 순위를 정한다.

　예 백분위 90이란, 그 점수보다 낮은 사람들의 비율이 전체의 90%란 말이며, 상위 10%에 속한다고 본다.

② 표준점수

　㉠ 원점수를 주어진 집단의 평균을 중심으로 분포의 표준편차(등간 척도)로 전환시킨 점수이다.

　㉡ 원점수를 표준점수로 변환함으로써 상대적인 위치를 짐작할 수 있다.

　예 Z점수, T점수 등이 있다.

③ 표준등급

9등급 또는 스테나인 점수라고 하며, 원점수를 1~9등급까지의 범주로 나누는 것이다.

　예 대표적인 예로 내신등급을 들 수 있다.

제4절 | 신뢰도

(1) 신뢰도의 개념

① 신뢰도는 측정하고자 하는 대상이나 속성을 일관성 있게 측정하고 있는지의 개념이다.

② 검사의 신뢰도란 검사를 반복하여 여러 번 실시하더라도 동일한 사람에게 실시했을 때, 일관성 있는 결과가 나온다면 신뢰가 높은 것이다.

(2) 신뢰도 계수 2014-1 · 19-2 직업상담사 2급

① 신뢰도 계수는 결과의 일관성을 보여주는 값이다.

② 신뢰도 계수의 범위는 0에서부터 1의 값을 가지는데, 0에 가까울수록 신뢰도가 낮으며, 1에 가까울수록 신뢰도가 높음을 의미한다. 일반적으로 신뢰도 계수가 0.6 미만인 경우에는 자료를 신뢰할 수 없어 분석을 실시할 수 없다.

(3) 검사 - 재검사 신뢰도

① 동일한 사람에게 동일한 검사를 서로 다른 시기에 두 번 실시하여 검사 점수들 간의 상관관계를 알아보는 것으로 신뢰도를 추정하는 방법이다.

② 검사 - 재검사 신뢰도의 단점

　㉠ 이월효과(기억효과): 두 검사 사이의 시간 간격이 너무 짧을 경우 앞에서 답한 것을 기억해서 뒤의 응답 시 활용할 수 있다.

ⓒ 성숙효과: 두 검사 사이의 시간 간격이 너무 클 경우 측정대상의 속성이나 특성이 변화할 수 있다.

ⓒ 반응민감성효과: 반응민감성의 영향으로 검사를 치르는 경험이 후속 반응에 영향을 줄 수 있다. 즉, 검사를 치르는 경험으로 인한 새로운 학습요인이 다음 점수에 영향을 미칠 수 있다.

ⓔ 환경상의 변화: 검사 시기의 물리적인 환경 변화가 검사 결과에 영향을 미칠 수 있다. 즉, 날씨, 소음, 기타 방해 요인 같은 환경 요인에 따라 두 검사 결과의 차이가 발생할 수 있다.

(4) 검사 - 재검사를 통해 신뢰도를 추정할 경우 충족되어야 할 조건

① 측정 내용 자체는 일정 시간이 경과되더라도 변하지 않는다고 가정할 수 있어야 한다.

② 첫 번째 검사 경험이 두 번째 검사의 점수에 영향을 미치지 않는다는 확신이 있어야 한다.

③ 검사와 재검사 사이의 어떤 학습활동이 두 번째 검사의 점수에 영향을 미치지 않는다고 가정할 수 있어야 한다.

(5) 동형검사 신뢰도 2020 공무원 9급

① 검사 - 재검사 신뢰도의 문제를 피하는 대안적인 방법으로 동형검사 신뢰도는 동일한 수검자에게 첫 번째 실시한 검사와 동일한 유형의 검사를 실시하여 두 검사 점수 간의 상관계수에 의해 신뢰도를 추정하는 방법이다.

② 동형검사를 제작할 때는 두 개의 검사가 같은 내용을 측정해야 하고, 문항형태, 문항의 수, 문항난이도, 문항변별도가 동일해야 한다.

③ 동형검사 신뢰도의 단점은 두 개의 검사가 내용, 문항형태, 문항의 수, 문항난이도를 실제로 완전히 동일하게 제작한다는 것은 매우 어렵다.

(6) 동형검사 신뢰도를 통해 신뢰도를 추정할 경우 충족되어야 할 조건

2015-3 · 16-1 직업상담사 2급

① 두 검사가 근본적으로 측정하려 하는 영역에서 동일한 내용이 표집되어야 한다.

② 두 검사의 문항형태, 문항의 수, 문항난이도, 문항변별도가 동일해야 한다.

③ 문항간의 동질성이 높은 검사에서 적용하는 것이 좋다.

(7) 반분 신뢰도

① 하나의 검사를 둘로 나누어 두 검사 간 동질성과 일치성을 비교하는 방법이다.

② 하나의 검사로 한번만 검사를 실시하면 되므로 시간과 비용 면에서 적용하기 편리하다는 장점이 있는 반면에 검사의 신뢰도에 의심의 여지가 있다.

③ 즉, 반분하는 법에 따라 신뢰도 계수가 달라질 수 있는데, 예를 들어 전후반분법의 경우 전반부의 점수가 후반부의 점수보다 높게 나올 가능성이 높은 경우이다.

④ 반분 신뢰도 추정방법은 전후 반분법(전후 절반법), 기우 반분법(기우 절반법), 짝진 임의배치법이 있다.

(8) 반분신뢰도 추정방법

① 전후 반분법(전후 절반법)

한 검사의 문항을 배열된 순서에 따라 전반부와 후반부로 나누어 두 점수 간의 상관계수를 추정하여 신뢰도를 구하는 방법이다.

② 기우 반분법(기우 절반법)

검사 문항의 번호를 홀수와 짝수로 검사를 두 부분검사로 나누어 두 점수 간의 상관계수를 추정하여 신뢰도를 구하는 방법이다.

③ 짝진 임의배치법

전체 검사를 문항의 난이도와 문항 - 총점 간의 상관계수를 산출하고, 통계치의 산포도를 작성하여 비교적 가까이 있는 두 문항끼리 짝을 지은 다음에 검사를 양분하는 방법이다.

(9) 문항 내적 합치도

① 한 검사 내의 문항 하나하나를 각각의 독립된 검사로 보고 이들 간의 일치성, 동질성, 합치성의 상관계수를 구하는 방법이다.

② 여러 개의 문항이 하나의 개념(변수)을 측정하고 있는지를 분석하고자 할 때 사용하는 방법이다. 문항 내적 합치도가 높다는 것은 각 문항들이 관련이 있다는 것이며, 같은 개념을 측정하고 있다는 것이다.

③ 문항내적합치도 추정방법에는 쿠더 - 리차드슨(Kuder - Richardson) 계수와 크론바흐알파(Cronbach's α) 계수가 있다.

(10) 문항 내적 합치도 추정방법

① 쿠더 - 리차드슨(Kuder - Richardson) 계수

보통 응답 문항이 두 가지(예, 아니오)일 경우 사용된다.

② 크론바흐알파(Cronbach's α) 계수

보통 문항이 세 개 이상의 보기로 구성된 검사(5점, 7점 척도 등)에 사용된다.

TIP 크론바흐알파(Cronbach's α) 계수의 의미

크론바흐알파(Cronbach's α) 계수는 문항들 간의 동질성을 나타내는 지수이다. 크론바흐알파 값은 '0~1'의 값을 가지며, 값이 클수록 검사 문항들이 동질적이라는 것을 의미한다.

---

(11) 신뢰도 계수에 영향을 미치는 요인 2018 공무원 9급

① 신뢰도 계수는 개인차가 클수록 커진다.

② 신뢰도 계수는 검사 문항의 수가 증가할수록 신뢰도는 증가한다. 다만, 정비례하여 커지는 것은 아니다.

③ 신뢰도 계수는 문항반응 수가 적정한 크기를 유지할 때 커진다.

④ 같은 검사라도 신뢰도 추정방법에 따라 신뢰도 계수가 달라진다.

⑤ 문항의 난이도가 지나치게 높거나 낮은 경우에는 신뢰도가 낮아진다.

⑥ 문항의 변별도가 높을 때, 신뢰도가 높아진다.

⑦ 속도검사의 경우 전후반분법보다는 검사 - 재검사법이 신뢰도 계수를 구하는 데 더 적합하다.

(12) 채점자(평정자) 신뢰도

① 채점자의 채점을 어느 정도 믿을 수 있고 일관성이 있는지를 나타낸 것으로, 채점자 간 신뢰도와 채점자 내 신뢰도가 있다.

② 채점자에게 많은 재량권이 주어져 있는 검사(에세이 검사, 투사적 검사, 행동 관찰 등)의 경우에는 채점자가 누구냐에 따라 동일한 수검자에 대해서도 다른 점수가 나타날 수 있다. 즉, 채점자 간 신뢰도가 낮게 나타난다.

③ 사지선다형 등 표준화된 절차가 있는 경우는 채점자 신뢰도가 높게 나타난다.

(13) 채점자 오류 유형

① 관용의 오류

채점자가 일반적으로 후한 점수를 주는 성향으로 나타나는 오류이다.

② 논리적 오류

특정 행동 특성에 대해 판단한 것이 관련 있어 보이는 다른 특성의 평정에 영향을 미치는 것을 말한다.

예 외향적인 사람은 사교성도 높을 것이다.

③ 중앙집중경향의 오류

평정점수가 아주 높거나 아주 낮은 점수를 피하고 중간 부분에 모이는 경향을 말한다.

④ 후광효과(인상)의 오류

채점자가 느끼는 수검자의 특정 인상이 채점이나 평정에 영향을 미치는 것을 말한다.

(14) 검사의 신뢰도를 높이는 방법(측정오차를 줄이는 방법)

① 표준화된 측정도구를 사용한다.

② 검사의 실시와 채점을 표준화한다.

③ 신뢰도에 나쁜 영향을 주는 문항을 제거한다.

④ 검사 문항의 수와 반응수를 늘린다.

(15) 검사 점수의 오차를 발생시키는 수검자 요인

① 수검 당일의 생리적 조건(건강정도, 피로 등)

② 수행 경험(검사받은 경험)

③ 수행불안(평가 불안, 정서적 불안, 긴장)

④ 검사에 대한 동기

⑤ 검사에 대한 훈련정도

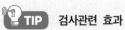

강화효과	검사자가 수검자에게 제공하는 물질적 보상이나 언어적 보상이 검사 결과에 영향을 미치는 것이다.
기대효과	검사자가 수검자에게 어떠한 기대를 표명하는지에 따라 검사 결과에 영향을 미치는 것이다.
코칭효과	검사자가 수검자에게 검사 내용이나 방법에 대해 설명, 지시, 지도, 조언 등의 코칭 행위가 검사 결과에 영향을 미치는 것이다.

제5절 | 타당도

(1) 타당도의 종류와 개념

① 연구자가 측정하고자 하는 개념이 실제로 측정되었는지와 그러한 측정이 얼마나 정확하게 이루어졌는지의 문제다.

② 얼마나 정확하게 측정하려는지에 대한 문제를 해결하려는 과정을 타당화 과정이라 한다.

(2) 타당도와 신뢰도

① 신뢰도와 타당도는 명백하게 측정의 다른 문제를 다루고 있다. 신뢰도는 측정의 일관성 혹은 안정성을 대표한다면, 타당도는 측정하고자 하는 개념의 본질에 관한 문제이다.

② 가장 좋은 측정이란 신뢰도와 타당도가 함께 높은 경우지만 두 가지를 확보하는 것은 쉬운 일이 아니다.

③ 신뢰도와 타당도는 측정도구의 적합성을 평가하는 방법으로 서로 분리된 속성이면서도 연관되어 있다.

④ 타당도는 신뢰도와 밀접한 관계가 있다. 어떤 검사의 신뢰도 크기는 이론적으로 그 검사 타당도의 최댓값이다.

⑤ 신뢰도가 높다고 해서 반드시 타당도가 높은 것을 의미하지는 않는다.

⑥ 신뢰도가 높다는 것은 어떤 현상을 일관성 있게 측정할 수 있다는 것을 의미할 뿐이며, 그 현상이 연구자가 의도한 현상을 정확하게 측정하고 있지 않을 수도 있다는 것이다. 즉, 신뢰도가 높다고 해서 타당도가 높은 것은 아니다.

⑦ 신뢰도는 타당도를 높이기 위한 필요조건이다. 신뢰도가 높다고 해서 타당도가 높은 것은 아니지만, 타당도를 높이기 위해서는 신뢰도는 반드시 높아야 한다.

(3) 내용타당도(Content Validity) 2021 공무원 9급

① 측정항목이 연구자가 의도한 내용대로 실제로 측정하고 있는지와 관련된 문제이다.

② 검사의 문항들이 그 검사가 측정하고자 하는 내용영역을 얼마나 잘 반영하고 있는지를 의미한다.

③ 측정도구가 측정대상이 가지고 있는 많은 속성 중의 일부를 대표성 있게 포함하는 경우 타당도가 있다고 본다.

④ 논리적 사고에 입각한 논리적인 분석과정으로 판단하는 주관적인 타당도로서, 객관적인 자료에 근거하지 않는다.

⑤ 측정도구의 내용타당도는 문항구성 과정이 그 개념을 얼마나 잘 반영하고 있는지 그리고 해당 문항들이 각 내용영역들의 독특한 의미를 얼마나 잘 나타내주고 있는지를 의미한다.

(4) 안면타당도 2019 공무원 9급

① 검사를 받는 사람들에게 타당도를 묻는 것으로, 즉 일반인에게 그 검사가 타당한 것처럼 보이는지를 뜻한다.

② 심리검사가 실제로 무엇을 재는지가 아니라, 이 검사가 잰다고 하는 것을 실제로 재는 것처럼 보이는지를 말한다.

③ 수검자에게 그 검사가 '타당한 것처럼 보이는지'를 뜻한다. 이 타당도는 수검자의 수검 동기나 수검 자세에 영향을 미친다.

(5) 준거타당도(기준타당도 ; Criterion Validity)

① 준거타당도는 어떤 심리검사가 특정 준거와 어느 정도 관련성이 있는지를 알아보는 것이다.

② 경험적 근거에 의해 타당도를 확인하는 방법으로서, 이미 전문가가 만들어 놓은 신뢰도와 타당도가 검증된 측정도구에 의한 측정결과를 기준으로 한다.

③ 통계적으로 타당도를 평가하는 것으로서, 사용하고 있는 측정도구의 측정값과 기준이 되는 측정도구의 측정값 간의 상관관계에 관심을 두는 것이다.

④ 준거타당도의 종류

  ㉠ 예언타당도(Predictive Validity)
   • 어떠한 행위가 일어날 것이라고 예측한 것과 실제 대상자 또는 집단이 나타낸 행위 간의 관계를 측정하는 것이다.
   • 예언타당도란 그 검사의 점수를 가지고 다른 준거점수들을 얼마나 잘 예측해 낼 수 있는가 하는 정도를 말한다.

  ㉡ 동시타당도(공인타당도 ; Concurrent validity) 2022 공무원 9급
   • 이미 널리 타당성을 인정받고 있는 기존의 검사와 새로 만든 검사 간의 상관관계에 의해 결정된다.
   • 새로운 검사를 제작했을 때 새로 제작한 검사의 타당도를 위해 외적 준거점수와 해당 검사 점수의 관련성을 분석하여 타당도를 검증하는 것으로 현재 타당성을 인정받는 검사와 해당 검사의 상관분석을 통해 타당도를 입증한다.

(6) 구성타당도(개념타당도 ; Construct Validity) 2020 공무원 9급

① 구성타당도는 검사의 내적 구조가 측정하고자 하는 개념이 이론에 부합하는지 알아보는 것이다. 즉, 측정하고자 하는 추상적 개념인자들이 실제로 측정도구에 의해 제대로 측정되었는지의 정도를 말한다.

② 검사 문항이 검사가 측정하고자 하는 구성 개념을 적절하게 반영하는지를 평가한다.

③ 조작적으로 정의되지 않은 인간의 심리적 특성이나 성질을 심리적 개념으로 분석하여 조작적 정의를 부여한 후, 검사점수가 조작적 정의에서 규명한 심리적 개념들을 제대로 측정하였는지를 검정하는 방법이다.

④ 개념(Construct)이란 심리적 특성이나 행동양상을 설명하기 위해 존재를 가정하는 심리적 요인을 말하는 것으로서 개인의 도덕성, 외향성, 민감성 등을 개념이라고 할 수 있다.

⑤ 구성타당도의 종류

㉠ 수렴타당도: 검사의 결과가 이론적으로 관련이 있는 속성과 높은 상관을 보여준다면 수렴타당도가 높은 것이다. 어떤 검사가 측정하는 구성개념이 있을 때, 같은 구성개념을 측정하는 검사점수 간의 상관관계를 통해 평가한다.

㉡ 변별타당도: 검사의 결과가 이론적으로 관련이 없는 속성과 낮은 상관을 보여준다면 변별타당도가 높은 것이다.

㉢ 요인분석법: 검사 문항이나 변인들 간의 상관관계를 분석해서 상관이 높은 문항이나 변인들을 묶어주는 통계적 방법이다.

(7) 준거타당도가 직업상담에서 중요한 이유

① 내담자의 직업선택의 명확한 근거의 정보를 제공한다.

② 직업에서의 성공가능성이나 장래의 직무수행 성과를 예측할 수 있다.

③ 선발과 배치, 평가과정의 효율성을 높일 수 있다.

④ 인사관리에 관한 의사결정의 공정성을 높일 수 있다.

(8) 준거타당도의 크기에 영향을 미치는 요인

① 표집오차

조사대상자가 모집단의 전체가 아니기 때문에 생기는 오차로 모집단을 조사를 위한 표본의 표집과정에서 초래되는 데이터 수집의 오차이다.

② 범위제한

준거타당도 계산을 위해 얻은 자료들이 검사점수와 준거점수의 전체 범위를 포괄하지 않고 일부 범위만을 포괄하는 경우의 상관계수가 실제 상관계수보다 작게 나타나는 것을 말한다.

③ 준거측정치의 타당도

준거측정도구의 준거측정치(실제준거)가 해당 개념준거를 얼마나 잘 반영하는지의 문제다.

④ 준거측정치의 신뢰도

준거측정치의 신뢰도가 낮으면 검사의 준거타당도도 낮아지게 된다.

제6절 | 심리검사의 개발과 활용

(1) 심리검사의 개발

① 구성개념의 영역 규정

심리적 구성개념의 정확한 정의를 통해서 그 검사에 포함시킬 것과 배제할 것을 명확히 규정해야 한다.

② 표본문항의 작성

㉠ 문항표본 작성 초기에 중요한 것은 연구자가 측정하고자 하는 구성개념을 반영하는 행동들의 목록을 가능한 한 모두 수집해야 한다.

㉡ 그 다음은 문항목록을 대상으로 문항편집을 하게 된다. 각 문항의 단어를 정확히 이해할 수 있게 편집한다.

③ 사전검사 자료수집과 측정의 세련화

㉠ 문항편집을 거쳐 1차로 확정한 문항을 이용해서 사전검사를 실시해야 한다. 보통 100명 내외의 응답자에게 실시하는데, 이보다 더 많으면 좋다.

㉡ 측정의 세련화를 위해서 문항분석을 한다. 보통은 각 문항과 전체점수의 상관계수를 살펴보거나 내적 합치도를 살펴보게 된다.

㉢ 하위 영역들의 구조를 확인하기 위해서는 요인분석을 이용하는 것이 일반적이다.

㉣ 이런 과정을 반복하면서 문항들을 수정·첨가·삭제함으로써 적절한 요건을 충족시키는 문항군을 구성하게 된다.

④ 신뢰도와 타당도 평가

어느 정도 표본이 세련화되면, 다시 새로운 사람들을 대상으로 검사를 실시하여 신뢰도와 타당도를 평가하게 된다.

⑤ 규준개발

이상의 단계를 거쳐 최종 검사지를 제작한 후 검사규준을 마련하게 된다. 이때 가장 중요한 것은 규준 집단을 표집하는 것이다.

(2) 문항의 분석

① 문항의 난이도

㉠ 문항 난이도 지수는 전체 응답자 중 특정 문항을 맞춘 사람들의 비율이다.

㉡ 문항 난이도 지수는 0.00에서 1.00의 범위 내에 있으며, 1.0은 모든 피검자가 답을 맞히기 쉬운 문항을 가리킨다.

㉢ 따라서 문항의 난이도 지수가 높을수록 쉬운 문제이며, 문항의 난이도가 0.50(P = 0.50)일 때 검사점수의 분산도가 최대가 된다.

㉣ 문항이 어려울수록 검사점수의 변량이 낮아져서 검사의 신뢰도가 낮아진다.

② 문항변별도

어떤 검사의 개재 문항이 그 검사에서 득점이 낮은 학생과 높은 학생을 식별 또는 구별해 줄 수 있는 변별력을 말한다.

③ 오답의 매력도(능률도)

정답지와 오답지가 제 기능을 다하고 있는지를 점검하는 작업이 답지의 능률도를 분석하는 것이다. 답지의 능률도는 정답지의 기능 못지 않게 오답지의 영향을 크게 받는다. 그래서 답지의 능률도를 오답지의 매력도라고 한다. 즉, 오답지의 매력도는 오답지가 정답지처럼 보여 피험자가 오답지를 정답으로 택할 수 있는 가능성을 의미한다.

(3) 심리검사 전통적 척도화 방식(문항의 반응)

① 응답자 중심 방식

문항은 척도화하지 않고 직접적으로 응답자만을 척도화하는 데 중점을 둔다.
  예 리커트(Likert)의 총화평정척도

② 자극 중심 방식

응답자들을 척도화하기 이전에 문항을 먼저 척도화하는 데 중점을 둔다.
  예 서스톤(Thurstone)의 등현등간척도

③ 반응 중심 방식

응답자와 문항을 동시에 척도화하는 데 중점을 둔다.
  예 거트만(Guttman)의 누적척도

(4) 검사 해석 시 유의해야 할 사항 2022 공무원 9급

① 검사결과를 내담자에게 이야기해 줄 때 가능한 한 이해하기 쉬운 언어를 사용해야 한다.
② 검사의 한계를 인식하고 적절하게 선택한다.
③ 심리검사 결과 해석은 확정된 형태가 아닌 가설의 형태로 제시해야 한다.
④ 해석에 대한 내담자의 반응을 고려해야 한다.
⑤ 검사결과에 대해 내담자의 방어를 최소화하도록 해야 하며 내담자를 비난하는 방식으로 해석해서는 안 된다.
⑥ 내담자의 방어를 최소화하기 위해 중립적이고 무비판적인 자세를 견지해야 한다.
⑦ 상담자의 주관적 판단은 배제하고 검사 점수에 대하여 중립적인 입장을 취하여야 한다.
⑧ 검사 결과에 대해 객관적이고 표준화된 자료를 활용하여 설명해 주어야 한다.
⑨ 내담자에게 검사 점수를 직접적으로 말해 주기보다는 내담자의 진점수의 범위를 말해주는 것이 좋다.
⑩ 상담자가 일방적으로 해석하기보다 내담자 스스로 생각해서 자신의 진로를 결정하도록 도와주어야 한다.

제7절 | 주요 심리검사

1. 성인지능검사

(1) 지능관련이론

▼ 카텔(Cattell)의 유동성 지능과 결정성 지능

유동성 지능	• 개인의 선천적 지능으로 연령의 초기에 많이 형성되어 있다가 연령이 많아짐에 따라 감소하는 지능이다. 즉, 유전적·생리적 영향에 의해 발달하는 지능이다. • 특정한 문화에 구애받지 않으며 학교 학습과도 그다지 관련되지 않는다. • 지능은 15세경에 정점에 달하고 그 이후에는 감소한다.
결정성 지능	• 연령이 많아짐에 따라 증가하는 지능이다. 즉 환경적·문화적·경험적 영향에 의해 발달하는 지능이다. • 개인의 문화적·교육적 경험에 따라 영향을 받으며 환경에 따라 40세까지 혹은 그 이후에도 발전 가능한 지능이다. • 이 지능은 경험과 학교 학습에 의해 계속 발달하며, 학업성취력의 기초가 된다.

(2) 스피어만(Spearman)의 지능 2요인설

일반요인 (General Factor)	폭넓게 사용될 수 있도록 모든 지적 활동에 포함되어 있는 단일한 추론능력이다. 예 일반적인 정신작용, 기억력, 암기력 등
특수요인 (Specific factors)	특정 과제를 수행하는 데 포함된 여러가지 구체적인 능력이다. 예 수리능력, 공간적 능력, 기계적 능력 등

(3) 스턴버그(Sternberg)의 삼원지능모형

① 지능을 맥락적 지능이론, 경험적 지능이론, 성분적 지능이론으로 구성된 것으로 가정한 지능모형이다.

② 삼원지능의 성분적 요소로는 분석적 사고력을 의미하고 경험적 요소로는 창의력, 맥락적 요소는 적응력을 의미한다.

(4) 웩슬러 성인용 지능검사(WAIS ; Wechsler Adult Intelligence Scale)

① 편차지능지수 방식을 사용하며 평균 100, 표준편차 15를 적용하여 산출한다.

② 검사 목적은 여러 영역의 지적 영역을 측정하여 언어성 지능(VIQ), 동작성 지능(PIQ), 전체 지능(FIQ) 등 세 개의 지수를 산술하는 데에 있다.

③ 언어성 및 동작성 검사의 하위검사별 측정내용
  ㉠ 언어성 검사의 하위검사별 측정내용

하위검사	측정내용
기본지식	경험과 교육을 통해 습득된 일반 정보(상식), 언어적 기억, 이해, 및 연합적 사고를 측정한다. 사회경제적 수준 및 읽기 능력이 영향을 준다.
공통성	유사성 파악과 추상적 및 구체적 추리, 논리적 사고과정, 연합적 사고 및 기억을 측정한다.
산수	정신적 민첩성, 주의집중, 주의력, 산술적 추리, 시간에 대한 반응 및 실제 계산 능력을 측정한다.
어휘	사용하는 단어의 이해, 학습능력, 일반적 개념, 경험과 교육을 통해 습득된 언어적 정보, 표현 언어의 유형과 수준을 측정한다.
이해	사회적 판단, 과거 경험을 통한 상식적 추리, 실제적인 지능을 측정한다.
숫자외우기	단기기억, 주의력, 정신집중, 순간적 청각 기억, 청각적 주의력, 학습상황에서의 행동을 측정한다.

  ㉡ 동작성 검사의 하위검사별 측정내용

하위검사	측정내용
빠진곳찾기	사물에 대한 시각적 민첩성, 시각적 기억, 사물에 대한 주의력, 사물의 본질과 비본질을 구분하는 능력을 측정한다.
차례맞추기	시지각, 사건에 대한 논리적 순서, 사물에 대한 주의력, 인과관계를 이해하는 능력을 측정한다.
토막 짜기	추상적 형태를 이해하고, 분석하고, 종합하고 재구성하는 능력, 시각 - 운동 협응, 공간간계, 계획 및 구성 능력을 측정한다.
모양맞추기	전체 형태에 대한 순간적 지각, 부분 - 전체 관계, 시각 운동의 공간 협응을 측정한다.
바꿔 쓰기	상징과 의미를 연합하는 능력, 시각 운동의 숙련성, 학습 과제의 융통성 및 속도를 측정한다.

 TIP **웩슬러 성인용 지능검사 4판(K-WAIS-IV)** 2021-2 직업상담사 2급

K-WAIS-IV의 소검사 구성

언어이해 지수 척도
(Verbal Comprehension
Index scale)
	• 핵심검사
	  - 공통성(Similarity)
	  - 어휘(Vocabulary)
	  - 상식(Information)
	• 보충검사
	  - 이해(Comprehension)

지각추론 지수 척도 (Perceptual Reasoning Index scale)	• 핵심검사 　- 토막짜기(Block Design) 　- 행렬추론(Matrix Reasoning) 　- 퍼즐(Visual Puzzles) • 보충검사 　- 무게비교(Figure Weight) 　- 빠진 곳 찾기(Picture Completion)
작업기억 지수 척도 (Working Memory Index scale)	• 핵심검사 　- 숫자(Digit Span) 　- 산수(Arithmetic) • 보충검사 　- 순서화(Letter-Number Sequencing)
처리속도 지수 척도 (Processing Speed Index scale)	• 핵심검사 　- 동형찾기(Symbol Search) 　- 기호쓰기(Coding) • 보충검사 　- 지우기(Cancellation)

2. 직업적성검사

(1) 직업적성검사

① 특정 능력을 알아보고 이에 적합한 진로 분야를 알아보고자 한다.

② 적성은 선택한 직업의 지속과 수준에 영향을 미친다.

(2) GATB(일반직업적성검사)의 특징

① GATB는 미국에서 개발한 검사를 토대로 표준화한 것으로서 여러 특수검사를 포함하고 있다.

② GATB는 모두 15개의 하위검사를 통해 9개 분야의 적성을 측정할 수 있도록 제작된 것이다.

③ 15개의 하위검사 중 11개는 지필검사이고 4개는 수행검사이다.

(3) GATB에서 검출되는 적성

① 지능(G)

일반적인 학습능력, 설명이나 지도 내용과 원리를 이해하는 능력, 추리 판단하는 능력, 새로운 환경에 빨리 순응하는 능력 등을 말한다.

② 언어능력(V)

언어의 뜻과 그에 관련된 개념을 이해하고 사용하는 능력, 언어 상호 간의 관계와 문자의 뜻을 이해하는 능력, 보고 들은 것이나 자신의 생각을 발표하는 능력 등을 말한다.

③ 수리능력(N)

신속하고 정확하게 계산하는 능력 등을 말한다.

④ 사무지각(Q)

문자나 인쇄물, 전표 등의 세부를 식별하는 능력, 잘못된 문자나 숫자를 찾아 교정하고 대조하는 능력, 직관적인 인지능력의 정확도나 비교·판별하는 능력 등을 말한다.

⑤ 형태지각(P)

실물이나 도해 또는 표에 나타나는 것을 세부까지 바르게 지각하는 능력, 시각으로 비교 판별하는 능력, 도형의 형태나 음영, 근소한 선의 길이나 넓이 차이를 지각하는 능력, 시각의 예민도 등을 말한다.

⑥ 공간적성(S)

공간상의 형태를 이해하고 평면과 물체의 관계를 이해하는 능력, 기하학적 문제 해결 능력, 2차원·3차원의 형체를 시각적으로 이해하는 능력 등을 말한다.

⑦ 운동반응(K)

눈과 손 또는 눈과 손가락을 함께 사용하여 빠르고 정확하게 운동할 수 있는 능력, 눈으로 겨누면서 정확하게 손이나 손가락의 운동을 조절하는 능력 등을 말한다.

⑧ 손 재치(M)

손을 마음대로 정교하게 조절하는 능력, 물건을 집거나 놓고 뒤집을 때 손과 손목을 정교하고 자유롭게 운동할 수 있는 능력 등을 말한다.

⑨ 손가락 재치(F)

손가락을 정교하고 신속하게 움직이는 능력, 작은 물건을 정확 또는 신속하게 다루는 능력 등을 말한다.

(4) GATB(일반직업적성검사)의 구성요소 2018-1 · 18-3 직업상담사 2급

하위검사명	적성	측정방식
기구대조 검사	형태지각	지필검사
형태대조 검사		
명칭비교 검사	사무지각	
타점속도 검사	운동반응	
표식 검사		
종선기입 검사		
평면도판단 검사	공간적성	
입체공간 검사	공간적성, 지능	
어휘 검사	언어능력, 지능	
산수추리 검사	수리능력, 지능	
계수 검사	수리능력	
환치 검사	손 재치	동작검사
회전 검사		
조립 검사	손가락 재치	
분해 검사		

3. 직업흥미검사

(1) 직업선호도검사

① 직업선호도검사는 홀랜드(Holland)의 모형을 기초로 개발된 검사로 직업흥미유형을 크게 현실형, 탐구형, 예술형, 사회형, 진취형, 관습형으로 구성된 검사이다.

② 직업선호도 검사는 개인이 어떤 직업에 흥미와 관심이 있고 그 분야에서 성공할 가능성이 있는지 예측해주는 검사이다.

③ 직업흥미검사의 목적은 개인에게 적합한 직업선정에 있으며, 자신이 좋아하는 분야를 파악하고, 이에 적합한 직업을 알아보고자 한다.

④ 직업선호도검사의 구성

직업흥미검사	홀랜드의 모형을 기초로 직업흥미유형을 현실형, 탐구형, 예술형, 사회형, 진취형, 관습형으로 구분한다.
성격검사	개인의 일반적인 성향을 측정하는 것으로 성격 5요인 검사(Big-5 성격검사)를 사용하며, 외향성, 호감성, 성실성, 정서적 불안정성, 경험에 대한 개방성을 측정한다.
생활사검사	생활사 검사는 개인의 과거 또는 현재의 생활특성을 통해 직업선택 시 고려될 수 있는 정보를 제공한다.

(2) 스트롱(Strong) 직업흥미검사

① 스트롱 진로탐색검사(한국의 중·고등학생용으로 개발된 검사)로 진로성숙도검사와 흥미유형검사로 구성되어 있다.

진로성숙도검사	진로정체감, 가족일치도, 진로준비도, 진로합리성, 정보습득율 등으로 구성되어 있다.
흥미유형검사	현실형, 탐구형, 예술형, 사회형, 진취형, 관습형 등으로 구성되어 있다.

② 스트롱 직업흥미검사의 척도

㉠ 일반직업분류(GOT ; General Occupational Themes)

흥미영역에 대한 포괄적인 정보제공를 제공하며, 홀랜드의 6가지 유형으로 나누어져 있다.

㉡ 기본흥미척도(BIS ; Basic Interest Scales)

특정 활동주제에 대한 개인의 흥미평가를 제공하며, GOT의 하위척도 25개 항목으로 구성되어 6가지 흥미유형에 대한 더 구체적인 정보를 얻을 수 있다.

㉢ 개인특성척도(PSS ; Personal Style Scales)

GOT나 BIS의 결과를 뒷받침하거나 강조 혹은 통합적으로 해석하는 데 활용할 수 있다. 업무유형, 학습, 리더십, 모험심 등의 유형들에 대한 개인의 선호를 측정한다.

(3) 쿠더 흥미검사(Kuder Preference Record)

① 쿠더 흥미검사는 직업지도를 위해 제작되었다. 쿠더의 흥미검사는 스트롱의 흥미검사에서와 같이 "그의 흥미가 어떤 집단의 흥미와 유사하다."라고 밝혀 주는 것이 아니라 "그 개인은 여러 가지 활동 중 어떤 활동을 보다 더 좋아 하며 같은 연령집단의 흥미와 비교해 볼 때 그의 흥미수준은 어떠하다."라는 정보를 제공해 준다.

② 쿠더 흥미검사는 피검자에게 여러 가지 특정 활동들을 세 문항의 강제 선택 법을 사용하여 응답자가 3개의 활동 중에 가장 좋아하는 것과 가장 싫어하는 것을 표시하도록 하여 흥미를 측정한다.

문항 예 ⓐ 여러 가지 새로운 꽃의 종류를 찾는다.
　　　　ⓑ 화초재배자를 위해 선전 유세에 나간다.
　　　　ⓒ 화초재배장에서 전화주문을 받는다.

4. 성격검사

(1) 성격 5요인(Big - 5) 검사 2019 공무원 9급

① 성격의 5요인은 1963년 노만(Norman)에 의해 최초로 제안되었다.

② 1981년 골드버그(Glodberg)에 의해 Big - 5로 명명되었다.

③ 코스타와 맥크레이(Costa & McCrae)가 성격 5요인 검사를 토대로 NEO 인성 검사(NEO - PI ; NEO Personality Inventory)를 개발하였다.

④ NEO 인성검사(NEO - PI ; NEO Personality Inventory)

　㉠ 외향성(Extraversion)
　　• 타인과의 상호작용을 원하고 타인의 관심을 끌고자 하는 정도를 의미한다.
　　• E요인 점수가 높으면 사교적이고 적극적일 가능성이 높다.

　㉡ 호감성(Agreeableness)
　　• 타인과 편안하고 조화로운 관계를 유지하려는 정도를 의미한다.
　　• A요인 점수가 높으면 타인과의 관계에서 순종적인 가능성이 높다.

　㉢ 성실성(Conscientiousness)
　　• 사회적 규칙, 규범, 원칙들을 기꺼이 지키려는 정도를 의미한다.
　　• C요인 점수가 높으면 근면하고 믿음직스러울 가능성이 높다.

　㉣ 정서적 불안정성(Neuroticism)
　　• 정서적으로 얼마나 안정되어 있고 자신이 세상을 얼마나 통제할 수 있으며, 세상을 위협적이지 않다고 생각하는 정도를 의미한다.
　　• N요인 점수가 높으면 정서적으로 불안정할 가능성이 높다.

　㉤ 경험에 대한 개방성(Openness to Experience)
　　• 자기 자신을 둘러싼 세계에 대한 관심, 호기심, 다양한 경험에 대한 추구 및 포용력의 정도를 의미한다.
　　• O요인 점수가 높으면 자신의 직무에 적극적일 가능성이 높다.

TIP 고용노동부 성격 5요인 검사(Big5 성격검사)

1. **외향성**
   타인과의 상호작용을 원하고 타인의 관심을 끌고자 하는 경향 정도를 말한다.

2. **호감성**
   타인과 편안하고 조화로운 관계를 유지하려는 경향 정도를 말한다.

3. **성실성**
   사회적 규칙, 규범, 원칙들을 기꺼이 지키려는 경향 정도를 말한다.

4. **정서적 불안정성**
   정서적으로 얼마나 안정되어 있는지를 측정한다.

5. **경험에 대한 개방성**
   세계에 대한 관심, 호기심, 다양한 경험에 대한 추구 및 포용력 정도를 측정한다.

성격 5요인	외향성 (Extraversion)	호감성 (Agreeable- ness)	성실성 (Conscien- tiousness)	정서적 불안정성 (Neuroticism)	경험에 대한 개방성 (Openness to Experience)
하위 요인	• 온정성 • 사교성 • 리더십 • 적극성 • 긍정성	• 타인에 대한 　믿음 • 도덕성 • 타인에 대한 　배려 • 수용성 • 겸손 • 휴머니즘	• 유능감 • 조직화능력 • 책임감 • 목표지향성 • 자기통제력 • 완벽성	• 불안 • 분노 • 우울 • 자의식 • 충동성 • 스트레스 　취약성	• 상상력 • 문화 • 정서 • 경험추구 • 지적호기심

(2) MBTI(Myers-Briggs Type Indicator) 성격유형 검사

① 칼 융(K. Jung)의 심리유형론을 근거로 마이어스 - 브릭스(Myers - Briggs)에 의해 개발된 성격유형검사이다.

② 성격의 네 가지 양극차원으로 피검자를 분류한다. 2021 공무원 9급

주의집중과 에너지의 방향	외향형(Extraversion) - 내향형(Intraversion)
정보수집(인식)의 방법	감각형(Sensing) - 직관형(Intuition)
정보의 의사결정(판단)과정	사고형(Thinking) - 감정형(Feeling)
행동이행과 생활방식	판단형(Judging) - 인식형(Perceiving)

(3) MBTI의 4개 양극차원 2018 공무원 9급

① 외향형(E) - 내향형(I)

외향형	외부세계에 관심이 많고, 사교적 · 정열적 · 활동적이다.
내향형	신중형으로, 깊이 있는 대인관계를 유지하며, 이해한 후 경험한다.

② 감각형(S) - 직관형(I)

감각형	• 오감에 의존, 실제경험을 중시한다. • 현재에 초점, 사실적 묘사를 선호한다.
직관형	• 육감, 영감에 의존한다. 미래지향적 가능성과 의미추구, 비유적 · 암시적 묘사를 선호한다. • 새로운 문제를 새로운 방식으로 해결하기를 좋아하지만 사실에 관한 실수를 자주 한다.

③ 사고형(T) - 감정형(F)

사고형	• 논리적 · 분석적 · 객관적 판단과 원리와 원칙을 중시한다. 규범에 따라 행동하며 지적이다. • 분석하고 논리적으로 정리하기를 좋아하지만 자기도 모르게 다른 사람의 감정을 상하게 할 수 있다.
감정형	• 사람과 관계에 관심이 있고, 주관적 · 상황적, 정상 참작한 설명을 참고 한다. • 사람들의 감정을 잘 알아차리는 경향이 있고 타인에게 동감하는 경향이 있다.

④ 판단형(J) - 인식(지각)형(P)

판단형	분명한 목적과 방향이 있고, 사전계획과 체계적이다. 신속한 결론을 내리고, 뚜렷한 기준과 자기의사를 갖는다.
인식형	• 목적과 방향은 상황에 따라 변화가능하다. 자율적 · 융통성 · 개방성을 가지며 유유자적한 과정을 즐긴다. • 변화하는 상황에 잘 적응하고 일을 수정할 수 있는 여지를 두기를 좋아한다.

(4) 미네소타 다면적 인성검사(MMPI ; Minnesota Multiphasic Personality Inventory)

① MMPI(미네소타 다면적 인성검사)는 정신건강에 문제가 있는 사람을 측정하고 구별하기 위해 경험적인 방식으로 제작되었다. 정신과적 진단과 분류를 하기 위해 개발되었지만, 일반적 성격특성에 관한 유추도 어느 정도 가능하다.

② 수검자의 검사태도를 4가지 타당도 척도로 측정하며, 비정상행동을 10가지 임상척도로 측정한다.

③ MMPI의 척도

　㉠ MMPI의 타당도 척도별 측정내용

구분	척도	측정내용
타당도 척도	? Cannot say	무반응 문항과 "예"와 "아니오" 모두 대답한 문항을 합하여 수검자의 태도를 측정하는 척도이다.
	L Lie	L척도의 목적은 원래 피검자가 자신을 남들에게 실제보다 좋게 보이려는 방향으로 다소간 고의적, 부정적, 세련되지 못한 시도를 측정한다.
	F Infrequency	비전형적인 방식으로 응답하는 사람들을 탐지하기 위한 것으로, 일반인의 생각이나 경험과 다른 정보를 측정한다.
	K Correction, Defensiveness	K척도는 분명한 정신적인 장애를 지니면서도 정상적인 프로파일을 보이는 사람들을 식별하기 위한 것이다.

ⓒ MMPI의 임상척도

건강염려증	신체적 건강과 기능에 대한 과도한 불안이나 집착 같은 신경증적인 걱정이 있는지를 알아보려는 것이다.
우울증	우울증상을 측정하기 위한 것으로 슬픔, 비관적인 생각, 무기력 및 절망감 등을 나타낸다.
히스테리	심리적 고통을 회피하는 방법으로 부인을 사용하는 정도를 측정한다.
반사회성	반사회적 성격으로서 공격성의 정도를 나타내며, 비사회적이며 비도덕적인 정도를 측정한다.
남·여성향	수검자의 남성적 또는 여성적 성향 정도를 측정한다.
편집증	편집성에 관한 것으로 수검자의 대인관계에서의 민감성, 의심성, 자기주장성 정도를 측정한다.
강박증	주로 오랫동안 지속되어 온 만성적 불안의 정도를 측정한다.
정신분열증	정신적 혼란의 정도를 측정한다.
경조증	정신적 에너지를 측정하는 척도로서 이 척도가 높은 사람들은 정력적이고 자신만만하며 자신을 과대평가한다.
내향성	수검자의 내향성·외향성의 정도를 측정한다.

(5) 16성격 요인검사(16PF ; Sixteen Personality Factor Questionnaire)

① 1949년 카텔(Cattell)이 자신의 성격이론을 입증하기 위해 고안한 검사도구이다.

② 성격 특성과 연관된 4,500여 개의 개념들에서 최소한의 공통요인으로 추출한 16개의 요인을 토대로 정상인의 성격을 측정한다.

③ 16요인

> 1. 온정성(Warmth)
> 2. 추리력(Reasoning)
> 3. 정서적 안정성(Emotional Stability)
> 4. 지배성(Dominance)
> 5. 쾌활성(Liveliness)
> 6. 규칙 준수성(Rule Consciousness)
> 7. 대담성(Social Boldness)
> 8. 예민성(Sensitivity)
> 9. 불신감(Vigilance)
> 10. 추상성(Abstractedness)
> 11. 개인주의(Privateness)
> 12. 걱정(Apprehension)
> 13. 변화 개방성(Openness to Change)
> 14. 독립성(Self-reliance)
> 15. 완벽주의(Perfectionism)
> 16. 긴장감(Tension)

5. 진로성숙검사

(1) 진로성숙도검사의 의의

① 진로 탐색 및 결정에 대한 태도, 능력, 행동 등을 알아보고자 하는 검사이다.
② 진로성숙도 검사는 진로선택과 관련된 태도와 능력의 발달정도를 측정하는 검사이다.
③ 진로성숙이란 자기주도적 진로탐색에서 요구되는 능력과 태도, 행동을 의미한다.
④ 진로성숙도 검사는 진로에 대하여 계획하고 준비하는 데 필요한 태도나 능력, 행동을 어느 정도 갖추고 있는지를 알아보고, 검사결과를 토대로 좀 더 노력해야 할 것이 무엇인지 알려주는 검사이다.
⑤ 검사의 항목은 개인의 진로에 대한 태도와 능력을 바탕으로 진로탐색 및 준비행동들의 행위를 하고 있는지를 측정한다.

(2) 진로성숙도검사(CMI: Career Maturity Inventory)

① 진로성숙도검사(CMI)의 특징
  ㉠ 진로성숙도검사는 진로탐색 및 선택에 있어서의 태도 및 능력이 얼마나 발달하였는지를 측정하는 표준화된 진로발달 검사 도구이다.
  ㉡ 객관적으로 점수화되고 표준화된 유일한 진로발달검사이다. 진로성숙도검사는 태도척도와 능력척도 두 가지로 나누어지며 태도척도는 참여도, 독립성, 성향, 타협성, 결정성 5가지가 있다.

② 태도척도(상담척도)의 하위영역
  ㉠ 진로 결정성: 선호하는 진로의 방향에 대한 확신의 정도이다.
    예 나는 선호하는 진로를 자주 바꾸고 있다.
  ㉡ 참여도: 진로선택 과정에 능동적으로 참여하는 정도이다.
    예 나는 졸업할 때까지는 진로선택 문제에 별로 신경을 쓰지 않겠다.
  ㉢ 독립성: 진로선택을 독립적으로 할 수 있는 정도이다.
    예 나는 부모님이 정해주시는 직업을 선택하겠다.
  ㉣ 성향: 진로결정에 필요한 사전 이해와 준비의 정도이다.
    예 일하는 것이 무엇인지에 대해 생각한 바가 거의 없다.
  ㉤ 타협성: 진로선택 시에 욕구와 현실에 타협하는 정도이다.
    예 나는 하고 싶기는 하나 할 수 없는 일을 생각하느라 시간을 보내곤 한다.

③ 능력척도의 하위영역
  ㉠ 자기평가: 자신의 흥미, 성격 등을 명확히 이해하는 능력이다.
  ㉡ 직업정보: 자신의 관심분야의 직업세계에 대한 정보의 획득 및 분석능력이다.
  ㉢ 목표선정: 자신의 정보와 직업세계와 연결을 통한 직업목표 선정능력이다.
  ㉣ 계획: 자신의 직업적 목표를 달성하기 위한 실제적 계획능력이다.
  ㉤ 문제해결: 자신의 진로과정에서 장애가 되는 다양한 문제들을 해결하는 능력이다.

(3) 진로발달검사(CDI: Career Development Inventory)

① CDI 개발의 목적

   ⊙ 학생들의 진로발달과 직업 또는 진로성숙도를 측정하기 위함이다.

   ⓛ 학생들의 교육 및 진로 계획수립에 도움을 주기 위함이다.

   ⓒ 진로결정을 위한 준비 정도를 측정하기 위함이다.

② CDI의 활용

   ⊙ 개인상담 시 분석적인 데이터 및 예언적인 정보를 제공할 뿐만 아니라 상담을 필요로 하는 영역을 찾아내는 데 유용하다.

   ⓛ 진로교육 프로그램 시행결과를 측정하기 위한 도구로 유용하다.

   ⓒ CDI를 통하여 얻은 정보는 적성개발, 흥미검사 그리고 학력검사 등에서 얻은 정보와 함께 사용된다면 학생들을 위한 진로발달 경험을 계획할 때 유용하다.

③ CDI 하위척도

CP	진로계획 또는 경력계획(Career Planning)
CE	진로탐색 또는 경력탐색(Career Exploration)
DM	의사결정(Decision-making)
WW	일의 세계에 대한 정보 또는 직업분야 정보(World of Work Information)
PO	선호직업군에 대한 지식(Knowledge of Preferred Occupational Group)
CDA	진로발달(경력발달)-태도(Attitude) → CP + CE
CDK	진로발달(경력발달)-지식과 기술(Knowledge and Skills) → DM + WW
COT	총체적인 진로성향 또는 경력지향성 전반(Career Orientation Total) → CP + CE + DM + WW

(4) 경력진단검사

① 경력진단의 의의

   ⊙ 경력진단은 경력개발상의 문제를 측정하는 것을 말한다.

   ⓛ 경력개발이나 경력의사 결정에 영향을 주는 요인을 파악할 수 있다.

② 주요 경력진단 검사

   ⊙ 진로성숙도검사(CMI): 크라이티스(Crites)가 개발한 진로성숙도검사로, 태도척도와 능력척도로 구성되며 진로선택 내용과 과정이 통합적으로 반영되었다.

   ⓛ 진로발달검사(CDI): 수퍼(Super)가 개발한 검사로, 경력관련 의사결정에 대한 참여 준비도를 측정하기 위한 것이다.

   ⓒ 진로신념검사(CBI): 크롬볼츠(Krumboltz)가 개발한 것으로, 내담자로 하여금 자아인식 및 세계관에 대한 문제를 확인하도록 돕기 위한 검사이다.

   ⓔ 자기직업상황(MVS): 홀랜드(Holland)가 개발한 자기직업상황(MVS)검사는 직업적 정체성 형성 여부를 파악하기 위한 것으로, 직업선택에 필요한 정보와 환경 및 개인적인 장애가 무엇인지를 알려준다.

(5) 진로사고검사(Career Thoughts Inventory)의 의의 2021 공무원 9급

① 진로사고검사(CTI)는 의사결정 혼란, 수행 불안, 외적 갈등 등 3개의 의사결정 척도를 통해 진로결정을 어렵게 하는 부정적 진로사고를 구체적으로 탐색하여 진로결정에 도움을 주는 검사이다.

② 진로 결정 및 문제해결에 대한 의사결정 과정에서 개인이 정보를 처리하는 방법을 파악하기 위한 것이다.

(6) 진로사고검사(Career Thoughts Inventory)의 구성

① 의사결정혼란(Decision Making Confusion), 수행불안(Commitment Anxiety), 외적 갈등(External Conflict)의 세 가지 하위요인으로 구성된다.

② 진로 결정에 대해서 어렵게 하는 부정적인 진로사고를 측정하는 검사로서, 부정적으로 생각할 수는 있지만 너무 부정적으로 생각하면 제대로 된 진로결정을 할 수 없기 때문에 검사를 통해서 좀 더 긍정적인 사고를 할 수 있도록 하는 것이다. 검사 문항은 총 48개로 구성되어 있다.

(7) 진로전환검사(Career Transition Inventory) 2020 공무원 9급

① 진로전환검사(CTI)는 개인의 진로전환 과정에서 자원이나 장벽이 될 수 있는 개인의 내적 과정 변인들을 측정하는 검사이다.

② 해프너(M. Heppner)에 의해 고안된 40문항의 리커트 타입의 측정도구이다.

③ 문항 반응의 범위는 1(강하게 긍정)부터 6(강하게 부정)의 범위이며, 높은 점수는 긍정적 반응으로, 개인이 스스로 그 분야에서 잘 하고 있다고 지각하는 것을 나타내며 낮은 점수는 장벽을 나타낸다.

④ CTI는 5가지 주요 요인으로 구성되어 있다.
  ㉠ 진로동기(준비도: Readiness)
  ㉡ 자기 효능감(자신감: Confidence)
  ㉢ 지각된 지지(지지: Support)
  ㉣ 내적·외적 통제(통제: Control)
  ㉤ 자기중심 대 관계중심(독립성 - 상호의존성: Independence-Interdependence)

(8) 진로미결정 측정도구 - 진로결정척도, 직업결정척도, 진로미결정척도

① 진로의사결정유형검사(ACDM ; Assessment of Career Decision Making, Harren)
  ㉠ ACDM은 진로의사결정유형과 진로의사결정수준으로 구성되어 있다.
  ㉡ 의사결정유형(직관형, 의존형, 합리형)이 매우 많이 활용되고 있는 도구이다.

② 진로결정척도(CDS ; Career Decision Scale, Osipow & Carney & Barak, 1976)
  ㉠ 진로의사결정에 왜 실패하는지를 설명하는 데 필요한 정보를 얻을 수 있다.
  ㉡ 2개 하위척도는 확신 또는 확실성(certainty)과 미결정성(indecision)으로 구성된다.

③ 직업결정척도(VDS ; Vocational Decision Scale, Jones & Chenery, 1980)
  ㉠ 총 24문항 결정성 차원, 편안함 차원, 미결정원인 차원으로 구성되었다.
  ㉡ 이후, CDP(Career Decision Profiles)로 명칭이 변경되었다.
  ㉢ CDP는 결정성과 편안함 두 개의 축으로 진로의사결정상태를 결정 - 편안함, 결정 - 불편, 미결정 - 편안함, 미결정 - 불편의 4가지 유형으로 나누었다.
④ 진로미결정척도(CDDQ ; Career Decision Difficulties Questionnaire, Gati & Krausz & Osipow, 1996)
  ㉠ CDDQ는 의사결정이론에 근거하여 진로결정 문제에 대해 이론적인 분류를 검증하기 위해 개발된 것이다.
  ㉡ 결정 전의 어려움(준비성 부족)과 결정과정의 어려움(정보 부족, 신뢰할 수 없는 정보(정보 불일치)으로 진로의사결정의 문제를 구분하였다.

제3장 | 직무분석과 경력개발

1. 직무분석의 의의

(1) 직무분석의 의미

① 직무를 구성하고 있는 내용과 직무를 수행하기 위해 요구되는 조건을 밝히는 절차로 직무에 관련된 제반 정보를 수집 분석하는 절차이다.

② 어떤 특정한 직무의 본질과 관련된 모든 중요한 정보에 대해 자료를 수집하고 인사관련 의사결정을 하는 체계적인 절차이다.

③ 인사관리, 노무관리를 원활히 수행해 나가기 위해 필요한 정보를 획득하는 데 유용하다.

(2) 직무분석의 용도

① 근로자의 인사관리(모집·선발·배치, 정원관리 등)에 활용한다.

② 근로자의 교육·훈련, 경력개발에 활용한다.

③ 직무평가, 직무수행평가의 기초자료로 제공한다.

④ 안전관리, 작업환경의 개선에 관한 정보로 제공한다.

⑤ 조직 합리화(적정인원 산출, 인력수급계획 수립 등)를 위한 기초자료로 제공한다.

⑥ 직무 재설계(작업관리, 작업방법, 작업공정의 개선 등)에 활용한다.

⑦ 직무기술서와 직무명세서 작성의 기초자료로 제공한다.

⑧ 진로상담·직업소개의 기초자료로 제공한다.

(3) 직무기술서와 직무명세서

① 직무기술서에 포함되는 정보

㉠ 직무의 명칭, 급수, 조직 내 위치, 보고체계, 임금과 같은 직무정의에 관한 정보

㉡ 직무의 목적이나 사명, 직무에서 산출되는 재화나 서비스에 관한 직무요약

㉢ 직무에서 사용하는 기계, 도구, 장비, 기타 보조장비

㉣ 직무에서 사용하는 원재료, 반가공품, 물질, 기타 물품

㉤ 재료로부터 최종 산물을 만들어내는 방식

㉥ 감독의 형태, 작업의 양과 질에 관한 규정 등의 지침이나 통제

㉦ 직무의 목적을 달성하기 위해 작업자가 하는 과제나 활동

㉧ 직무가 이루어지는 물리적·심리적·정서적 환경 등이 포함된다.

② 직무명세서에 포함되는 정보

작업자에게 요구되는 적성, 지식, 기술, 능력, 성격, 흥미, 가치, 태도, 경험, 자격요건 등이 포함된다.

(4) 직무분석의 유형

① 과제중심 직무분석
　　㉠ 직무에서 수행하는 과제나 활동이 어떠한 것들인지 파악하는 것에 초점을 둔다.
　　㉡ 직무 자체의 내용을 중점적으로 다루는 직무기술서를 작성하는 데 중요한 정보를 제공한다.
　　㉢ 과제중심 직무분석은 과제나 활동들이 서로 달라 분석도구들이 표준화되기 힘들며, 기능적 직무분석이 대표적인 예이다.
　　㉣ 기능적 직무분석(FJA ; Functional Job Analysis): 직무활동을 정확하게 정의하고 측정하기 위한 비 표준화된 분석도구이다. 즉, 직무에 대한 판단이 자료(data), 사람(people), 사물(thing)의 세 가지 관점에서 이루어진다. 따라서 기능적 직무분석은 작업지향적 또는 작업중심적 정보수집 방법이라고 할 수 있다.

② 작업자중심 직무분석
　　㉠ 직무를 수행하는 데 요구되는 지식, 기술, 능력, 경험 등 작업자의 재능에 초점을 둔다.
　　㉡ 직무 자체의 내용보다 직무요건 중 인적 요건을 중점적으로 다루는 직무명세서를 작성하는 데 중요한 정보를 제공한다.
　　㉢ 작업자중심 직무분석의 대표적인 표준화된 분석도구는 직위(직책)분석 질문지(PAQ)이며, 다양한 종류의 직무들에서 요구되는 인간 특성의 유사 정도를 양적으로 비교하는 것이 가능하다.
　　㉣ 직위분석 질문지(PAQ ; Position Analysis Questionnaire) 2019-2 직업상담사 2급
　　　• 작업자중심 직무분석의 대표적인 예이다.
　　　• 직무에 필요한 적성, 즉 인적 요건을 측정하기 위한 표준화된 분석도구이다.
　　　• 직무에 요구되는 지식, 기술, 능력 등의 인간적 요건들을 예측하는 데 사용되며, 직무수행에 요구되는 인간의 특성들을 기술하는 데 사용되는 194개의 문항으로 구성되어 있다.
　　　• 직무수행에 관한 6가지 주요 범주는 정보입력, 정신과정, 작업결과, 타인들과의 관계, 직무맥락, 직무요건 등이다.
　　　• 따라서 이 방법은 작업자지향적 또는 작업자중심적 정보수집방법이라고 한다.

2. 직무분석의 방법

(1) 최초분석법

분석할 직업에 대한 참고문헌이나 자료가 드물고, 해당 분야에 대한 경험과 지식을 갖춘 사람이 거의 없을 때 사용한다. 비교적 많은 시간과 노력이 소요되므로 직무내용이 단순하고 반복하는 작업을 계속하는 경우에 적합하다.

① 관찰법
　　직접 사업장을 방문하여 작업자가 수행하는 직무활동을 관찰하고 그 결과를 기술하는 방법이다.

⊙ 장점
　　　　• 분석자가 직무정보를 수집하는 방법이므로 다른 사람에게 폐를 끼치지 않고 분석이 가능하다.
　　　　• 작업 현장을 직접 목격하면서 실제적인 내용을 파악하기 때문에 실질적이며 정확한 결과를 얻을 수 있다.
　　　⊙ 단점
　　　　• 관찰법은 직무의 시작에서 종료까지 많은 시간이 소요되는 직무에는 적용이 곤란하다.
　　　　• 지적·정신적 혹은 감각 신경적 작업을 주로 하는 직무는 정확히 파악하지 못한다.
　　　　• 분석자의 주관이 개입될 가능성이 있다.
　② 면접법
　　특정직무에 대해 숙련되고 정확한 표현이 가능한 직무수행자를 방문하여 면담을 통해 분석하는 방법이다.
　　　⊙ 장점
　　　　• 직무에 관한 정확한 지식을 확보할 수 있다.
　　　　• 다양한 직무들에 광범위하게 적용이 가능하다.
　　　⊙ 단점
　　　　• 면접법은 자료의 수집에 많은 시간과 노력이 든다.
　　　　• 수량화된 정보를 얻기가 힘들다.
　③ 체험법
　　체험법은 분석자가 직접 직무 활동에 참여하여 체험함으로써 직무분석 자료를 얻는 방법이다.
　　　⊙ 장점
　　　　• 직무분석자가 체험 통해 생생한 직무분석 자료를 얻을 수 있다.
　　　　• 직무활동에서의 의식의 흐름, 감각적인 내용, 피로의 상태 등 내부 구조까지 분석할 수 있다.
　　　⊙ 단점
　　　　• 분석자가 그 직무에 종사하고 있는 담당자의 심리상태에 도달하기 어렵다.
　　　　• 분석자가 분석을 위해서 상당한 기간 동안 직접 체험하기 어렵다.
　④ 설문지(질문지)법
　　업무 담당자에게 설문지(질문지)를 배부하여 이들에게 직무내용 및 특징 등을 기술하게 하는 방법이다.
　　　⊙ 장점
　　　　• 설문지법은 관찰법이나 면접법과는 달리 양적인 정보를 얻는 데 적합하다.
　　　　• 많은 사람들로부터 짧은 시간 내에 정보를 얻을 수 있다.
　　　⊙ 단점
　　　　• 질문지의 설계 및 작성이 어렵고, 완전한 사실을 얻기 힘들다.
　　　　• 응답자가 성실성이 부족할 경우 회수율이 낮을 수 있다.

⑤ 작업일지법

직무수행자가 매일 작성하는 작업일지를 가지고 해당 직무에 대한 정보를 수집하는 방법이다.

㉠ 장점
- 일상적인 수행에 관한 정보를 수집하므로 해당 직무에 대한 포괄적인 정보를 얻을 수 있다.
- 직무당사자의 전반적인 업무의 흐름을 알 수 있다.

㉡ 단점
- 작업자들의 문장력에 개인차가 있기 때문에 가장 덜 사용된다.
- 작업자가 의도적으로 왜곡되게 일지를 작성할 수도 있다.

⑥ 중요사건기록법(결정적 사건법)

직무수행에 결정적인 역할을 한 사건이나 사례를 중심으로 구체적 행동을 분류·분석하여 직무요건을 추론하는 방법이다.

㉠ 장점
- 직무행동과 직무성과 간의 관계를 직접적으로 파악할 수 있다.
- 직무수행과 관련된 중요한 지식, 기술, 능력들을 알아낼 수 있다.

㉡ 단점
- 응답자들이 과거에 일어났던 결정적 사건들을 회상할 때 그 사건을 왜곡하여 기술할 가능성이 있다.
- 일상적인 수행과 관련된 지식, 기술, 능력이 배제될 수 있다.
- 정확한 조사를 위해서는 특별히 훈련받은 사람이 필요하다.

⑦ 녹화법

녹화법은 비디오테이프로 작업장면을 보면서 분석하는 방법으로서 반복되는 단순 직무이면서 작업환경이 소음, 분진, 진동, 습윤 등으로 인하여 장시간 관찰하기 어려운 경우에 사용된다.

㉠ 장점
- 복잡한 작업 현장을 떠나 쾌적한 환경에서 충분한 시간을 가지고 분석할 수 있다.
- 다시 보고 싶은 작업 장면을 반복하여 보거나 화면을 정지시켜가면서 철저히 분석할 수 있다.

㉡ 단점
- 녹화를 위한 기계와 촬영전문가를 확보해야 한다.
- 분석자가 분석 대상 직업에 대한 전문적 지식을 갖추어야 한다.

(2) 비교확인법

① 지금까지의 분석된 자료를 참고로 하여, 현재의 직무 상태를 비교하여 확인하는 방법이다.
② 기존자료 분석시기와 현재 사회 차이의 차이점을 발견하여 보완하기 때문에 비교확인법이라고 한다.
③ 대상직무에 대한 참고문헌과 자료가 충분하고 널리 알려진 직무분석법이다.

④ 직무의 폭이 상당히 넓어서 단시간내에 관찰을 통한 파악이 어려운 경우 효과적이다.

(3) 데이컴법(DACUM ; Developing A Curriculum)

① 교과과정을 개발하는 데 활용되며, 교육훈련을 목적으로 교육목표와 교육내용을 비교적 단시간 내에 추출하는데 효과적인 직무분석 방법이다.

② 8~12명의 분석협조자로 구성된 데이컴위원회가 사전에 준비한 쾌적한 장소에 모여 2박 3일 정도의 집중적인 워크숍으로 데이컴차트를 완성함으로써 작업을 마친다.

3. 직무평가

(1) 직무평가의 의의

① 직무평가란 조직 내에서 직무 간의 복잡성, 곤란도, 책임의 정도 등 상대적인 가치를 결정하는 과정을 말한다.

② 직무분석과 달리 직무에 대한 가치 판단이 개재될 수 있으며, 직무 간 내용과 성질에 따라 임금 형평성을 결정할 수 있다.

③ 조직 내에서 직무들의 내용과 성질을 고려하여 직무들 간의 상대적인 가치를 결정하는 점에서 직무분석과 다르며, 여러 직무들 간의 서로 다른 임금수준을 결정하는 데 목적을 둔다.

(2) 직무평가의 목적

① 여러 직무 간 임금 비교의 자료로 활용될 수 있다.

② 각 직무의 수준결정 등에 객관적인 자료가 된다.

③ 경영자로 하여금 노무비를 보다 정확히 평가하고 통제할 수 있게 한다.

④ 임금을 중심으로 한 단체교섭에 유익한 자료가 된다.

⑤ 공정하고 공평한 임금체계를 통해 노사 간의 분쟁을 막을 수 있다.

(3) 직무평가의 방법

① 질적 평가

서열법	• 직무의 상대적 가치에 기초를 두고 각 직무의 중요도에 따라 순위를 정하는 방법이다. • 직무등급을 신속·간편하게 가강 가치가 있는 직무부터 순차적으로 순위을 매기는 방법이다.
분류법	• 직무를 어떠한 기준에 맞추어 여러 가지 수준이나 등급으로 분류하여 표현하는 방법이다. • 사전에 만들어 놓은 등급표에 각 직무들을 맞추어 넣는 방법이다.

② 양적 평가

점수법	• 직무의 여러 가지 요소들을 뽑아내어 각 요소의 중요도에 따라 점수를 산정하고 총 점수를 구하여 직무를 평가하는 방법이다. • 고려되는 요인은 기술이 요구되는 정도(숙련도), 정신적 및 육체적 노력의 정도, 책임, 작업조건 등이다.
요소비교법	• 조직에서 핵심이 되는 대표직무(기준직무)를 선정하여 요소별로 직무평가를 한 후 다른 직무들을 대표직무의 평가요소와 비교하여 상대적 가치를 결정하는 방법이다. • 유사직무간 비교가 가능하며, 다른 직무와의 요소비교를 통한 평가가 용이하다.

4. 경력개발의 개념과 의의

(1) 경력개발(CDP ; Career Development Program)

① 경력이란 조직의 입장에서 보면 한 개인의 직업생활에서의 이동경로이고, 개인의 입장에서 보면 이력(독특한 일련의 직무, 지위, 경험 등)을 의미한다.

② 경력개발이란 개인이 도달하고자 하는 경력 지향점을 설정하고 경력 경로를 구체적으로 선택하여 그 경로에 따라 직무 이동을 시켜 주는 것이다.

③ 종업원이 기업에서 장기적으로 여러 종류의 직무활동을 경험하는 것으로서 개인의 생애에 계속성 및 질서와 의미를 부여하는 것을 말한다.

(2) 레빈슨(Levinson)의 경력이론

① 레빈슨은 각 발달시기의 특성을 인생구조(혹은 생애구조)라는 개념으로 설명하며, 성인발달단계가 '변화'와 '안정'의 과정을 거치며 발전한다고 보았으며, 각 연령 단계별 특징을 제시하였다.

② 과도기(혹은 전환기)는 이전 시기의 삶을 재평가하고 다음 시기의 삶을 설계하는 시기이다.

③ 인생의 주기를 성인 이전기, 성인 전기(혹은 초기), 성인 중기, 성인 후기(혹은 말기)로 구분한다.

④ 이 이론이 경력개발에 시사하는 점은 경력개발 프로그램 설계 시 각 시기에 적합한 경력개발 프로그램을 만들어야 한다는 것이며, 특히 '변화 단계'에 초점을 맞추어야 한다는 것이다.

⑤ 또한 성인의 인생구조(adult life stages) 형성 과정을 사계절로 비유하였다.

⑥ 인생계절론은 생애를 4개의 시기로 나누었으며, 과도기(혹은 전환기)는 이전 시기의 삶을 재평가하고 다음 시기의 삶을 설계하는 시기이다.

(3) 인생계절론 2018 공무원 9급

① 성인전기(봄, 22세 미만)

성인이 되기 이전 청년기 말기까지의 형성기를 의미한다.

② 성인초기(여름, 17~45세 미만)

자신의 정체성을 확립하고 취업, 결혼, 출산 등을 경험하며 가족부양자로서의 역할을 확립하는 시기로 주관심사는 가족보다 직업에 있다.

③ 성인중기(가을, 40~65세 미만)

생물학적 능력은 감소하지만 사회적 책임은 더 커지고 지혜나 판단력이 절정을 이루며 경력적으로 일에 몰두하는 시기이다. 제자나 후배의 후견인, 지도자의 역할을 하면서 배우자와 자녀와의 관계를 재정립하는 시기이다.

④ 성인후기(겨울, 60세 이후)

신체적 노화와 죽음에 대한 의식을 느끼게 된다. 이 시기는 개인이 사회에 의무를 다하고 개인적 보상을 주는 활동을 하는 시기이다.

(4) 홀(Hall)의 경력개발 4단계

① 탐색기(진입 단계)

개인은 직업을 선택하고, 그 직업에 진입하는 데 필요한 교육훈련을 받고, 입사하고자 하는 조직을 찾아서 취업한다.

② 확립기(경력 초기 단계)

개인은 특정분야에 정착하게 되며, 조직에 적응하고, 새로운 기술들을 습득하기 시작한다.

③ 유지기(경력 중기 단계)

개인은 여러 가지 생애역할들과 균형을 이루고, 직업생활에서도 생산적인 시기이다. 일의 세계에서 개인 역할로 초점을 옮겨가는 시기로 역할들의 균형이 중요한 시기이다.

④ 쇠퇴기(경력 후기 단계)

개인은 자신의 직업생활을 통합하고자 하며, 직업세계에서 은퇴준비에 돌입하게 된다.

(5) 경력개발의 목적

① 개인적 측면

개인의 성장욕구의 충족과 직업에 대한 안정감을 통해 미래에 대한 설계, 전문적 능력의 획득기회를 부여하여 자신의 경쟁력을 높일 수 있다.

② 기업적 측면

인적자원의 효율적 확보와 조직이 노하우를 체계적으로 축적하여 기업경쟁력을 제고시킬 수 있다.

(6) 경력개발 프로그램의 유형

자기평가 도구	경력워크숍(Career Workshop), 경력연습책자(Career Workbooks) 등
개인상담	종업원의 흥미, 목표, 현 직무활동, 수행을 통하여 경력목표를 설정하는 것에 초점을 둔 상담
정보제공	사내공모제(Job Posting), 기술목록(Skills Inventory), 경력자원기관(Career Resource Center) 등
종업원 평가	평가기관(Assessment Center), 심리검사(Psychological Testing), 조기발탁제(Promotability Forecasts) 등
종업원 (능력) 개발	훈련 프로그램(Training Program), 후견인 프로그램(Mentoring Program), 직무순환 프로그램(Job Rotation) 등

5. 경력단계

(1) 경력개발단계 2022 공무원 9급

① 경력개발의 초기단계

    ㉠ 신입직원이 조직에 적응하도록 방향을 설정하는 단계로 직무와 조직의 규칙과 규범에 대하여 배우게 된다.

    ㉡ 이 시기는 자신이 맡은 업무의 내용을 파악하고, 조직의 규칙과 규범, 분위기를 알고 적응해 나가는 것이 중요하다.

    ㉢ 개인적인 목적과 승진기회의 관점에서 경력계획을 탐색한다.

    ㉣ 지위와 책임을 알고 만족스런 수행을 증명해 보이도록 한다.

    ㉤ 초기경력 관련 프로그램으로는 인턴십, 경력워크숍, 사전직무안내 등이 있다.

② 경력개발의 중기단계

    ㉠ 직업 지도 시 직업적응 이루어지는 단계이며, 이시기에는 직업몰입 및 상황을 증진시키기 위해 계속 적응한다.

    ㉡ 일의 세계에서의 초점이 개인역할로 옮겨진다.

    ㉢ 직무능력 전문성에 중점을 두게 되며, 자신의 재평가에 따른 경력목표의 점검이 이루어진다.

    ㉣ 직업전환 및 실업위기에 대응하기 위한 자기만의 계획을 갖기도 한다.

    ㉤ 중기경력 관련 프로그램으로는 직무순환제, 전문 훈련프로그램, 경력상담 등이 있다.

③ 경력개발의 후기단계

    ㉠ 이시기에는 신체적·정신적 능력의 약화가 이루어지는 사양화(Decline)의 시기이다.

    ㉡ 조직에서의 역할감소가 이루어지며 은퇴를 염두에 두게 된다.

    ㉢ 중기경력 관련 프로그램으로는 은퇴 전 프로그램, 유연성 있는 작업계획(파트타임, 변형근무제) 등이 있다.

(2) 다운사이징 시대의 경력개발의 특징

① 다운사이징 시대에는 경력변화의 기회가 많아지며, 조직 내 수평적 이동이 이루어지고 장기고용이 어려워진다.

② 조직구조의 수평화로 개인의 자율권 신장과 능력개발에 초점을 두어야 한다.

③ 기술, 제품, 개인의 숙련주기가 짧아져서 경력개발은 단기·연속 학습단계로 이어진다.

④ 일시적이 아니라 계속적이고 평생학습으로서의 경력개발이 요구된다.

6. 직업전환과 직업상담

(1) 직업전환 직업상담의 의의

① 내담자의 적성과 흥미 또는 성격이 직업적 요구와 달라 생긴 직업적응문제를 나타낸다면 직업 전환을 고려하는 것이 바람직하다.

② 직업상담사가 직업을 전환하고자 하는 내담자에게 우선적으로 탐색해야 할 것은 변화에 대한 인지능력이다.

(2) 직업전환을 원하는 내담자를 상담할 때 고려해야 할 사항

① 내담자가 직업을 전환하는 데 동기화가 되어 있는지 알아본다.
② 내담자의 나이와 건강을 고려해야 한다.
③ 내담자가 직업을 전환하는 데 필요한 기술을 가지고 있는지 평가해야 한다.

(3) 굿맨(J. Goodman)의 진로전환 모델 2021 공무원 9급

진로전환에 영향을 주는 4가지요소(4S)로 굿맨, 슐로스버그, 앤더슨 등은 자아(Self), 지원(Support), 상황(Situation), 전략(Strategies)을 제시하였다.

구분	상태	관련 이슈
입직단계	신입직원	'일의 요령 배우기' • 일(job), 문화에 대한 기대 • 명시적, 암묵적 규준
승진단계	고속승진 정체 위치의 중간	'견디기' • 외로움과 경쟁 • 지루함, 막힌 듯한 • 요구에 부응하기 위한 경쟁
퇴사단계	직업변경 은퇴	'떠나기, 애도하기, 노력하기' • 목표상실과 재형성 • 양가감정의 표현
재취업을 위한 노력단계	실업상태	'소외감' • 좌절 • 절망

심화

진로전환

Goodman, Schlossberg와 Anderson(2006)은 Schlossberg(1984)의 전환개념과 Bridges(2001, 2004)의 전환과정 개념을 통합한 전환모형(transition model)을 제안하고 같은 상황에 여러 사람들이 다르게 반응하거나, 동일한 사람이 다른 시기에 어떻게 다르게 반응할 수 있는지를 답하고자 하였다. 전환모형은 전환상황에 처한 내담자들의 적응성인 '개인차'를 이해하기 위한 체계적인 틀로서 상황지각(Situation), 자기지각(Self), 지지(Support), 대처전략(Strategy) 4S system을 제안한다. 4S체계는 전환을 하는 동안에 개인이 대처하는 능력에 영향을 미치는 대처자원으로, 전환중인 성인이 대처할 수 있는 자산(assets)과 부채(liabilities)가 어떻게 균형을 이루고 있는지를 파악할 수 있는 자원이다.

전환상담에서 진로전환자가 전환 중에 사용할 수 있는 자산이 많다고 지각하면 그 사람의 전환과정은 생기 있고 적응적일 것이나, 이용할 수 있는 자산보다 부채가 더 많은 것으로 지각하면 그 사람의 전환과정은 어렵고 힘들 것으로 예상할 수 있다. 진로전환자의 가용자산이 많다면 자산의 적절한 활용방안과 같은 적극적인 대처전략을 모색할 수 있겠지만, 가용자산이 적고 부채가 더 많다면 이런 내담자에게는 우선 심리적인 안정과 지지를 제공하여 삶과 직업활동에 대한 자신감과 긍정성을 되찾게 하는 것이 필요하다. 전환모형에서 성공적인 전환 가능성은 개인의 4S에서 자산과 부채의 균형이 영향을 미치기 때문에, 4S의 자산과 부채를 탐색하여 자산을 강화시키는 것에 달려있다고 볼 수 있다(Goodman, Schlossberg, & Anderson, 2006).

4S체계의 내용을 살펴보면, Situation 변인은 전환상황에 대한 그 자신의 통제감, 사건이 일어난 시기 혹은 전환상황 그 자체에 대한 개인의 지각을 의미한다.

Self 변인은 개인이 가진 심리적 특징으로서, 개인이 자기 자신에 대해 어떻게 느끼는지, 삶에 대한 적응성, 자기효능감, 의미부여와 같은 내담자의 내적세계에 대한 정보를 말한다.

Support 변인은 진로전환을 하는 동안 이용될 수 있는 자원, 즉 가족이나 동료, 고용기관 등으로부터 충분한 관심과 지원을 받고 있다고 지각하는 이해수준을 의미한다.

Strategy 변인은 협상하기나 조언을 구하기 등과 같이 개인이 전환 중에 끌어낼 수 있는 다양한 대처기술들을 의미한다.

전환모형(transition model)은 자발적 · 비자발적 전환을 통합해서 상담자들이 내담자들의 수많은 독특한 이야기들을 듣는 체계적인 틀로서, 개인이 경험하고 있는 내 · 외적 요인들을 모두 고려하고 있어서 진로전환 시에 고려할 수 있는 가장 전체적이고도 통합적인 접근법이라고 할 수 있다.

해커스공무원 학원 · 인강
gosi.Hackers.com

부록

2022년 국가직
9급 기출문제

01 □□□

다음의 내용을 모두 포함하는 상담이론은?

> • 인간은 자기실현경향성을 가지고 태어난다.
> • 인간은 '충분히 기능하는 사람'이 될 수 있다.
> • 상담자는 무조건적 존중, 공감적 이해, 진솔성을 갖추어야 한다.

① 교류분석상담
② 인간중심상담
③ 정신분석상담
④ 행동주의상담

02 □□□

상담이론과 그 설명이 바르게 짝지어진 것만을 모두 고르면?

> ㄱ. 프로이트(S. Freud)의 정신분석 상담 자유연상, 꿈의 해석 등을 통해 무의식을 의식화한다.
> ㄴ. 융(C. Jung)의 분석심리학적 상담 관찰 가능한 행동을 수정하는 데 초점을 맞춘다.
> ㄷ. 벡(A. Beck)의 인지상담 사회 속에 더불어 사는 지혜로서 사회적 관심의 중요성을 강조한다.

① ㄱ
② ㄷ
③ ㄱ, ㄴ
④ ㄴ, ㄷ

03 □□□

다음 하렌(V. Harren)의 의사결정유형검사 문항과 가장 관계가 깊은 유형은?

> • 나는 중요한 의사결정을 할 때 한 단계 한 단계 체계적으로 한다.
> • 어떤 중요한 일을 하기 전에 나는 신중하게 계획을 세운다.
> • 의사결정을 하기 전에 올바른 사실을 알고 있나 확인하기 위해 관련된 정보들을 다시 살펴본다.

① 의존적 유형
② 임의적 유형
③ 직관적 유형
④ 합리적 유형

04 □□□

직업상담 종결과정에 관한 설명으로 옳지 않은 것은?

① 종결 시기는 내담자와 논의하여 결정한다.
② 종결에 대한 내담자의 정서를 다룰 필요는 없다.
③ 내담자가 종결을 준비할 수 있도록 돕는다.
④ 종결 후 추수상담의 가능성을 열어둔다.

05 □□□

투사검사에 대한 설명으로 옳지 않은 것은?

① 행동주의적 접근을 따르는 상담자는 거의 사용하지 않는다.
② 동일한 자극에 대해 수검자마다 다른 반응을 보인다.
③ 수검자에게 비구조화된 자극을 제시하여 반응을 유도한다.
④ 신뢰도와 타당도가 높아서 직업상담 현장에서 많이 활용된다.

06 □□□

다음에서 설명하는 방어기제는?

> 자신의 위협적인 충동을 다른 사람의 탓으로 돌림으로써
> 그 충동을 위장하는 것

① 부인(denial)
② 투사(projection)
③ 퇴행(regression)
④ 반동형성(reaction formation)

07 □□□

다음에서 설명하는 타당도는?

> • 외적 준거 점수와 해당 검사 점수의 관련성을 분석하여
>   타당도를 검증한다.
> • 현재 타당성을 인정받는 검사와 해당 검사의 상관분석
>   으로 타당도를 입증한다.

① 내용타당도(content validity)
② 구성타당도(construct validity)
③ 공인타당도(concurrent validity)
④ 안면타당도(face validity)

08 □□□

반두라(A. Bandura)가 제시한 자기효능감(self-efficacy)
의 원천에 해당하지 않는 것은?

① 유전자
② 대리경험
③ 언어적 설득
④ 성취경험

09 □□□

다음에서 설명하는 직업상담의 일반적 목표는?

> 직업의 종류에 따라 요구되는 능력과 적성, 기능, 역할이
> 다양하므로 자기의 가치관, 능력, 성격, 적성, 흥미, 신체
> 적 특성 등에 대하여 올바르게 이해하도록 돕는다.

① 자신에 대한 이해 증진
② 직업세계에 대한 이해 증진
③ 합리적인 의사결정능력 증진
④ 정보탐색 및 활용능력의 함양

10 □□□

다음에 제시된 직업상담의 과정을 바르게 나열한 것은?

> (가) 중재 / 개입
> (나) 문제의 평가 / 진단
> (다) 목표설정
> (라) 종결을 위한 평가
> (마) 상담자 내담자 관계 형성

① (가) (나) (마) (다) (라)
② (나) (마) (가) (다) (라)
③ (다) (마) (나) (가) (라)
④ (마) (나) (다) (가) (라)

11 ☐☐☐

다음에서 설명하는 경력개발 단계는?

> • 직무와 조직의 규칙과 규범에 대하여 배우게 된다.
> • 자신이 맡은 업무의 내용을 파악하고, 조직의 규칙과 규범, 분위기를 알고 적응해 나가는 것이 중요하다.

① 직업 선택기
② 경력 초기
③ 경력 중기
④ 경력 후기

12 ☐☐☐

수퍼(D. Super)의 진로 발달 이론과 가장 관련이 높은 진로상담 도구는?

① 직업카드분류(occupational card sort)
② 직업흥미검사(vocational interest inventory)
③ 생애진로무지개(life career rainbow)
④ 진로사고검사(career thought inventory)

13 ☐☐☐

다음과 같이 주장한 대표적인 학자는?

> • 우연한 사건이 도움이 되었던 경험을 탐색하여 잠재된 기회를 더 잘 활용하도록 도와야 한다.
> • 우연한 사건을 다루는 데 도움이 되는 기술은 호기심, 인내심, 융통성, 낙관성, 위험감수이다.

① 로우(A. Roe)
② 사비카스(M. Savickas)
③ 크롬볼츠(J. Krumboltz)
④ 매슬로우(A. Maslow)

14 ☐☐☐

상담자가 준수해야 할 윤리적 원칙으로 옳지 않은 것은?

① 특수한 상황을 제외하고 상담자와 내담자의 이중관계는 피해야 한다.
② 상담내용은 예외 없이 비밀이 보장되어야 한다.
③ 충분히 훈련받지 않은 상담 기법의 적용은 삼가야 한다.
④ 상담절차, 상담관계, 상담료 등을 구체적으로 알려주어야 한다.

15 ☐☐☐

직업상담에서 심리검사 활용의 지침으로 옳지 않은 것은?

① 심리검사 결과 해석을 가설의 형태로 제시해야 한다.
② 내담자를 비난하는 방식으로 해석해서는 안 된다.
③ 검사의 한계를 인식하고 적절하게 선택한다.
④ 해석지침이 있으면 누구라도 심리검사를 사용할 수 있다.

16 ☐☐☐

갓프레드슨(L. Gottfredson)의 직업포부 발달단계에 해당하지 않는 것은?

① 타협 지향성
② 성역할 지향성
③ 힘과 크기 지향성
④ 사회적 가치 지향성

17 ☐☐☐

다음의 상담전략을 모두 포함하는 진로이론은?

- 자기효능감과 결과기대를 현실화하여 보다 확장된 진로 대안 안에서 진로를 선택하도록 돕기
- 내담자가 선택 가능한 진로를 제외하게 한 진로장벽을 확인하고 평가하기
- 내담자의 진로 맥락에서 진로 선택을 돕는 사회적 지지를 확인하고 이를 활용하도록 돕기

① 사회인지적 진로이론
② 구성주의적 진로이론
③ 인지정보처리이론
④ 진로의사결정이론

18 ☐☐☐

아들러(A. Adler)의 개인심리학에 관한 설명으로 옳지 않은 것은?

① 인간을 움직이는 중요한 힘은 '우월성 추구'이다.
② 출생 순서가 개인의 성격 형성에 크게 영향을 미칠 수 있다.
③ 열등감은 인간의 보편적인 경험이다.
④ 어려서부터 형성된 각본을 분석한다.

19 ☐☐☐

다음에서 설명하는 개념은?

- 일이 자신에게 맞도록 자신을 일에 맞추어나가는 과정에 동원되는 개인의 태도, 능력, 행동
- 현재 당면한 진로발달과업, 직업전환, 마음의 상처 등을 극복하는 데 필요한 개인의 준비도와 자원을 의미하는 심리적 구인

① 생애주제(life theme)
② 직업적 성격(vocational personality)
③ 진로의사결정 자기효능감(career decision self-efficacy)
④ 진로적응도(career adaptability)

20 ☐☐☐

심리적 구성개념(psychological construct)에 관한 설명으로 옳은 것만을 모두 고르면?

- 가설적 개념이다.
- 측정을 위해 조작적 정의가 필요하다.
- 직접적으로 관찰하는 것이 가능하다.

① ㄱ   ② ㄷ
③ ㄱ, ㄴ   ④ ㄴ, ㄷ

01	02	03	04	05	06	07	08	09	10
②	①	④	②	④	②	③	①	①	④

11	12	13	14	15	16	17	18	19	20
②	③	③	②	④	①	①	④	④	③

01 인간중심상담
- 상담의 기본목표는 개인이 일관된 자아개념을 가지고 자신의 기능을 최대로 발휘하는 사람이 되도록 도울 수 있는 환경을 제공하는 것으로 인간은 '충분히 기능하는 사람'이 될 수 있다고 본다.
- 인간은 자기실현의 경향성을 가지고 있고, 인간은 계속해서 성장해 나아가는 존재이다.
- 따라서 상담자는 무조건적 존중, 공감적 이해, 진솔성을 갖추어야 한다.

02 정신분석상담
ㄱ. 프로이트(S. Freud)의 정신분석 상담은 자유연상, 꿈의 해석 등을 통해 무의식을 의식화하고자 한다. 이러한 무의식을 의식화함으로 인간의 문제를 만들어낸 원인을 찾아서 제거하고자 하였다.
ㄴ. 관찰 가능한 행동을 수정하는 데 초점을 맞추는 것은 행동주의 상담이다.
ㄷ. 사회 속에 더불어 사는 지혜로서 사회적 관심의 중요성을 강조하는 것은 아들러(Adler)의 개인심리학이다.

03 하렌(V. Harren)의 의사결정유형
- 합리적 유형(rational style)
  의사결정과정에 자신과 상황에 대한 정확한 정보를 수집하고, 논리적이고 체계적으로 계획을 세워 접근하는 유형이다.
  의사결정에 대한 책임을 자신이 진다.
- 직관적 유형(intuitive style)
  의사결정의 기초로 상상을 사용하고 현재의 감정에 주의를 기울이며 정서적 자각을 사용한다. 선택에 대한 확신은 비교적 빨리 내리지만 그 결정의 적절성은 내적으로만 느낄 뿐 설명하지 못할 경우가 있다.
- 의존적 유형(dependent style)
  의사결정에 대한 개인적 책임을 부정하고 그 책임을 외부로 돌리는 경향이 있다.
  의사결정과정에서 타인의 영향을 많이 받고 수동적이고 순종적이다.
  사회적 인정에 대한 욕구가 높은 편이다.

04 직업상담 종결과정
종결단계의 활동
- 합의한 목표달성 및 평가
- 상담종결문제 다루기
- 종결에 대한 정서 다루기(이별 감정 다루기)
- 내담자의 종결 준비도 확인하기
- 종결 후 추수상담의 가능성을 열어두기

05 투사검사

투사적 검사의 장단점

장점	• 보다 다양하고 독특한 개인의 반응을 이끌어 낼 수 있다. • 검사에 대한 방어 자체를 무력하게 한다. • 강한 자극으로 인해 평소에 자신이 의식하지 못했던 무의식적인 내용을 이끌어낼 수 있다는 점 등이 있다.
단점	• 검사의 신뢰도나 타당도가 매우 빈약하다. • 검사자나 상황변인이 검사반응에 강한 영향을 미친다.

06 방어기제

① 부정 또는 부인(Denial): 의식화된다면 도저히 감당하지 못할 욕구를 무의식적으로 부정하는 것으로 고통스러운 현실을 무의식적으로 인정하지 않으려는 것이다.

③ 퇴행(Regression): 비교적 단순한 초기 발달 단계로 후퇴하는 행동으로 동생을 본 아동이 나이에 어울리지 않게 응석을 부리거나 잘 가리던 대소변을 못 가리는 경우이다.

④ 반동형성(Reaction-Formation): 반동형성이란 억압이 과도하게 일어난 결과 자신의 실제 감정과 상반되게 행동하는 것이다.
예 미운 놈 떡 하나 더 주기

07 동시타당도(공인타당도 ; Concurrent validity)

• 이미 널리 타당성을 인정받고 있는 기존의 검사와 새로 만든 검사 간의 상관관계에 의해 결정된다.

• 새로운 검사를 제작했을 때 새로 제작한 검사의 타당도를 위해 외적 준거 점수와 해당 검사 점수의 관련성을 분석하여 타당도를 검증하는 것으로 현재 타당성을 인정받는 검사와 해당 검사의 상관분석으로 타당도를 입증한다.

08 자기효능감(self-efficacy)의 원천

• 성공경험(성취경험)
• 대리경험(다른 사람의 성취에서 얻는 경험)
• 언어적인 설득(주변사람들에게 듣는 말)
• 정서적 고양으로 생리적이고 정서적인 상태(자신의 능력과 기능에 대한 판단과 관련된 정서)

09 자신에 대한 이해

직업의 종류에 따라 요구되는 능력과 적성, 기능, 역할이 다양하므로 자기의 가치관, 능력, 성격, 적성, 흥미, 신체적 특성 등에 대하여 올바르게 이해하도록 돕는 것은 자기 이해 증진에 해당한다.

10 직업상담의 과정

상담자 내담자 관계 형성 → 문제의 평가/진단 → 목표설정 → 중재/개입 → 종결을 위한 평가

11 경력초기

경력개발의 초기단계

• 신입직원이 조직에 적응하도록 방향을 설정하는 단계로 직무와 조직의 규칙과 규범에 대하여 배우게 된다.

• 이 시기는 자신이 맡은 업무의 내용을 파악하고, 조직의 규칙과 규범, 분위기를 알고 적응해 나가는 것이 중요하다.

• 개인적인 목적과 승진기회의 관점에서 경력계획을 탐색한다.

• 지위와 책임을 알고 만족스런 수행을 증명해 보이도록 한다.

• 초기경력관련 프로그램으로는 인턴십, 경력워크숍, 사전직무안내 등이 있다.

12 생애진로무지개

생애공간이론(생애진로무지개)

- 생애진로무지개모형은 한 개인의 생애주기에 따라 나타나는 주요 역할의 변화를 보여준다.
- 생애공간이론은 진로발달을 전 생애의 기간이라는 종단적 측면과 공간이라는 역할적 측면을 부각한다.
- 사람은 동시에 여러 가지 역할을 함께 수행하며 발달 단계마다 다른 역할에 비해 중요한 역할이 있다.
- 개인의 9가지 주요한 역할은 자녀, 학생, 여가인, 시민, 근로자, 배우자, 주부, 부모. 은퇴자 등이 있다.

13 크럼볼츠(J. Krumboltz)의 우연한 사건(계획된 우연)

계획된 우연(planned happenstance)이론

- 크럼볼츠는 진로상담에 있어 내담자의 불안을 정상적인 것으로 간주한다. 개인은 수많은 우연한 사건들을 경험하며 살아가는데, 이러한 경험은 삶 전체에 긍정적 또는 부정적으로 작용한다.
- 우연한 사건들은 자신의 노력 여하에 따라 긍정적 또는 부정적으로 작용하게 할 수 있고, 이 중 긍정적인 효과를 미쳐 자신의 진로에 연결되는 것을 계획된 우연이라고 한다.
- 크럼볼츠는 삶에서 만나는 매 경험들을 자신의 인생 항로에 긍정적인 요소로 활용하는 태도와 기술이 필요하다고 주장하였다. 진로에 유리하게 활용하는 데 도움이 되는 태도는 다음과 같다.

호기심	새로운 학습기회를 탐색하게 해 주며, 성장과 충족감을 느끼게 한다.
인내심	좌절의 경험이라 할지라도 인내심을 갖고 일관성 있는 노력을 지속해야 한다.
융통성	기존의 경험으로만 세상을 보지 말고, 상황이나 관점을 다양하게 볼 수 있는 태도를 가져야 한다.
낙관성	새로운 기회가 올 때 그것을 긍정적으로 이해하고 해석할 줄 알아야 한다.
위험감수	불확실한 결과와 실패의 위험을 감수하더라도 실행할 수 있어야 한다.

14 상담의 비밀보장 예외

상담내용에 대한 비밀보장 예외 사항

- 내담자가 자신이나 다른 사람을 위험에 빠뜨릴 가능성이 클 때
- 내담자가 자살을 시도할 계획이 있는 경우
- 법적으로 정보의 공개가 요구되는 경우
- 내담자가 감염성이 있는 치명적인 질병에 걸린 경우
- 미성년인 내담자가 학대를 당하고 있는 경우
- 아동학대와 관련된 경우
- 상담자가 슈퍼비전을 받아야 하는 경우
- 심각한 범죄 실행의 가능성이 있는 경우

15 검사 해석 시 유의해야 할 사항

- 검사결과를 내담자에게 이야기해 줄 때 가능한 한 이해하기 쉬운 언어를 사용해야 한다.
- 검사의 한계를 인식하고 적절하게 선택한다.
- 심리검사 결과 해석은 확정된 형태가 아닌 가설의 형태로 제시해야 한다.
- 해석에 대한 내담자의 반응을 고려해야 한다.
- 검사결과에 대해 내담자의 방어를 최소화하도록 해야 하며 내담자를 비난하는 방식으로 해석해서는 안 된다.
- 내담자의 방어를 최소화하기 위해 중립적이고 무비판적인 자세를 견지해야 한다.
- 상담자의 주관적 판단은 배제하고 검사 점수에 대하여 중립적인 입장을 취하여야 한다.
- 검사 결과에 대해 객관적이고 표준화된 자료를 활용하여 설명해 주어야 한다.
- 내담자에게 검사 점수를 직접적으로 말해주기보다는 내담자의 진점수의 범위를 말해주는 것이 좋다.
- 상담자가 일방적으로 해석하기보다 내담자 스스로 생각해서 자신의 진로를 결정하도록 도와주어야 한다.

16 갓프레드슨(L. Gottfredson)의 직업포부 발달단계

- **힘과 크기 지향성(Orientation to Power and Size ; 3~5세)**

  힘과 크기로 사람들을 분류하고 일의 영역에도 적용. 사고는 직관적 수준이나 사고과정이 구체화되기 시작한다.

- **성역할 지향성(Orientation to Sex Roles ; 6~8세)**

  성의 발달이 자아개념 발달에 영향을 주며, 동성의 사람들이 많이 수행하는 직업들을 선호. 성역할 사회화가 나타나며 직업에 대한 성역할 고정관념이 습득되는 시기이다.

- **사회적 가치 지향성(Orientation to Social Valuation ; 9~13세)**

  사회적 가치와 규범을 인지하고, 사회계층 및 사회질서에 대한 개념이 발달하기 시작하여 '상황 속 자기'를 인식, 사회적 집단 내에서의 자신의 지위와 명성에 더 민감해진다.

- **내적, 고유한 자아 지향성(Orientation to Internal, Unique Self ; 14세 이후)**

  내면적 사고를 통해 자기인식 및 자아정체감이 발달, 사회인지를 통해 타인에 대한 지각이 발달한다. 진로포부 수준도 현실적으로 구체화하여 가능한 직업대안들 중 최선의 선택을 하는 것에 초점을 둔다.

17 사회인지적 진로이론

사회인지적 진로이론의 상담(목표)전략

- 자기효능감과 결과기대를 현실화하여 보다 확장된 진로대안 안에서 내담자가 진로를 선택하도록 돕는다.
- 내담자가 선택 가능한 진로를 제외하게 한 진로장벽을 확인하고 평가한다.
- 내담자의 진로 맥락에서 진로 선택을 돕는 사회적 지지를 확인하고 이를 활용하도록 돕는다.

18 아들러(A. Adler)의 개인심리학

개인주의 이론의 기본개념

- 아들러는 프로이트의 성적결정론에 반발하여 1911년 독자적으로 개인주의 심리학을 창시하였다.
- 프로이트와 다르게 인간의 행동은 무의식에 지배되는 것이 아닌 목표 지향적이고 통합적 의식에 의해 행하여진다고 보았다.
- 열등감은 인간의 보편적인 경험으로 출생 순서가 개인의 성격 형성에 크게 영향을 미칠 수 있다.
- 또한 인간은 성적동기가 아닌 사회적 심리학적으로 동기화된다고 보았다.
- 상담과정은 사건의 객관성보다는 주관적 지각과 해석을 중시한다.
- 궁극적으로 개인은 자신의 열등감을 극복하고 우월성을 추구하는 목적론적 존재로 인간을 움직이는 중요한 힘은 '우월성 추구'이다.
- 상담 과정은 정보 제공, 교육, 안내, 격려 등에 초점을 둔다. 특히 상담자는 내담자에 대한 광범위한 격려의 사용을 권장한다.

19 구성주의의 주요개념

④ **진로적응도(career adaptability)**는 일이 자신에게 맞도록 자신을 일에 맞추어 나가는 과정에 동원되는 개인의 태도, 능력, 행동을 말하며, 자신의 진로에서 성공하고 만족하기 위해서는 직업 세계의 변화에 잘 적응할 수 있어야 한다.

② **직업적 성격(vocational personality)**은 진로와 관련된 각 개인의 능력, 욕구, 흥미, 가치 등을 의미하며, 내담자 자기 자신과 직업세계에 대해서 탐색함으로써 내담자의 직업적 성격을 이해할 수 있게 된다.

① **생애 주제(life theme)**는 진로 관련 행동의 이유로써, 직업을 선택함으로써 자아개념을 구체화하게 된다.

20 심리적 구성개념(psychological construct)

- 심리적 구성개념은 인간의 속성을 설명해주기 위해 연구자들이 상상하여 만들어낸 추상적이고 가설적인 개념이며, 측정을 위해 조작적 정의가 필요하다.
- 구성개념은 직접적으로 측정하는 것은 불가능하며, 실재로 존재하는지도 불분명한 개념이다.
- 검사가 측정하고자 하는 심리적 구인(구성개념)을 정확하게 측정하는 것은 타당도의 개념이다.

2023 대비 최신판

해커스공무원

김대환 직업상담· 심리학개론 기본서

초판 1쇄 발행 2022년 7월 11일

지은이	김대환 편저
펴낸곳	해커스패스
펴낸이	해커스공무원 출판팀

주소	서울특별시 강남구 강남대로 428 해커스공무원
고객센터	1588-4055
교재 관련 문의	gosi@hackerspass.com
	해커스공무원 사이트(gosi.Hackers.com) 교재 Q&A 게시판
	카카오톡 플러스 친구 [해커스공무원강남역], [해커스공무원노량진]
학원 강의 및 동영상강의	gosi.Hackers.com

ISBN	979-11-6880-519-4 (13330)
Serial Number	01-01-01

최단기 합격 공무원학원 1위,
해커스공무원 gosi.Hackers.com

해커스공무원

· **해커스공무원 학원 및 인강**(교재 내 인강 할인쿠폰 수록)
· 정확한 성적 분석으로 약점 극복이 가능한 **합격예측 모의고사**(교재 내 응시권 및 해설강의 수강권 수록)
· 해커스 스타강사의 **공무원 직업상담·심리학개론 무료 동영상강의**

헤럴드미디어 2018 대학생 선호 브랜드 대상 '대학생이 선정한 최단기 합격 공무원학원' 부문 1위